机动车驾驶教练员培训教材

U0863019

怎样当好教练员

交通运输部运输司　审定

中国道路运输协会
人民交通出版社　编

人民交通出版社股份有限公司
北　京

内 容 提 要

本教材主要针对目前教练员队伍中存在的突出问题，结合驾驶培训最新的政策法规要求而编写，全书共分七个模块，分别是教练员应具备什么样的素质、教练员需要树立哪些意识、教练员需要掌握哪些专业知识、教练员需要掌握哪些教学原则与方法、教练员怎样培养学员的安全文明意识、教练员怎样进行规范化教学、驾驶培训有哪些新趋势。

本教材不仅可以用于教练员素质提升工程，也可以作为教练员从业资格培训用书。

图书在版编目（CIP）数据

怎样当好教练员 / 中国道路运输协会，人民交通出版社编．
— 北京：人民交通出版社股份有限公司，2014.7

ISBN 978-7-114-11480-9

Ⅰ．①怎… Ⅱ．①中… ②人… Ⅲ．①汽车驾驶 – 教练员 – 技术培训 – 教材 Ⅳ．① U471.3

中国版本图书馆 CIP 数据核字 (2014) 第 129157 号

Zenyang Danghao Jiaolianyuan

书　　名： 怎样当好教练员
著 作 者： 中国道路运输协会　人民交通出版社
插图设计： 范　倩
责任编辑： 李　洁　范　坤　张　兵　闫　亮
责任校对： 赵媛媛　龙　雪
责任印制： 张　凯
出版发行： 人民交通出版社股份有限公司
地　　址： （100011）北京市朝阳区安定门外外馆斜街 3 号
网　　址： http：//www.ccpcl.com.cn
销售电话： （010）65290010，65290006
总 经 销： 人民交通出版社股份有限公司发行部
经　　销： 各地新华书店
印　　刷： 北京建宏印刷有限公司
开　　本： 787 × 980　1/16
印　　张： 16.75
字　　数： 374 千
版　　次： 2014 年 7 月　第 1 版
印　　次： 2025 年 6 月　第 18 次印刷
书　　号： ISBN 978-7-114-11480-9
定　　价： 55.00 元

审　定　组

王水平　俞卫江　孟　秋　柴晓军

梁来增　黄新宇　范守敏　林炳荣

胡义铭　马连肃　谷祖波　张开云

编　写　组

组　　长：王丽梅　王振军

主　　编：范　立　王生昌

副 主 编：张大勇　闫文辉　曾　诚

编写人员：李　洁　黄景宇　孙　彧　曹仁磊
　　　　　范　坤　王金霞　徐有龙　郝志虎

前　言

我国自古以来都有尊师重教的传统，人们在各个人生阶段都遇到不同的老师，教练员正是人们在学习驾驶车辆时的老师。“师者，所以传道、授业、解惑也”。古人的定义给老师提出了很高的要求，要具备足够的知识和品德，不但要传授知识，还要讲授道理，并且解答学生的疑惑。教练员作为驾驶学员的老师，自然也担负起了传授驾驶知识、讲授驾车法规与道理、解答学生疑惑的责任。这就要求教练员朋友要对自己的职业有深刻的认识，提高自己的修养，担负起这份责任。

近年来，随着机动车的普及，我们经常能够听到各种道路交通事故的报道，每年数万人死于交通事故，更有数十万人因车祸致伤致残，无数家庭因此支离破碎。而统计数字表明，90%左右的交通事故都和驾驶人的因素有关。提高驾驶人的驾驶技能和安全意识，成了预防道路交通事故的最重要环节。教练员的工作，是做好驾驶人安全教育的第一关。教练员最初的教导对学员的影响是深远的。从这个意义上讲，教练员的工作，不但肩负着为人师的责任，更是肩负着平安使者的崇高使命，把安全驾驶的知识传授给学员，帮助学员养成良好的驾驶习惯，培养学员的安全意识，让学员将来能够一生平安驾驶，这就是教练员在完成本职工作的同时所做的最大的公益事业，可以造福千家万户。

俗话说：“给人一碗水，自己要有一桶水。”作为教练员，为了能够教好学员，就必须在汽车驾驶方面能够有足够的知识储备。驾驶汽车是复杂的操作，尤其涉及人身的安全，这就更要求教练员有足够的准备。有经验的教练员都知道，教会学员把车开走很容易，但是要教会学员能够顺利、安全地驾驶车辆，并不是一件容易的事。这里涉及安全知识、心理学知识、教学方法、教学技巧等一系列问题。对这些相关知识进行系统的归纳，总结出一些经验和教训，能够让教练员的教学工作更有效率，少走很多弯路。

本书正是总结了驾驶培训教学中最容易遇到的各种问题，采用模块化的方式，有针对性地解决教练员工作中存在的问题，包括对职业的认识、对安全知识的学习、对教学方法和技巧的掌握、对学员心理的了解以及驾驶培训行业发展方向的了解等。在使用这本书进行培训的时候，可以有针对性地选择受训教练员最需要的模块开展教学。教练员利用本书自学的时候，也可以选择自己需要的部分深入阅读。

希望您能够用好这本教材，当好平安交通的使者。

编　者

目　录

模块一　教练员应具备什么样的素质 /001

一　有社会责任感 /002
二　符合任职要求 /008
三　良好的职业道德 /015
四　心理健康阳光 /023
五　严谨的教学行为 /033
六　文明的执教形象 /039
七　规范的教学组织 /044
复习思考题 /046

模块二　教练员需要树立哪些意识 /047

一　遵章守法意识 /048
二　交通安全意识 /050
三　教学服务意识 /056
复习思考题 /058

模块三　教练员需要掌握哪些专业知识 /059

一　驾驶教学基础知识 /060
二　汽车行驶基本理论 /066
三　汽车安全装置 /076
四　驾驶生理心理相关知识 /082
五　学员异常心理分析与纠正 /087
六　教练员素质对教学安全的影响 /090
七　常用节能驾驶技术 /094
八　电动教练车使用知识 /102
复习思考题 /105

模块四 教练员需要掌握哪些教学原则与方法 /107
一 培训教学原则 /108
二 常用教学方法 /112
三 教学方法的选择 /117
四 实操教学中的安全保护 /119
复习思考题 /126
模块五 教练员怎样培养学员的安全文明意识 /127
一 强化安全驾驶知识传授 /128
二 注重文明礼让驾驶习惯的养成 /132
三 重视驾驶危险性的教育 /136
四 突出危险源的分析和预测 /140
五 加强风险与事故预防教学 /147
六 培养紧急情况临危处置的意识和能力 /151
七 普及事故现场伤员急救的方法 /159
复习思考题 /168
模块六 教练员怎样进行规范化教学 /169
一 严格按照教学大纲进行教学 /170
二 用好规范的培训教材 /180
三 制定详细的培训教学计划 /182
四 编写具体的驾驶培训教案 /200
五 遵循规范化教程实施教学 /208
复习思考题 /218
模块七 驾驶培训常用的培训模式 /219
一 “先学后付、计时收费”培训模式 /220
二 互联网远程教学 /223
三 模拟驾驶教学 /225
附录一 机动车驾驶培训教学大纲 /229
附录二 机动车驾驶人考试大纲 /249

模块一

教练员应具备什么样的素质

一　有社会责任感

机动车驾驶教练员（简称“教练员”）是使用机动车辆及辅助教学设备，为培训对象传授道路交通安全知识和安全驾驶技能的人员。

教练员是道路交通安全知识、安全意识和安全驾驶技能的传授者，承担着传播维护道路交通秩序、保护道路交通参与者生命安全意识的责任，肩负着为社会培养安全合格的驾驶员、保障道路交通安全的重任。

1. 严峻的交通安全形势

随着经济条件的改善和人民群众生活水平的提高，汽车走进千家万户。驾驶机动车已不再是单纯的职业技能，更多地体现出生活技能的内涵，日益成为广大人民群众的一种基本生活需求。汽车进入家庭成为出行交通工具，促使汽车产销量和保有量快速增长，学习汽车驾驶的人员也剧增。

汽车改变了人们的生活节奏，提高了人们的生活质量，推动了社会的文明进步。汽车给人们生活带来舒适和便捷的同时，也带来了负面的影响。我国快速进入汽车社会，形成了汽车社会的文明与人们对交通理念不适应的格局。人们出行需求迅猛增长的同时，驾驶文明不适应现代汽车社会需求的问题正在凸显，使汽车社会的发展遇到了瓶颈，成为影响社会和谐的一个重要因素，严重威胁人们的生命和财产安全。交通拥堵和交通事故严重影响着人们的正常生活和出行安全，交通现状已

经对道路通行秩序和社会安定产生了很大的负面影响。

由于历史原因和落后的驾驶培训方式，驾驶员法律意识淡薄、安全意识和文明驾驶理念存在严重的先天不足，导致道路交通违法行为随处可见，交通事故不断发生。有关数据显示，驾龄在3年内的新驾驶员肇事占同期事故总数的35.2%，肇事人员死亡占同期死亡人数的31.8%。道路交通事故90%以上是由驾驶员违法行为引起的，道路交通的拥堵很大一部分是由于驾驶员不遵章守法、无德驾驶和无序通行等不良驾驶行为造成的。驾驶员安全知识缺乏，对生命的漠视和不尊重、缺乏遵纪守法意识和文明驾驶意识，是造成交通事故的主要原因。

驾驶员驾龄与交通事故的关系统计

驾驶员驾龄	事故起数（起）		死亡人数（人）		受伤人数（人）		直接财产损失（元）	
	数量	占总数	数量	占总数	数量	占总数	数量	占总数
1年以下	27619	17.43%	7179	15.37%	31489	18.27%	156115614	15.24%
2年	14903	9.40%	4004	8.57%	16409	9.52%	75404432	7.36%
3年	13203	8.33%	3659	7.83%	14038	8.15%	73144790	7.14%
4年	11387	7.18%	3212	6.88%	12256	7.11%	62982832	6.15%
5年	10191	6.43%	2964	6.34%	10963	6.36%	57521125	5.61%
6～10年	41650	26.28%	12788	27.37%	44077	25.58%	297451392	29.04%
11～15年	20709	13.07%	6643	14.22%	22189	12.88%	153635217	15.00%
16～20年	12532	7.91%	4197	8.98%	13750	7.98%	100026589	9.76%
20年以上	6288	3.97%	2072	4.44%	7149	4.15%	48173762	4.70%
合计	158482	100%	46718	100%	172320	100%	1024455753	100%

2. 机动车驾驶员现状

目前，我国机动车驾驶员的整体素质偏低，缺乏安全驾驶、文明行车意识和对生命的敬畏。新驾驶员普遍缺乏法律意识、安全理念、过硬技术、驾驶经验、无适应能力，老驾驶员法律观念淡薄、安全意识较差、文明礼让缺失，是一种普遍存在的现象。有关数据显示，违法变更车道、拥堵路段加塞、占用应急车道、人行横道前不减速、路口闯红灯、违法掉头、转弯或变道不使用转向灯、夜间会车开远光灯等违法行为随处可见，已严重影响到道路交通的正常秩序。

事故主要原因数据统计

机动车违法行为	事故起数（起）		死亡人数（人）		受伤人数（人）		直接财产损失（元）	
	数量	百分比	数量	百分比	数量	百分比	数量	百分比
超速行驶	16750	8.20%	7544	12.57%	17189	7.66%	116954744	9.95%
酒后驾驶	5251	2.57%	2228	3.71%	5291	2.36%	33653396	2.86%
逆向行驶	7662	3.75%	2610	4.35%	10514	4.69%	56453434	4.80%
疲劳驾驶	1183	0.58%	726	1.21%	1485	0.66%	36198238	3.08%
违法变更车道	3823	1.87%	594	0.99%	4610	2.06%	24214333	2.06%
违法超车	4804	2.35%	1352	2.25%	6420	2.86%	26949727	2.29%
违法倒车	2558	1.25%	657	1.10%	2014	0.90%	7208292	0.61%
违法掉头	3024	1.48%	312	0.52%	3623	1.61%	11341530	0.97%
违法会车	5646	2.77%	1510	2.52%	7763	3.46%	41098101	3.50%
违法牵引	50	0.03%	26	0.04%	46	0.02%	181145	0.02%
违法抢行	1238	0.61%	335	0.56%	1273	0.57%	7357134	0.63%
违法上路行驶	4627	2.27%	2068	3.45%	5075	2.26%	35170847	2.99%
违法停车	1068	0.52%	300	0.50%	1074	0.48%	7121587	0.61%
违法占道行驶	7625	3.74%	2270	3.78%	8580	3.82%	36135022	3.08%
违法装载	1555	0.76%	1096	1.83%	1627	0.73%	16762992	1.43%

续上表

机动车违法行为	事故起数（起）		死亡人数（人）		受伤人数（人）		直接财产损失（元）	
	数量	百分比	数量	百分比	数量	百分比	数量	百分比
违法装载超限及危险品运输	9	0.00%	4	0.01%	12	0.01%	12162	0.00%
违反交通信号	5110	2.50%	1211	2.02%	6423	2.86%	28978151	2.47%
未按规定让行	30497	14.94%	6128	10.21%	33214	14.81%	97275564	8.28%
无证驾驶	14403	7.05%	5219	8.70%	16923	7.54%	38917088	3.31%
不按规定使用灯光	435	0.21%	122	0.20%	326	0.15%	1421075	0.12%
其他影响安全行为	66830	32.73%	18888	31.48%	69752	31.09%	455770193	38.79%
合计	184148	90.18%	55200	92.00%	203234	90.60%	1079174755	91.85%

驾驶员驾车素质低与驾驶培训质量有着直接的关系，教练员的教学水平和品德素质会直接影响到学员的学习过程和结果，甚至会影响学员的驾驶生涯。“一车多人”“师傅带徒弟”“一日为师，终身为父”等传统落后的培训方式和理念，造成培训质量无法保证。教练员培训计时造假、“吃、拿、卡、要”、乱收费的“潜规则”和其他违纪行为，使得培训学时无法保障、培训质量参差不齐，严重损害了学员的利益，影响驾培机构的声誉和教练员形象，带来了诸多负面的影响。

3. 教练员应承担的社会责任

驾驶员的安全文明素质的培养是道路交通安全的第一道防线，直接关系到全社会道路交通安全水平和文明程度。培养安全文明的高素质驾驶员，是夯实道路交通安全基础的重要保障，是加强道路交通节能减排的重要环节，也是推动道路运输转型升级发展的重要条件。教练员做好机动车驾驶员培训教学工作，从源头强化安全意识教育，培养学员良好的安全驾驶行为习惯，是提高机动车驾驶员整体素质的有效途径。

教练员深刻认识自身工作对社会的重要意义和肩负的责任，是做好教学工作的前提。教练员踏上教学岗位，就意味着选择了一份社会责任。完成教学工作，就是对使命的忠诚和对责任的担当。教练员的责任感不是与生俱来的，是由对生命的敬畏、对职业的热爱、对学员尊重、对事业的忠诚而产生的，需要长期自觉有意识的去维护。所以，教练员必须具备高度的社会责任感，才能够履行职责和义务，自觉提高个人的教学能力和水平，肩负起社会赋予的责任。

事故案例

2011年6月27日下午17时39分，甘肃一辆东风教练车，载22名学员，按照训练计划安排，进行实际道路驾驶学习，当教练车行至093线20公里+800米川子沟桥时，在与对面驶来的车辆会车过程中，学员急打转向盘，教练员采取措施不当，冲断桥栏，翻下10米高的桥梁，导致6人当场死亡，16人受伤。

“汽车社会呼唤行车文明”，对机动车驾驶教练员的工作提出了更高的标准和要求。汽车社会需要安全，更需要文明，机动车驾驶教练员肩负着为社会提供安全合格的驾驶员、保障道路交通安全的社会重任。因此，每一位教练员都要有崇高的社会责任感和使命感，承担起“生命托付”的重任，从源头上注重学员安全文明意识的养成教育，为社会培养安全文明的高素质驾驶员，给道路交通大动脉提供新鲜、健康的血液，影响和引导道路交通向着文明、理智、健康的方向发展，进而减少道路交通事故的发生，缓解道路交通的压力。

小知识

安全文明的高素质驾驶员的基本要求

安全文明的高素质驾驶员至少应具备五个方面的基本要求：

一是要有牢固的安全意识。机动车是移动的危险源，驾驶机动车是具有高风险的行为，驾驶员的安全意识是安全行驶的首要因素。

二是要有良好的文明素养。强化文明、礼让驾驶意识，培养优先通行权与安全礼让的道德意识，形成尊重行人、敬畏生命、遵循公共道德的驾驶习惯，是提高道路通行效率的必然要求。

三是要有严格的守法观念。对法律法规的敬畏之心是维护社会公共秩序的基本要求，要严格遵守交通法律法规，强化驾驶员的规则意识，养成遵守交通规则的良好习惯。

四是要有熟练的驾驶技能。要使安全驾驶标准变成良好的驾驶习惯，习惯的驾驶操作符合安全标准，形成无意识合理操纵车辆的能力，有效规避和降低事故风险，同时也可以提高节能减排效果。

五是要有规范的驾驶行为。交通伤亡事故的背后，是交通违法。交通违法的背后，是不规范的驾驶行为。

二 符合任职要求

机动车驾驶培训教练员包括理论教练员、驾驶操作教练员。从事机动车驾驶培训的教练员应具有良好的驾驶习惯、丰富的文化和专业知识、较强的安全和防范风险的意识、过硬的操作技能和应急处置能力、综合的管理与教学能力。

1. 教练员任职条件

理论教练员应持有机动车驾驶证，具有汽车及相关专业中专以上学历或者汽车及相关专业中级以上技术职称，具有两年以上安全驾驶经历。熟练掌握道路交通安全法规、驾驶理论、机动车构造、交通安全心理学、常用伤员急救等安全驾驶知识，了解车辆环保和节约能源的有关知识，了解教育学、教育心理学的基本教学知识，具备编写教案、规范讲解的授课能力。

驾驶操作教练员应持有相应的机动车驾驶证，年龄不超过 60 周岁，符合一定的安全驾驶经历和相应车型驾驶经历，熟练掌握道路交通安全法规、驾驶理论、机动车构造、交通安全心理学和应急驾驶的基本知识，了解车辆维护和常见故障诊断等有关知识，具备驾驶要领讲解、驾驶动作示范、指导驾驶的教学能力。

从事道路客货运输驾驶员从业资格理论知识培训的，教练员应当持有机动车驾驶证，具有汽车及相关专业大专以上学历或者汽车及相关专业高级以上技术职称，具有 2 年以上安全驾驶经历，熟悉道路交通安全法规、驾驶理论、旅客运输法规、货物运输法规以及机动车维修、货物装卸保管和旅客急救等相关知识，了解教育学、教育心理学的基本教学知识，具备编写教案、规范讲解的授课能力，具有 2 年以上从事普通机动车驾驶员培训的教学经历，且近 2 年无不良的教学记录。从事应用能力教学的，还应当具有相应车型的驾驶经历，熟悉机动车安全检视、伤员急救、危险源辨识与防御性驾驶以及节能驾驶的相关知识，具备相应的教学能力。

从事危险货物运输驾驶员从业资格理论知识培训的，教练员应当持有机动车驾驶证，具有化工及相关专业大专以上学历或者化工及相关专业高级以上技术职称，具有 2 年以上安全驾驶经历，熟悉道路交通安全法规、驾驶理论、危险货物运输法规、危险化学品特性、包装容器使用方法、职业安全防护和应急救援等知识，具备相应的授课能力，具有 2 年以上化工及相关专业的教学经历，且近 2 年无不良的教学记录。从事应用能力教学的，还应当具有相应车型的驾驶经历，熟悉机动车安全检视、伤员急救、危险源辨识与防御性驾驶以及节能驾驶的相关知识，具备相应的教学能力。

2. 教练员的基本素质

教练员要培养学员正确的学习目的和学习态度，自身必须要做到率先垂范、学而不厌、诲人不倦，不管在培训中还是培训以外都要以模范的交通参与者的姿态出现，并将交通安全确定为最重要的行为准则。学员的良好驾驶习惯，是经过模仿和重复训练巩固下来的思维和行为方式。在驾驶教学中，教练员是学员模仿和学习的榜样，教练员的行为、意识、驾驶理念、为人品德、道德意识、驾驶习惯、驾驶动作，会深深的影响学员一生的驾驶生涯。学员掌握驾驶技能相对容易，养成良好的驾驶习惯却不是一朝一夕之功，需要经过较长时间潜移默化的培养，需要教练员在教学中传授

和强化。教练员良好的驾驶习惯，在教学过程中做到知法、守法、规范施教，是学员逐步养成良好驾驶习惯的基础和土壤。

一个合格的教练员要有扎实的专业知识、丰富的文化知识和广博的学问。安全驾驶不能单纯的理解为对车辆简单的控制，更不能认为是一个熟练工种。驾驶技能的形成有赖于所获得的知识，涉及交通心理学、交通工程学、汽车构造、交通安全、驾驶人生理心理等诸多知识和复杂行为方式。教练员在教学过程中，要从专业知识中提取精华传授给学员，不仅要教学员怎么做，更重要的是教学员为什么这样做、怎样做是安全的。教练员“教”要按照教学大纲的要求，使用规范教材，向学员传授专业知识、能力和技能。学员“学”是接受教练员的言传身教和教材中的专业内容，掌握专业知识、能力和技能。学员的学习都抱着强烈的求知欲，往往能原谅一个教练员的严厉，却不会原谅一个教练员缺乏专业知识的无知。因此，教练员要熟悉汽车构造、精通驾驶理论、掌握交通法规和教育心理学等知识，不断巩固专业知识，这样才能胜任教学工作。

教练员要有丰富的驾驶经验和指导、防范风险及应急能力，才能在复杂的教学过程中及时提示学员提前做好各种准备，规避教学风险，确保教学安全。教练员应具备以下 5 种能力：

（1）观察能力。教练员应对交通环境和道路情况作出准确、迅速观察，及时发现潜在的危险因素，保证教学安全；教练员要随时观察学员学习态度、接受能力、情绪和心理等，因材施教，视情调整教学科目和内容。

（2）判断能力。教练员在实际道路教练教学中，对教练车的行驶速度、制动距离、路况的变化及学员可能出现的问题，提前进行预测和判断，保证教学的安全和正常运行。

（3）指导能力。教练员在实际道路教学中，要及时、准确地指导学员保持安全时速、安全距离和安全行驶状态，恰到好处地提示学员，并不断纠正学员的错误动作。教学中根据学员掌握的进度，遵循技能形成的规律，帮助学员养成正确的动作和习惯。

（4）防范风险能力。驾驶教学是一种危险性较强的工作，教练员的任何一个疏忽，都会给教学过程带来危险。教练员要有较强的安全和防范风险的意识，充分认识教学过程中的风险因素，提前预测危险情况，采取预防措施，及时应对可能发生的危险，排除安全隐患，杜绝教学事故的发生。

（5）应急处理能力。教练员在教学中，精力要高度集中，随时做好应急处置的准备。驾驶训练中发生险情，遇学员手忙脚乱、惊慌失措时，教练员应沉着冷静，反应迅速，果断处理，避免危险情况的发生。

3. 教练员的教学能力

教练员要胜任教学工作，不仅要有高度的社会责任感、扎实的专业知识和娴熟的驾驶操作技能，还应具备良好的教学风格和教学能力。

教练员完成教学任务，往往是多种能力的综合运用，教练员的教学能力直接影响教学效果。教练员教学能力的形成，一靠先天的素质，二靠后天培养。只有勤奋好学、善于总结，才能不断提高教学能力。教学能力包括教学组织能力、沟通能力、讲解示范能力、因材施教能力、自我评估能力等5个方面：

（1）教学组织能力。主要是指教练员在教学过程中的组织能力。根据学员不同的背景、年龄、性别、性格和接受能力组织教学。

（2）沟通能力。主要是指教练员与学员的沟通、交流能力。在教学中，沟通被视为一个融合了许多手段和方法的工具。教练员在第一次与学员见面或上第一课时，就要让学员真切感受到容易沟通和交流，从而消除畏惧和不安心理，对学习掌握驾驶技能充满信心。

（3）讲解示范能力。主要是指教练员能通过讲解示范，使学员获得驾驶动作定向和模仿练习的能力。讲解示范是教练员最常用的教学方法，教学效果的好坏，对学员掌握驾驶技能影响很大。在教学中，教练员首先通过讲解，让学员在头脑中建立起操作要领的定向映象；再通过具体的动作示范，帮助学员形成驾驶动作定向；然后，通过随车指导，学员反复练习，逐步形成驾驶动作定势。

（4）因材施教能力。主要是指教练员能按照学员的身心特点，量身定做，实施教学的能力。在教学中，教练员除了根据学员的共性进行教学外，还必须针对学员的气质、个性、性别、年龄和智商等方面的差异，针对具体学员进行具体分析，采用因人施教的指导方法。

（5）自我评估能力。主要是指教练员对自己的职业行为进行褒贬扬抑的评议和判断的能力。评估能力是教练员认识自我、完善自我的重要平台。

小知识

驾驶培训中常见的几种教学风格

1. 伙伴式教学风格

这种风格的教练员与学员之间是一种朋友的关系，人格上完全平等。教练员批评学员，学员可以向教练员发表自己的见解和想法，快乐学驾，和谐相处，学员的学习效果好。

2. 专制式教学风格

这种风格的教练员与学员之间是一种命令和服从的关系，如果学员没有按指令操作教练员就愤怒。专制式的教学风格容易削弱学员的学习主动性，学员情绪更加紧张，操作失误增多，甚至产生抵触情绪，学员学习效果差。

教练员对学员是要“严”，但不是“凶”，要严而有度，注意方法；要严而有方，刚柔并济；要严而有情，严出于爱。

3. 放任式教学风格

这种风格的教练员与学员之间不是服务与被服务的关系。教练员对学员冷漠不友好，在教学过程中，教练员除保证教学安全外，对学员操作动作不指导、不要求，学员不了解自己存在的问题和训练进度，学员学习进步缓慢，甚至停滞不前，这是教练员缺乏社会责任感，对社会、对学员、对驾校、对自己不负责任的表现。

4. 教练员的职业化

教练员的职业化，对于驾校的生存、发展和稳定教练员队伍，提高教练员教学水平，培养教练员的敬业精神、立足本职、爱岗敬业、清正廉洁是十分必要的。大力提倡教练员的学历教育、职业培训、专业进修、职业评定等多种形式，是使教练员队伍真正成为一支职业化的教学队伍的重要途径。国家设立“机动车驾驶教练员”这一新职业，对于规范从业人员的职业行为、扩大就业、保证安全运输、预防和减少道路交通事故、促进和谐社会建设都具有重要意义。

机动车培训教练员的职业化，就是从根本上解决教练员的社会地位和从业资格的国家认可，使教练员成为一种固定的职业，根据不同的专业岗位等级，制定不同的职业标准。机动车驾驶教练员职业共设 5 个等级，分别为五级机动车教练员（初级工）、四级机动车驾驶教练员（中级工）、三级机动车驾驶教练员（高级工）、二级机动车驾驶教练员（技师）、一级机动车驾驶教练员（高级技师）。

小知识

驾驶教练员职业申报基本条件

1. 五级 / 初级工：

持有效机动车驾驶证，具有 2 年以上安全驾驶经历并无不良驾驶记录，具备以下条件：

连续从事本职业工作 1 年（含）以上，无不良教学（信用）记录。

2. 四级 / 中级工：

持有有效机动车驾驶证，具有 5 年以上安全驾驶经历和无不良教学（信用）记录，具备以下条件之一：

（1）取得本职业五级 / 初级工职业资格证书（技能等级证书）后，连续从事本职业工作 3 年（含）以上。

（2）连续从事本职业工作 6 年（含）以上。

（3）取得经评估论证，以中级技能为培养目标的中等及以上职业学校本专业毕业证书。

3. 三级 / 高级工

持有有效机动车驾驶证，具有 5 年以上安全驾驶经历和无不良教学（信用）记录，具备以下条件之一：

（1）取得本职业四级 / 中级工职业资格证书（技能等级证书）后，连续从事本职业工作 4 年（含）以上。

（2）具有大专及以上本专业毕业证书，并取得本职业四级 / 中级工职业资格证书（技能等级证书）后，连续从事本职业工作 2 年（含）以上。

（3）取得经评估论证，以高级技能为培养目标的高等职业学校本专业毕业证书。

4. 二级 / 技师

持有有效机动车驾驶证，具有 8 年以上安全驾驶经历和无不良教学（信用）记录，具备以下条件之一：

（1）取得本职业三级 / 高级工职业资格证书后，连续从事本职业工作 4 年（含）以上。

（2）具有本科及以上相关专业毕业证书，并取得本职业三级 / 高级工职业资格证书（技能等级证书）后，连续从事本职业工作 2 年（含）以上。

5. 一级 / 高级技师

持有有效机动车驾驶证，具有 10 年以上安全驾驶经历和无不良教学（信用）记录，具备以下条件之一：

（1）取得本职业二级 / 技师职业资格证书（技能等级证书）后，连续从事本职业工作 4 年（含）以上。

（2）具有研究生及以上本专业毕业证书，并取得本职业二级 / 技师职业资格证书（技能等级证书）后，连续从事本职业工作 2 年（含）以上。

注：持有 A1、A2、A3、B1、B2、C1 机动车驾驶证的教练员，符合申报条件的，可以申报各级机动车驾驶教练员。

三　良好的职业道德

教练员作为驾驶员培训工作的具体实施者，自身素质和道德行为对驾驶学员会产生潜移默化的影响，是决定驾驶学员素质和驾驶品德的重要因素。一名优秀的教练员，不仅要有专业知识、教学能力和娴熟的驾驶技术等基本素质，更重要的是要有良好的职业道德。

1. 教练员的职业特点

机动车驾驶教练员职业，相对于一般职业学校教师，不论是教学对象、教学内容，还是教学组织、教学环境都是不同的，有着专业性、多样性、同一性、差异性、层次性、基础性、广泛性、时代性的行业特点。整个教学过程不仅限于课堂，多数时间要在有一定危险的环境中进行实际操作教学，教学过程具有一定的风险性。因此，教练员的工作具有教学对象层次多样化、教学内容专业性强、教学要求严格、教学组织具有特殊性、教学过程具有风险性的职业特点。

教学对象层次多样化：学员的性别、年龄、文化、学历、职业、性格等各方面有很大差异。每个学员的理解和掌握理论知识、驾驶操作动作的能力不同，驾驶技能形成规律各不一样、参差不齐，教学工作复杂、难度大，因此教学任务呈现层次多样化。

教学内容专业性强：驾驶教学的内容是依据《大纲》和规范教材，向教学对象传授驾驶理论知识、安全文明行车常识、安全驾驶方法，培养安全文明意识，让学员养成安全文明驾驶习惯，是理论与实践一体化的教学过程。教学过程中很多教学内容需要靠实物和模型教具、模拟设备和多媒体来完成，每一项教学内容都具有很强的专业性。

教学要求严格：教练员在教学中要严格遵守《大纲》规定的学时和内容，按照不同车型的教学目的和要求，进行理论课教学和实际操作训练。教学过程中对学员要严格训练，严格要求，严格标准，确保教学时间、内容和效果的落实，直到学员完成全部规定

学习内容，达到合格标准。每次完成教学任务后，按规定填写教学日志。教练员要对学员学习情况进行评价，并让学员签字确认，严格执行教学要求。

教学组织特殊性：实际操作教学主要在场地和道路上进行，教学环境与课堂教学有很大差异，教学工作场所流动性大，多数时间是在运动中进行教学，有时还要面对复杂的道路情况。驾驶动作教学需要教练员手把手逐个动作给学员讲解、示范、指导、讲评，多数动作需要教练员通过反复讲解、反复示范、反复指导来增强记忆，逐步提高学员操作动作的熟练程度。在交通情况相对复杂的道路上训练时，学员处于高度紧张状态，教练员只能靠手势和简单的提示进行教学，没有时间讲解为什么，只有在训练结束后逐一讲评。教练员和学员动作重复性大，学员出错率高，需反复纠正，教学组织相对比较特殊，教学难度大。

教学过程风险性：驾驶教学是一个动态的互动过程，教练车、教练场地、训练道路都存在很多影响教学安全的因素，教学具有一定的风险性，教学过程中的任何一个疏忽都有发生事故的危险。学员从刚接触车辆到掌握驾驶技能，需要经过了解、掌握、熟练等几个阶段。在训练初期，学员技能处在形成阶段，很难发现自身操作错误，更难察觉周边潜在的危险。在场地训练拥挤、道路情况复杂的条件下训练，危险随时可能发生，教学过程中风险性很大。教练员的责任心不强或疏忽、驾驶操作错误或失误、情况的判断错误或不准确都会加大教学的风险性，甚至导致伤亡事故的发生。

小知识

《道路交通安全法实施条例》第二十条规定：在道路上学习驾驶，应当按照公安机关交通管理部门指定的路线、时间进行。在道路上学习机动车驾驶技能应当使用教练车，在教练员随车指导下进行，与教学无关的人员不得乘坐教练车。学员在学习驾驶中有道路交通安全违法行为或者造成交通事故的，由教练员承担责任。

教练员的职业特点决定了教练员队伍必须具备更高的素质，而师德是教练员最重要的素质，是教练员的灵魂。教练员的理想信念、道德情操、人格魅力直接影响学员的文明行车和安全驾驶行为习惯的养成。高尚而富有魅力的师德就是一部活的教科书，就是一股强大的精神力量，对学员的影响是耳濡目染、潜移默化、受益终生的。

2. 教练员的职责

学员在驾校短暂的学习，会影响一生的驾驶生涯。教练员对学员驾驶生涯影响最大的是安全意识、驾驶习惯和驾驶道德的养成。教练员作为特殊工种的教育工作者，从事的是专业性较强、风险性大的教学工作，需要具备一定的条件和职业素质，认真履行自己的职责，担负起培养安全文明驾驶员的社会责任。

提高机动车驾驶员的整体素质，把好驾驶培训的质量关，教练员的作用非常关键。实施素质教育，不仅仅是对学员驾驶操作技术的培养，更重要的是传授给学员安全行车的知识和处置交通情况的能力，培养学员的安全意识和遵章守法的意识，增强学员的社会责任感，引导学员树立“安全第一、珍爱生命”的行车理念，养成良好的驾驶习惯，从而能够独立安全驾驶车辆。这既是社会的迫切需要，也是教练员的根本职责。在驾驶教学中，培养学员安全意识、普及安全行车知识、全面传授驾驶技能，是教练员的职责所在。

驾驶员安全意识的薄弱、安全知识的缺乏、驾驶技能差是造成交通事故的主要原因。而造成驾驶员安全意识和驾驶技能差的主要原因是缺乏从源头上的安全、文明、道德和技能的教育。教练员的首要任务是树立“安全第一、珍爱生命”的教育理念，培养驾驶学员安全意识、规范驾驶和文明行车，普及安全知识，提高驾驶员素质，这也是机动车驾驶员培训迫切需要加强的薄弱环节。安全意识教学是让每一位学员接受安全意识教育、遵章守法教育、安全驾驶技能教育，向学员传授安全意识、驾驶知识、操作技能和文明行为，成为安全、文明、合格的驾驶员。

教练员作为造就学员安全驾驶灵魂的工程师，要注重对学员的安全意识教育，文明礼让教育、安全驾驶技能的培养教育。教练员在教学中普及安全行车知识，是培养学员遵章守法、安全行车的重要前提。让学员掌握必要的安全行车知识，不仅让学员知道为什么要这样做，还要让学员知道如果不这样做会有哪些潜在的安全隐患，培养学员在处理道路交通情况中具备独立分析问题和解决问题的能力。例如，学员掌握交通法规知识，就能认识到哪些驾驶行为是合法的，哪些驾驶行为是禁止的。学员熟悉安全心理常识，就能有效地进行自我心理调节。学员熟知汽车的构造知识，了解车辆保养和维修项目，就能自觉实施安全检视。学员对道路交通情况能正确认识，就能做到集中注意力、提前预防、仔细观察和预见性驾驶。

驾驶技能教学是为了完成驾驶操作任务，经过训练而获得的规范化、自动化的行为方式。驾驶技能达到一定的熟练程度后，具有高度的自动化和精确性，称为驾驶技巧。驾驶员具备熟练的驾驶技巧，就能够下意识地控制车辆。根据驾驶操作特征对人行为层次的要求，教练员传授驾驶技能相应的有三个层次，即操作层次、规则层次和知识层次。不同层次有不同的要求和训练重点，教练员要针对各层次操作存在的问题，采取恰当的弥补措施，从理论和实际操作的结合上全面传授驾驶技能。同时，还要传授在遇到各种交通险情时的应急处置能力以及节能环保驾驶能力，培养学员全面的驾驶技能。

3. 教练员的义务

教练员的义务是指从业规定要求所应尽的责任，同时也是指职业道德上应尽的责任。具体表现在教练员要掌握教学大纲、保证学员的学习时间、尊重学员、服务学员、确保教学安全等方面。

教学大纲是教练员实施教学的依据，具有明确的指导性和强制的遵循性两个显著特征。教练员在教学中必须认真理解和掌握大纲规定的教学项目、内容、目标和学时，严格按照大纲要求组织教学，突出教学重点和难点，合理安排教学顺序、内容和进度，确保教学学时，是教练员做好驾驶培训教学的根本保证，也是教练员应尽的义务。

教学大纲中明确规定了每个阶段、每个项目应达到的最低教学学时，教练员如果缩短教学时间，就等于侵犯了学员的权利，没有尽到教练员的义务。保证学员有效学习时间、帮助学员提高学习效率、保障学员的利益不受损失，是教练员应尽的义务之一。

尊重和爱护学员，是教练员良好道德品质和服务意识的体现，也是教练员的义务之一。在教学中，教练员要保护学员的“自尊心”，尊重学员多样化、个性化的差异。学员是有血有肉、有思想、有个性、有感情的人，他们不仅需要学习驾驶技能，更需要个性的发挥、心灵的沟通、情感的交融。教练员要设身处地为学员着想，热情关怀、鼓励、指导和帮助学员，细心了解学员的心理状态，听取学员的意见和要求，采纳学员的合理化建议，尊重学员的人格，做学员的朋友，以此赢得学员的信任。尊重学员，但不庇护、不迁就学员，把尊重学员和严格要求结合起来，营造轻松、快乐的学习氛围，取得良好的教学效果。

驾校本质上是为社会生产和消费服务的企业，其价值主要体现在服务上。为消费者服务，是经营者的义务。让驾驶学员真正成为受尊重的消费者，教练员的服务是价值的主要体现显得尤其重要。教练员的服务是在教练员与学员之间进行，表现出很强的服务与被服务的关系，教练员对学员进行驾驶知识和驾驶技能培训中所提供的服务，就是一种服务与被服务的关系。教练员作为服务的主体，要找准自己的职业定位，摆正与学员之间的关系，确立正确的服务理念、服务态度和服务方法，满足学员学习的需求，做好服务学员的工作。教练员在教学中要将服务与教学质量紧密结合起来，用优质服务树立自己的良好形象，提升服务质量，不断提高学员的满意度。

教练员在驾驶教学过程中，要始终高度重视教学安全，这也是教练员义不容辞的责任和义务。驾驶教学本身就存在着风险和危险因素，不论是学员还是

教练员，稍有疏忽就有可能导致教学或交通事故。教学中一旦发生事故，不管责任在哪一方，都会给学员的心理带来消极的影响，都会挫伤学员学习的积极性，如果事故危及人身安全，便会产生伤害学员的严重后果。

4. 教练员的职业道德

教练员的职业道德，是教练员在进行教学活动时对整个社会所承担的道德责任和义务，是教练员职业生活中普遍存在的行为准则和职业道德规范。教练员作为驾驶培训教学工作的具体实施者，自身素质和道德行为是决定着驾驶学员素质和驾驶品德的重要因素。

教练员的职业道德是从教练员驾驶教学实践中引申出来的，是教练员在教学过程中从思想到行为应具备和必须遵循的行为规范和准则。教练员职业道德，是教练员在进行驾驶培训教学活动时，对整个社会所负的道德责任和义务，是教练员职业生活中普遍存在的行为准则和职业道德规范，也就是以善良与丑恶、公正与自私、高尚与卑鄙、诚实与虚伪等作为标准，来评价教练员的职业行为规范。教练员在教学过程中，既要了解学员和行人，又要了解车辆和道路，还要在复杂的道路和拥挤的场地环境中进行教学，而且学员年龄、文化和职业差异大，驾驶技能还没有完全形成，教练员承受着巨大的生理和心理压力。在这种环境下进行教学，教练员是确保教学安全和学员掌握安全理念、驾驶知识和技能的关键。教练员用什么态度来对待学员，用什么规矩和原则来调节和约束自己的教学行为，是教练员是否具有良好职业道德的具体体现。

教练员严谨的职业行为规范，是确保教学规范和教学质量的基础，建立融

知识、技能、意识、安全为一体的驾驶规范化教学体系，是驾驶培训教学的发展方向。教练员要培养有社会责任感、能独立安全文明驾驶的驾驶员，自身必须具有严谨的职业行为规范。教练员的行为规范包括遵章守法、珍爱生命，诚实守信、规范施教，为人师表、廉洁从教，爱护学员、文明教学，努力学习、与时俱进等方面。教练员职业道德的主要内容有：一是忠诚驾驶培训事业，爱岗敬业、奉献社会；二是努力提高自身素质，诚实守信、服务学员；三是严格按教学大纲组织教学，保证时间、保证质量；四是自觉防止和抵制各种不正之风，不谋私利、勤教廉洁；五是模范遵守法律法规，严谨训练、确保安全。

教练员要模范遵守驾驶职业道德，为人师表，做好楷模。注意从点滴做起，把文明礼貌行车的优良作风贯穿于整个教学过程中，使学员逐步形成文明行车的习惯。教练员要具有优良的师德，热爱学员，关心学员的思想、学习和生活，对他们一视同仁，认真耐心的传授知识和技能；平时严于律己，以身作则，身体力行，为人师表，言而有信，举止文明，谈吐优雅，外表端庄；尊重科学，面对现实，不回避矛盾，知难而进，勇挑重担。

四 心理健康阳光

职业心理是人们在职业活动中表现出的认识、情感、意志等相对稳定的心理倾向或个性特征。在职业心理中，性格影响着一个人对职业的适应性，一定性格的人适于从事一定性格特质的职业。同时，不同的职业对人也有不同的性格要求。

教练员从事的是一项具有特殊性要求的职业教学工作，教学对象、教学环境、教学条件，都需要教练员有健康的职业心理。教练员在教学过程中，运用教育心理学的基本知识，根据自身的心理特点，应有针对性的注意培养良好的心理素质，充分发挥主观能动性，增强适应能力，保持心理的稳定。

1. 关注职业心理健康，阳光执教

人在职场，心理健康很重要。良好的心理素质，不但能在社交中如鱼得水，在工作中也能起到助推作用。相反，心理状态不佳，会形成某些隔膜和屏障，在一定程度上降低了工作效率和适应社会的能力。因此，教练员在工作生活中要注重自身修养，克服不健康心理，避免形成病态心理，做职场心理健康人。针对职业心理容易出现的问题，常见的对策有以下 5 个方面。

（1）怯懦心理对策。怯懦心理常见于新教练员，由于刚刚走上工作岗位，工作经验少，阅历较浅，执教过程中底气不足。怯懦会阻碍自己计划与设想的实现，不能有效的进行驾驶培训教学和完成教学任务，怯懦心理是束缚思想行为的绳索。新教练员在执教前可以多和有丰富经验的教练员取经，认真备课，多钻研，对于教学中会出现的常见问题有所准备。正式教学前，可在老教练员的带领下，模拟上课，做到胸有成竹，从而克服怯懦心理。

（2）排他心理对策。人类已有的知识、经验以及思维方式等，需要不断地更新，否则就会失去活力，甚至产生副效应。排他心理恰好忽视了这一点，表现为抱残守缺，拒绝拓展思维，促使人们只在自我封闭的狭小空间内兜圈子。执教多年的教练员对自己的教学方法非常自信，要每个学员都完全遵循他的教

学模式，拒绝改变自己。但是，每个学员都有其自己的学习和行为特点，教练员要懂得因材施教，虚心接受学员的意见和建议，使自己的教学更加高效。

（3）贪财心理对策。有的教练员把社会上一些功利的想法带入教学中，教学的目的是为了给自己建立“有用的”人脉，完成自己的招生任务或其他需要。因此，将能给自己带来好处的学员和一般的学员区别对待。也不乏一些教练员有贪财心理，表现在教学中“吃”“拿”“卡”“要”，也为自己的职业发展道路埋下隐患。教练员要克服贪财心理，杜绝不良社会风气的侵蚀、勤政廉洁，公平公正的对待每一位学员。

（4）冷漠心理对策。有些教练员对与自己无关的人和事一概冷漠对待，甚至错误地认为言语尖刻、态度孤傲、高视阔步，就是自己的“个性”，致使学员不敢接近自己，更不敢提出问题。另外，考试通过率低、学员众多、工作强度大、职业倦怠等诸多因素都会让教练员出现冷漠心理，工作没有热情，不积极，应付了事。此时，教练员需要对自己进行积极的心理调试，可以找专业的心理顾问咨询，或者休假一段时间，调整好自己的状态，以饱满的热情和积极的态度迎接每一个学员。

（5）挫败心理对策。由于学员的个体差异，有些学员在实际驾驶操作方面接受较慢，教练员会面临有的学员怎么教也学不会的情况。尤其是当教练员使出浑身解数来教学，但学员还是进步缓慢，甚至学不会时，教练员难免有挫败心理，常常会怀疑自己的教学能力，影响了自己的教学自信心。这时候，教练员要懂得积极的自我调节，积极的通过其他渠道寻求解决办法。

2. 影响教练员职业心理健康的因素

（1）工作的内在因素。教练员工作时间长，劳动强度大，环境多变（冬季练车寒冷，夏季练车恰逢酷暑），工作时需要高度专注，精神压力大等是驾驶教学工作的内在因素。选择教练员这份职业的时候，就要意识到所面临的这些问题和挑战。既然选择了就应该用积极的心态去面对。

（2）个人性格的缺陷。有些教练员自身的性格有缺陷，如自卑、怯懦、冷漠、自私、自我封闭等。这类性格的人，并不适合教练员的工作岗位。因为教练员的工作，处处需要与学员沟通，担负着传道授业解惑的责任，如果本身是自我封闭、不爱与人沟通的人，是不能胜任教练员工作的。教练员同时在家里是父母、儿女、丈夫或妻子等不同的角色，如果由于工作强度大、时间长，得不到家里人的理解和支持，造成角色的冲突或不相容，导致自己的心理压力过重，就会影响心理健康。

（3）处理人际关系。教练员每天都要与学员打交道，面对的是各种年龄、性格、文化层次的学员，如果协调不好和学员之间的人际关系，教学质量和效果都要大打折扣。教练员除了搞好与学员之间的人际关系，还要协调好领导、同事、家人、朋友等之间的人际关系，才能保证在和谐友爱的氛围中工作，每天执教时才不会有紧张和紧绷的不和谐气氛。

（4）职业发展目标。选择教练员作为职业，要有职业发展目标和完善职业生涯的规划。观望、等待、凑合等观点，只会成为职业发展的绊脚石或屏障，导致对自己的职业没有信心，“当一天和尚撞一天钟”，不会产生对职业的热爱，更不会有良好的业绩。教练员只有热爱这份职业，有自己的发展目标，制定好自己的职业发展规划，做到“干一行爱一行”，才能拥有安全感、归属感，满足自我实现的需要。

3. 职业心理健康的标准

（1）智力正常。智力正常是人正常生活最基本的心理条件，是心理健康的重要标准。智力是人的观察力、注意力、记忆力、想象力、思维力、创造力及实践活动能力等的综合，包括在经验中学习或理解的能力，获得和保持知识的能力、迅速而成功地对新情境做出反应的能力、运用推理有效解决问题的能力等。这是胜任一项工作的基础。

（2）能协调和控制情绪，心境良好。表现为情绪稳定和心情愉快。包括的内容有：愉快情绪多于负性情绪，乐观开朗，富有朝气，对生活充满希望；情绪较稳定，善于控制与调节自己的情绪，既能克制又能合理宣泄自己的情绪，情绪的表达既符合社会的要求又符合自身的需要，在不同的时间和场合有恰如其分的情绪表达；情绪反应与环境相适应，反应的强度与引起这种情境相符合。

（3）意志健全。意志是人在完成一种有目的活动时进行的选择、决定与执行的心理过程。意志健全者在行动的自觉性、果断性、顽强性和自制力等方面都表现出较高的水平。

（4）人格完整和谐。人格是个体比较稳定的心理特征的总和。人格完善就是指有健全统一的人格，个人的所想、所说、所做都是协调一致的。人格完善包括作为人的整体的精神面貌能够完整、协调、和谐地表现出来；具有正确的自我意识，不产生自我同一性混乱，以积极进取的人生观作为人格的核心，并以此为中心把自己的需要、目标和行动统一起来；思考问题的方式是适中与合理的，待人接物常常采取恰当灵活的态度，对外界刺激不会有偏颇的情绪和行为反应；能够与社会的步调合拍，也能和集体融为一体。

（5）自我评价正确。正确的自我评价是心理健康的重要条件。自我观察、自我认定、自我判断和自我评价能使自己恰如其分地认识自己，摆正自己的位置，既不以自己在某些方面高于别人而自傲，也不以某些方面低于别人而自卑；对自己不会提出苛刻的、非分的期望与要求；对自己的生活目标和理想也能定的切合实际；面对挫折与困境，能够自我悦纳，喜欢自己，接受自己，自尊、自强、自制、自爱适度，正视现实，积极进取。

（6）人际关系和谐。良好而深厚的人际关系，是事业成功与生活幸福的前提。其表现为：乐于与人交往，既有广泛而深厚的人际关系，又有知心朋友；在交往中保持独立而完整的人格，有自知之明，不卑不亢；能客观评价别人和自己，善取人之长补己之短，宽以待人，乐于助人，积极的交往态度多于消极态度，交往动机端正。

（7）适应正常。个体应与客观现实环境保持良好秩序，既要进行客观观察以取得正确认识，以有效的办法应付环境中的各种困难，不退缩；又要根据环境的特点和自我意识的情况努力进行协调，或改变环境适应个体需要，或改造自我适应环境。

4. 教练员心理健康的自我调节

（1）完成角色的转换。教练员都有一个从自己驾驶到教人驾驶的转换阶段，这是一个从个体技能到教书育人角色的过程转变，从某种程度上讲，也是一个飞跃。驾驶员一般是为了生活或生存而驾驶汽车，有自己的驾驶风格和驾驶习惯。教练员则是为人师表、传道、解疑、受人尊敬的职业教师，为了培养驾驶员而从事教学的工作。驾驶员和教练员二者既有联系，又有本质的区别。一个好的驾驶员，不一定是好的教练员，一个合格的教练员，不一定有高超的驾驶技术。所以，选择了教练员工作，就要做好角色转换的心理准备，要有信心克服自己的心理压力和不足，储备能够胜任教学的知识，不仅要有较强的理论知识和驾驶技能传授能力，而且要懂得学习方法和专业知识。要及时调节好自己的心态，顺利完成角色的转换，尽快适应驾驶教学工作的需要。

（2）适应学员的心理。教练员从事的职业，面对的教学对象层次多样，年龄不同、性别不同、性格等方面各异。年轻学员反应敏捷、接受能力强；年长学员阅历丰富、自尊心强、接受能力相对弱。女性学员温和细心、动作柔和；男性学员反应敏捷、易冲动。在教学中同样的一句话，对年轻学员说可以接受，但对年长学员说可能就不妥；对男性学员可以使用的教学方法，用在对女性学员的教学中，可能效果就不佳。教练员要能够运用心理学方面的知识，更好地分析和掌握不同学员的心理和行为特点，根据不同教学阶段学员的学习进度、学习效果，因人施教，保证每位学员的培训质量。教练员只有懂得学员心理特点、认知规律及其在学习过程中的心理活动过程，及时调整自己的心态，才能高效的完成教学任务。

（3）驾驶技能教学重点调整。教练员的主要工作是传授驾驶技能，驾驶技能包括操作技能和心智技能。操作技能是外部动作表现，心智技能是内心活动。心智技能包括对交通情况的观察、分析、判断和处理等内部心理活动，与学员的年龄、文化背景、社会阅历等因素有关系。而操作技能是随着教学进度而提高的，学员操作技能提高的速度具有一定的规律性。心智技能是安全驾驶技能的核心，也是教学的重点。教练员掌握驾驶技能形成的规律，把学员心智技能的挖掘和培养作为教学的重点，在教学中根据不同的训练阶段、不同的教学内容、不同特点的学员，结合与驾驶技能培训相关的心理知识，使用合理的教学方法，注重学员心智技能的培养，控制好教学节奏，有针对性的开展教学，可取得良好的教学效果。

（4）降低教学过程风险性。教练员在指导学员进行驾驶训练教学过程中，学员的动作往往会与教练员的想法不一致，需要教练员不断的提示、指导，在一些情况下还要辅助学员进行操作。由于驾驶操纵机件都在学员手中和脚下，教练员处于左侧被动位置，需要在左侧辅助学员修正转向盘、挂挡、控制制动等操作，相对驾驶风险性大，存在不安全因素。学员在操作中遇到情况紧张时，手脚的动作和力度非常大，教练员很难控制，非常危险。要降低教学风险，就必须消除学员操作时的紧张心理，避免让学员在极度紧张的状态下进行驾驶。教学初期，让学员尽量放松，克服恐惧感，尽可能给学员提供轻松、愉快、安全的学习氛围，循序渐进的掌握驾驶动作。当学员掌握了基本驾驶技能后，教学安全就显得非常重要，要教育学员驾驶机动车具有一定的风险性，任何疏忽大意和过错，都会给人们的生命财产带来危害，对教学要求和错误动作的限制必须趋于严格，不存半点侥幸心理。这就要求教练员在教学中时刻保持高度的警觉，对各种可能出现的突发情况有所预见，有处理突发事件的应急能力，从而降低教学过程中的风险性。

（5）注意控制情绪。情绪是个体对外界刺激主观有意识的体验和感受，具有心理和生理反应的特征。情绪的特点主要有自我觉察能力、自我调控能力、自我激励能力、对他人情绪的识别能力、处理人际关系的能力。教练员在教学中，要注意监控自己的情绪变化，遇到不愉快或不顺利的事情时，要控制自己的情绪活动以及抑制情绪冲动，学会自我激励、自我把握，有效地摆脱焦虑、沮丧、激动、愤怒或烦恼等因为失败或不顺利而产生的消极情绪的能力，尽力发挥出自己的创造潜力，及时调整自己在教学中的不良情绪。另外，注意发现学员的情绪变化，调节与控制学员情绪反应，并能够使学员产生自己所期待的反应能力。

（6）学会自我减压。压力是当人们去适应由周围环境引起的刺激时，身体或者精神上的反应。压力有以下三方面的内涵：一是一种主观的反应；二是由压力源引起；三是压力的大小与压力源的大小成正比，与个人身心承受压力的强弱程度成反比。例如，学员因为不满意教练员的教学方式和学习效果，要求办理退学手续，这对教练员而言就会产生压力。压力可以分为预期的压力、情境的压力、慢性的压力、残留的压力等 4 种类型。预期的压力是由对未来的忧虑所引起的；情境压力是现在的压力，是由于情景环境而导致的压力；慢性压力是长时间积累的压力；残留的压力是过去的压力。这些压力有消极的一面，同样也有积极的一面。教练员要充分考虑到教学中来自各方面的压力，利用压力积极性一面，学会化解和疏导压力，使压力变为激励工作的动力。

小知识

教练员日常减压妙方

1. 运动减压

运动分为有氧运动和无氧运动。有氧运动是指人体在氧气充分供应的情况下进行的运动，如步行、慢跑、滑冰、游泳、骑自行车、打太极拳、跳健身舞、做韵律操等，特点是强度低、有节奏、持续时间较长。无氧运动是指肌肉在“缺氧”的状态下高速剧烈运动，如赛跑、举重、投掷、跳高、跳远、拔河、肌力训练等，特点是时间短、强度大。

运动之所以能缓解压力，让人保持良好、平和的心态，与腓肽效应有关。腓肽是身体的一种激素，被称为“快乐因子”。当运动达到一定量时，身体产生的腓肽效应能愉悦神经，甚至可以把压力和不愉快带走。通常来说，有氧运动能起到很好的缓解压力的作用。

生活、工作中遇到压力，可以选择去运动。但是，带着太大的压力或不良情绪去运动，在运动中会思绪杂乱，注意力不集中，这样不仅起不到减压的作用，反而会适得其反，导致精神紧张、身体疲劳，压力也会变得更大。

2. 呼吸放松

控制呼吸有良好的压力疏解作用。如果呼吸是从胸部和肩部开始的，说明还没有利用肺的全部容量，最有效的呼吸方式是从腹部开始的。下面介绍一种顺腹式呼吸放松的方法：

（1）坐在一张舒适的椅子上（不能是软沙发）。

（2）背部微贴椅背，肩部自然下垂。

（3）尽量扩胸并扩大肺活量。

（4）深呼吸，吸气时小腹微微凸起，呼气时小腹凹下。

3. 肌肉放松

身体紧张会导致精神紧张，学会放松身体可以促进精神放松，降低紧张程度。

（1）准备一个方便的时间、地点并定期练习。

（2）穿宽松的衣服，平躺在沙发或床上，最好将膝部适当垫高，使背部后仰，放松脊柱。

（3）交替做肌肉收缩、肌肉放松。由上往下依次是：前额、眼睛、头皮、下巴、嘴、颈部、肩部、胸部、胳膊、腰、臀、大腿、小腿。

（4）紧张的动作做 10 ~ 15 秒，放松的动作做 15 ~ 20 秒，一次做两组。

4. 改善睡眠

压力会导致人们长期睡眠不足或睡眠质量低下。良好的睡眠是缓解压力的重要保证。改善睡眠要做到以下几点：

（1）作息要有相对固定的时间表，养成有规律的睡眠习惯。

（2）尽量不要吃催眠药物，少摄入咖啡因和酒精。一杯热牛奶或一些草本植物制剂也会有助于睡眠。

（3）睡前放松。睡前两小时之内停止一些令人兴奋的活动或工作，可以听听音乐、读读小说、看看电视或闭目养神。

五 严谨的教学行为

教练员是学员学习的楷模，教练员的行为会对学员产生潜移默化的影响。教练员严谨的职业行为规范，是确保教学规范和教学质量的基础。教练员要培养有社会责任感、能独立安全文明驾驶的驾驶员，自身必须具有严谨的职业行为规范。教练员的行为规范包括遵章守法、珍爱生命，诚实守信、规范施教，为人师表、廉洁从教，爱护学员、文明教学，努力学习、与时俱进等方面。

1. 遵章守法、珍爱生命

遵章守法是教练员必须严格遵守的一项最根本的行为规范。法律法规的核心是对人民生命财产和交通秩序的保护，对法律法规的敬畏之心是维护社会公共秩序的基本要求。教练员在教学中，要从严格守法的角度，在法律法规的范

围内规范自己的教学行为，不仅自己模范地在遵章守法、率先垂范等方面给学员做出榜样，还要培养学员自觉遵章守法、文明礼让的安全意识，养成遵守交通法规的良好习惯。法律的生命在于实施，如果教练员不遵章守法，必然会使学员的驾驶行为存在安全隐患，不但会影响交通秩序和道路畅通，而且还可能导致交通事故，危害人民生命财产安全。

《大纲》是驾驶员培训与考试的法律依据，贯彻落实《大纲》是教练员教学工作基础的重点。《大纲》的核心理念是注重安全文明驾驶意识和实际道路驾驶技能培养，倡导以人为本、珍爱生命，倡导遵章守法、文明礼让，倡导规范操作、安全驾驶。教练员按照《大纲》的要求，培养学员尊重生命、安全礼让的驾驶习惯，对于减少道路交通事故，保障人民生命财产安全，提高交通文明素质、推动交通文明进步，促进全社会文明，保障社会和谐发展有着重要的意义。

“安全第一、珍爱生命”，是驾驶培训工作的宗旨。教练员遵章守法、执行《大纲》，体现了珍爱生命的真谛。生命无价，对自己和他人生命的尊重和珍爱，是教练员职业道德和行为规范的核心价值。遵章守法要求不仅要珍爱学员的生命，确保学员在教学中的人身安全，还要将遵章守法、文明礼让的安全意识贯穿于教学全过程，防微杜渐、警钟长鸣、确保人民生命财产的安全。

2. 诚实守信、规范施教

教练员的诚实守信是驾驶培训职业活动中处理与学员之间关系的道德准则，是与学员交往必须遵守的一项最基本的行为规范。教练员培养学员安全文明意识，掌握安全驾驶技能，成为一名合格的驾驶员，是对社会的诚实守信。驾校和学员是一种经营者与消费者的关系，教练员代表的是经营者的理念和经营方式，让学员明明白白的消费，理智的学习安全知识和驾驶技能，是教练员对“诚实守信”的具体落实。教练员的诚实守信，会直接影响学员对教练员的信任度，影响驾校的社会信誉度。教练员只有诚实守信，才能赢得学员的信任和尊重，高质量地完成教学任务。教练员在教学中，要严格按照《大纲》规定的教学内容、教学目标、教学学时，认真完成教学工作。

规范施教，是教练员在教学过程中，按照《大纲》的要求和教学规范进行教学的活动。规范教学，对于教练员的教学是一种约束，也是评价教练员教学水平的一个重要指标。教练员在教学中必须严格遵守教学工作行为规范，统一教学标准、统一教学内容、统一教学要求，是规范教学行为、杜绝教学腐败、保证学员利益、提高教学质量的有效途径。

3. 为人师表、廉洁从教

“学高为师，身正为范”是教师的行为规范。教书者必须先为人师表，育人者必须先学行为规范。教练员是传授驾驶知识和技能的技能型专业教师，教学岗位既有交通行业的特征，又有教育工作的特性。“为人师表”就是教练员在思想意识、道德风貌、治学精神、言谈举止、驾驶习惯等方面应该成为学员的表率。要求学员做到的，首先教练员自己要做到。克服自身不良的行为习惯，避免给学员造成负面影响。教练员“言传”“身教”对学员的影响，一方面是通过职业道德知识、驾驶知识和技能的传授，使学员形成良好的职业道德、安全意识和安

全驾驶技能；另一方面是通过教练员“为人师表”的人格示范，对学员产生潜移默化的影响，教练员的榜样作用十分重要。

教练员的“言传”“身教”，对学员的影响能力，体现了理论和实际的结合，理念和行为的统一，这种影响力还表现在教练员廉洁从教上。教练员的一些不正之风，虽然发生在少数人身上，不具有普遍性，但对学员和社会的负面影响很大。“吃”“拿”“卡”“要”已成为驾校教练员的代名词，影响和冲击教练员的职业声誉和形象，也已引起社会的反响和舆论的关注。提倡廉洁从教，纠正不正之风，杜绝驾培腐败，净化教练员队伍，是行业自律的重要内容，也是确保教练员队伍纯洁的有效措施。

4. 爱护学员、文明教学

驾驶教学不仅是教练员把自己的驾驶知识和技能传授给学员的过程，也是教练员与学员之间情感相互影响和相互交流的过程。教与学的情感影响和交流，需要建立一种师生之间互相尊重、互相爱护的氛围。爱护学员，是一个教练员的美德，也是一种行为规范。学员对教练员的尊重，来自于教练员对学员的爱护。教练员在学习和生活上关心、爱护学员，会使学员感到亲切、温暖，有信任感，对学

习充满信心。教学中对学员严格要求的同时多加鼓励，知识和技能容易被学员理解和接受，严厉的训斥只会适得其反。只有爱护学员，建立良好的师生关系，才能与学员密切交流与沟通，充分调动学员的学习热情，取得好的教学效果。

文明教学是爱护学员的具体表现，教练员的教学态度、教学语言、教学行为、教学方法是否文明，直接影响教学的效果和质量。教练员与学员的关系不同于传统的“师徒”关系，是建立在互相信任、互相尊重的基础上，需要有一定的规范和技巧。文明教学的目的是为了培养学员养成文明礼让的良好驾驶习惯，这就要求教练员自己要文明施教，教学过程对学员要动之以情，晓之以理，注重语言文明，不讲粗话、脏话和服务忌语，用温馨的语言指导学员，让学员从教练员身上感受到良好的职业素养。

小知识

驾校常用的文明教学用语

“您好，现在开始上课”，“请上车，现在开始训练”，“请系好安全带”，“请按顺序开始训练”，“请注意您的动作，别紧张”、“慢一点，注意安全”，“别着急，慢慢来”，“没关系，再做一遍”，“做得不错，进步很快”，“请注意路边行人”，“请在前方路口左转弯”，“请注意交通标志”，“下一位学员请稍等”，“请看我的示范”，“请注意我的手势”，“感谢对我工作的支持”等。

5. 努力学习、与时俱进

社会的发展，汽车技术的进步，需要教练员不断学习、不断丰富更新知识。学习对于教练员成长、知识更新和教学能力的影响很大。每一个教练员都需要不断学习，不断总结，不断积累，不断提高。如果教练员文化素质低、专业知识欠缺、操作技能生疏，就无法向学员传授驾驶知识和技能，也得不到学员的尊重。尤其是新的知识、新的法规、新的技术、新的理念，更需要教练员不断学习。教练员只有不断的学习，与时俱进，丰富自己的专业知识，及时调整知识结构，更新教学理念，改善服务态度，不断提高自身素质，才能跟上汽车社会的发展，达到符合时代发展要求的教学水平。

教练员的素质决定了驾驶员培训质量，教练员的教学理念和教学能力是培养安全文明驾驶员的关键因素。高素质的教练员需要广博而深厚的专业知识、娴熟的驾驶技能、丰富的实践经验。在汽车技术日新月异、学员文化水平不断提高的社会背景下，驾驶培训教学工作面临着了新的挑战和要求。教练员如果不想被淘汰，就不能满足于现状，需要不断学习，掌握新的知识，不断充实自己的教学内容，提高教学水平，适应社会发展和驾驶员素质教育的需要。

六　文明的执教形象

教练员在教学过程中的礼仪和与学员的交流与沟通，是教练员文明教学的具体体现。教练员通过多种方式与学员进行心灵交流，能最大程度发掘学员的潜能，调动学员的学习热情，实现教学目的，取得良好的教学效果。

1. 教练员的仪容仪貌

礼仪是一个民族最具表征性的东西，礼——做人的规矩（礼节、礼貌）；仪——做事的规矩（仪礼、礼宾）。驾驶员培训机构作为具有特殊性的社会服务组织，既具有教书育人的功能，也有企业的色彩。教练员与学员之间的关系，不同于一般学校的师生观念，还存在着服务与被服务的关系，教练员要找准自己的角色定位，摆正与学员的关系，树立服务第一的理念。教练员的教学礼仪，既是教练员实现和谐教培、文明执教的表现，还是赢得学员尊重与信任的需要。

教练员的仪容，通常是指的外观、外貌。教练员可以依照个人条件，对仪容进行必要的修饰，扬长避短，自尊自爱。设计、塑造出美好的个人形象，也体现对他人的尊重。只有阳光、健康、自信的人才能给人赏心悦目、热情真诚、令人愉悦的感觉。教练员从事的是教书育人的工作，个人的仪表和文化、艺术素养和思想、道德水准会对学员的学习产生很大的影响。教练员每天要和不同的教学对象打交道，给学员的第一印象是仪容。

教练员的服饰，通常是指服装、饰品。和谐、优雅、得体的服饰，能体现出教练员的精神面貌和审美追求。教练员在工作中穿戴整齐的服装能够体现生气勃勃、奋发向上的精神风貌，违背了这种标准，就会对自身的形象造成负面影响。

教练员的衣着打扮不仅反映个人的修养，也代表着所在培训机构的形象。教练员在学员面前要树立良好的形象，衣服要勤换勤洗，衣着必须得体，切忌过分杂乱，切忌过透过露，切忌衣冠不整。更不能穿背心、穿拖鞋，光着膀子进行教学。教练员佩戴饰品要符合身份，以少为佳，过度的戴金挂银也有碍观瞻。

2. 教练员与学员的交往与沟通

在教学管理过程中如何实现教学目标、明晰权责，营造良好的教学氛围，都取决于教与学之间良好而有效的交往和沟通。驾驶培训教学活动，是教练员与学员双方借助于交往与沟通而实现的。教练员与学员的交往是一种人际交往，都是一定社会条件下的交往，通过人际交流对对方或自己的行为进行解释、分析、反应的过程，从而达到互相了解的目的。教练员与学员间的沟通的目的是让对方清楚自己的思想，取得共识，或找出异同点，或发现问题、解决问题。

教练员在教学过程中与学员的交流与沟通，是通过多种方式进行的心灵交流，从而最大化开发学员的潜能，进而实现教学目的，取得良好的教学效果。没有沟通，教练员就不能很好的完成教学任务；没有沟通，学员也不能圆满的完成学习任务；没有沟通，教学双方就不能起到相互促进的作用。

3. 教练员的服务规范

教练员拥有真诚的服务与良好的沟通能力就等于掌握了教学的主动权，能够创造出积极、轻松的学习氛围，给学员留下良好的印象，更好的为学员服务，最大限度地完成教学任务。在驾驶培训中，教练员须用规范的服务礼仪去规范自己的言行举止。对于教练员来说，做好教学服务，不仅需要过硬的驾驶指导技能，更需要懂得服务教学规范，坚持用热情周到的态度、敏锐的观察能力、良好的口语表达能力以及灵活、规范的事件处理能力来共同树立驾培行业良好的教练员形象。

教练员服务规范主要有以下内容：

（1）确定正确树立“教书育人、服务育人”的角色。

（2）进行相应的形象设计，恪守本分，以朴素、大方、端正、严谨为形象要旨。

（3）在服务过程中，要根据教学对象的变化不断调整自己的服务定位，要多了解学员的特殊需求，提供特色服务。

（4）充分理解学员的需求和愿望，尽量满足学员提出的各种正当需求，如果确实难以满足，应向学员表示歉意，以取得学员的谅解。

（5）充分理解学员的想法和心态，对学员在接受教学服务过程中，因个人自身情绪等原因提出一些出格的或不可能接受的要求，给予理解，以更优的态度去感化学员。

（6）充分理解学员的误解和过错，对有些学员有意找碴儿或强词夺理，要在坚持原则和把握好安全的前提下，尽可能给学员提供服务。

4. 教练员与学员的语言交流

驾驶培训是教练员与学员近距离面对面的教学过程，整个过程都离不开双方的语言交流。语言是教练员与学员沟通和交流最重要的工作手段，准确规范、生动形象、亲切感人的语言会给学员以愉悦的感受，创造出融洽和谐的教学氛围。对教练员来说，语言运用水平和表达能力，既体现着自己的教学水平，又直接与自己所在的驾培机构的总体精神文明状态密切相关。

小知识

教练员运用语言的要求

（1）教练员运用语言要亲切，语调要低，吐字要清楚，语言要规范，音调要亲切，让学员听起来感到亲切。使用专业性语言为主，也要了解方言，使学员感觉易于交往。

（2）教练员运用语言要真诚，语言内容要符合教学大纲术语，同时兼顾大众化和口语化，通过语言反映出教练员良好的心态。

（3）教练员运用语言要准确，教学语言尽量做到用词恰当，词语明了，表达准确。避免使用大概、可能等含糊的词语。要简明、扼要、抓住指导要点，要使学员一听就懂。

（4）教练员运用语言要文明，要使用健康、文明、亲和语言，杜绝粗俗、贬斥、挖苦、讽刺的语言。

5. 教练员与学员的非语言沟通

非语言沟通是指教练员教学中在语言之外进行沟通时的所有符号。非语言沟通是不使用语言的沟通，信息是通过面部表情、肢体动作，利用空间、声音和触觉等产生的。教练员的非语言沟通主要体现在面部表情和肢体动作中。

教练员在日常教学中许多用有声语言所不能传递的信息，通过非语言沟通却可以有效地传递，非语言沟通在驾驶指导过程中具有无声胜有声的教学效果，学会运用非语言沟通准确表达完整、确切的信息，对于教练员和学员之间进行有效沟通是非常重要的。

小知识

常见的教练员非语言沟通

1. 面部表情

（1）教练员在指导训练时，面部表情应该是诚恳坦率、严肃热情、轻松友好的。

（2）教练员与学员沟通时要注意目光的角度，在指导教学时一般注视学员唇部和额中之间的区域，注视的角度要相对保持稳定，这样交流时可以创造出平等、轻松、自信的气氛，让学员放松紧张心理。

2. 肢体动作

（1）教练员在驾驶教学过程中，除了通过语言、眼神与学员进行沟通之外，还必须不时通过正确的肢体动作及时传达教练员对学员操作动作的认可、鼓励的信息，从而达到师生之间的心灵沟通。

（2）教练员教学时，必须运用规范、统一的手势和简明的口令指导学员。使用规范、统一的肢体动作和口令，有助于学员正确理解教练员的意图，提高教学质量。

（3）教练员在教学过程中，可以通过使用日常生活肢体动作表达对学习效果和成绩给予评价的意图，让学员感到更亲切、更利于理解。正确使用生活肢体动作不仅能缩短人与人之间的距离，更能起到此时无声胜有声的功效，达到师生教与学沟通的目的。

七 规范的教学组织

规范的教学组织是指教练员在驾驶培训教学过程中，按照规范文件、程序组织教学的能力。教练员在教学过程中，要严格遵守教学大纲规定的内容、要求和学时，按照教学计划、规范化教学程序和操作体系，围绕教学目标整体系统而综合的组织驾驶培训教学。

1. 理论教学组织

在驾驶培训理论教学组织过程中，教练员作为教学活动的管理者，需要稳定学员的情绪，为学员创造良好的学习情境，培育学员的学习兴趣，使学员做好安心听课的准备。组织理论教学是一节课的起始环节，同时也贯穿于一节课的始终。教练员要让学员明确学习理论课的重要性，端正学习态度，帮助学员克服应付考试的学习心态，使学员产生学习新知识的强烈要求和愿望，遵守课堂秩序，认真听课。遇到学员注意力分散、不认真听讲、课堂纪律混乱等情况时，教练员需要及时调整教学思路，进行有效地控制。

理论教学组织程序：

（1）教练员准备本堂课的教具及教学资料；

（2）学员按规定和要求签到；

（3）教练员按教学要求进行授课；

（4）教练员对学员的学习情况讲评；

（5）布置课后作业；

（6）填写《教学日志》；

（7）学员按规定和要求签退。

2. 实操教学组织

教练员要根据教学对象的特点，依据教学大纲有针对性的制定实操教学计划，采取操作技能规范化训练模式组织操作教学。驾驶操作教学过程中，要按照讲解动作要领、示范动作、指导练习、变化应用等规范化教学程序开展教学活动。教学的组织始终要充分考虑驾驶教学的风险因素，严格遵守安全操作规范，对学员的错误或危险动作要严肃指出，及时纠正。遇到学员情绪消极、逃学厌学、紧张自卑等异常心态时，教练员要及时调整教学，进行有效地控制。

实操教学组织程序：

（1）教练员到车等候学员；

（2）学员按规定和要求签到；

（3）教练员带领学员检查车辆；

（4）教练员宣布本次训练科目；

（5）教练员进行动作示范或讲解；

（6）学员在教练员的指导下进行练习；

（7）教练员对训练情况讲评；

（8）教练员预告下次训练科目或内容；

（9）填写《教学日志》；

（10）学员按规定和要求签退；

（11）教练员对车辆进行检查整理。

复习思考题

1. 怎样理解教练员的社会责任?
2. 教练员有哪些基本任职条件?
3. 教练员应该具备什么样素质和教学能力?
4. 驾驶培训教学有哪些常见的教学风格?
5. 怎样理解教练员的职业化?
6. 教练员特点、职责、义务是什么?
7. 教练员需要具备什么样的职业道德?
8. 教练员怎样解决常见职业心理问题?
9. 影响教练员职业心理健康的因素有哪些?
10. 教练员心理健康的标准是什么?
11. 怎样进行教练员心理健康的自我调节?
12. 教练员的行为规范包括哪些方面?
13. 教练员执教需要注意哪些文明形象?
14. 怎样规范的组织驾驶培训教学?

模块二

教练员需要树立哪些意识

一 遵章守法意识

遵守法律法规是形成安全意识的前提。道路交通安全法律的立法宗旨在于保障道路交通的安全与畅通。道路交通安全法律是驾驶员必须掌握的最基本的内容。让驾驶学员学习和掌握道路交通安全法律，树立法律意识，养成遵章守法的行为习惯，是教练员教学的重点。教练员必须熟知相关法律法规，严格按照有关规定依法实施教学，培养学员的遵章守法意识，让每一个学员成为遵章守法的合格驾驶员。

1. 道路交通安全法律法规

法律是由国家权力机关所制定并由执法机关等带有强制性的国家机器来保证实施的行为规则。法律体现着统治阶级的意志，体现着国家对其成员在政治、经济社会等各个领域的行为要求，体现着维护社会稳定、保护人民生命财产安全、保障国家安全的要求。

道路交通安全法律法规，是保障道路交通安全、畅通、有序的法律体系，是综合无数血的教训，运用科学的原理和方法制定的，不以任何个人的意志而改变。道路交通安全法律法规包括《道路交通安全法》及实施条例、《机动车驾驶证申领和使用规定》《道路交通安全违法行为处理程序规定》《道路交通事故处理程序规定》《机动车登记规定》等。这些法律法规如同一把双刃剑，似乎束缚了交通参与者的行为，但这种束缚却维护了所有交通参与者的共同利益，保护了交通参与者的生命安全，保障了人们的平安出行。

法的生命在于实施，交通安全法规是创建和谐交通环境的制度保障，人人自觉遵守交通法规，和谐交通环境才能得以实现。自觉遵守交通法规是对自己和他人生命的关爱，人人遵守交通法规，是社会文明和汽车时代的召唤。只有把自觉遵守交通法规作为个体参与交通时秉持的基本准则，从我做起，才会有整个交通环境的井然有序，平安和谐。

2. 教练员的遵章守法意识

法律意识是一种无形的东西，是否遵守，主要体现在人的自觉性上。这种自觉性的强弱，决定了遵章守法意识的强弱。自觉的本身是一种约束，不过这种约束不靠别人的监督和行政命令，而是靠人的自我控制。当这种约束逐渐变为习惯，就成了自觉的意识行为。这种责任感就是把他人和自己的生命财产安全时刻放在心上，督促自己遵章守法，安全行车。

培养学员的“驾驶技能”，不能单纯地认为驾驶只是具有个体意义上的驾驶操作，而应当把自身和大众融为一体，是对社会和大众有影响的行为。这种行为的支持就是道路交通法律法规。“驾驶技能”是建立在道路交通法律法规许可内的驾驶操作，没有道路交通法律法规作基础都是危险的行为。《中华人民共和国道路交通安全法》第二十二条规定“机动车驾驶人应当遵守道路交通安全法律、法规的规定，按照操作规范安全驾驶、文明驾驶”中将“遵守道路交通安全法律、法规”放在“驾驶操作”之前，足以说明“遵守道路交通安全法律、法规”的重要性。

严格遵守交通安全法律法规，是安全行车的基本保证。教练员的遵章守法意识，直接关系到驾驶学员的法律意识的建立，影响着驾驶学员遵章守法行为的养成，关系到教学安全和学员安全。驾驶教练员作为遵守道路交通安全法律法规的传播者，首先自己要做到知法、信法、守法，安全驾驶，才能教育学员遵章守法，养成安全驾驶行为习惯。交通安全法律法规是驾驶教学的核心内容，必须始终贯穿于教学过程始终。这就要求教练员必须正确理解法律法规的内容，严格按照教学大纲的规定进行教学。教练员自身应加强修养，培养优良品德，树立安全行车理念，建立环保意识，做到言传身教。同时教育学员自觉遵守交通安全法律法规，规范操作，谨慎驾驶，养成安全驾驶、文明行车的行为习惯。

二 交通安全意识

安全意识是指人在生产活动中，对各种有可能造成自身及他人伤亡或其他意外事故的各种条件所保持的一种戒备和警觉的心理状态。交通安全意识，是人们从道路交通安全宣传教育中所获取的安全知识和从各种交通事故中所得到的教训两者融为一体，并在人们脑海里形成的交通安全概念、想法和思路。

1.“安全第一”意识

“安全第一”是安全意识的首要内容。“安全第一，珍爱生命”是驾驶培训教与学的核心，注重安全是完成教学任务的前提。教育学员关爱自己和他人的生命，培养学员“安全第一”的意识，是每一位教练员义不容辞的责任。要教育学员充分认识到，“安全第一，珍爱生命”是每一个交通参与者的共同期盼。

教练员自身要牢固树立“尊重生命、以人为本”的安全驾驶理念，主动遵守交通法规，文明参与交通出行，自觉养成良好的安全意识，成为学员学习的楷模。教练员在每天的教学中，要认真落实安全教学管理制度，时刻不忘“安全”二字，确保驾驶教学安全。事故系于一瞬间，平安源于每一刻。一定要让学员清醒地意识到，驾车时任何一次冒险、稍有一点疏忽、哪怕一丝侥幸都有可能给自己和他人留下终身的伤害或痛苦，甚至会危及自己和他人最宝贵的东西——生命。

2.“预防为主”的意识

坚持“安全第一、预防为主”的方针，是教练员必须遵循的一条基本原则。有效的“预防”，能有效的消除事故隐患。教练员在比较复杂的环境中从事教学，面对人、车、路等复杂的道路情况和没有法律法规知识、交通安全意识的学员，进行安全教育和预防事故的发生尤其重要。

教练员在驾驶教学过程中，面对的是对交通知识不了解、对交通安全没有认识、对驾驶操作一无所知的新学员，存在着诸多的安全隐患。要以“预防为主”，针对学员心理素质、文化水平等情况，提前制定教

学计划，编写教学教案，对教学环境中存在的危险因素、教学过程中存在的危险情况、场地训练中的危险操作、道路训练中的危险源等，做到心中有数，提前预防，避免教学事故的发生。教练员只有做好预防，把“万一”想得多一些，把后果想得严重一些，把工作想得细一些，提前规避危险因素，才能保证教学安全，避免安全事故的发生。

事 故 案 例

2009年4月7日，宁波某驾校一学员单独在训练倒桩移库，教练员在车下指导。中午11时40分左右，学员在训练时车速控制不好，教练员在外面要求她制动减速，学员慌了神，错把加速踏板当做了制动踏板，一脚踩了下去，教练车冲出了七八米后，撞塌驾校围墙后，一头扎入了毗邻的小河内。幸好该河较浅，只是教练车的车头陷到了河里，其他部分卡在了岸上。

教练员使用教练车进行教学时，面临的是一个非常复杂的交通环境，从基础动作训练开始，危险就已经存在，随着教学进度的不断深入，车速开始变快，

环境逐渐复杂，危险性也越来越大。教练员的教学要充分考虑可能出现的险情，不能高估学员的应急能力，学员遇到险情都会因惊吓而不知所措。没有提前预防的意识，遇到危险往往措手不及，不能做出及时反应、进行有效处置，甚至发生事故。只有预防在先，提前采取措施，给自己留出足够的反应和处置时间，才能很从容地应对各种情况。“预防为主、谨慎驾驶”，是有效避免交通事故的前提。教练员在教学中要时刻要牢记谨慎驾驶的黄金三原则：集中注意力，仔细观察，提前预防。

3."文明礼让"意识

"文明礼让"意识是建立在一定安全意识基础之上的最高境界。中国自古以来就是以文明著称的国度，"道之以德，有耻且格"，古人尚且如此，今天更应崇尚文明礼让。"文明礼让"是一个国家、一个城市、一个地区成熟发展的重要标志。道路交通中的"文明礼让"，体现在交通参与者之间的相互尊重、相互谦让。参与交通活动时，不管是否有优先通行权，为了安全，都要礼让为先，"多一份责任给自己、多一分关爱为他人"，"礼让三先、有理也让"，良好的交通秩序，要靠每一位交通参与者的主动礼让。

教练员是学员学习的楷模，教练员的"文明礼让"意识会直接影响学员的行为。在驾驶教学过程中，教练员在自身注重文明礼让驾驶作风的同时，通过适当的教学方法，将文明驾驶作风寓于教学科目之中。教学中，教练员要注意培养学员的文明礼让意识，倡导学员换位思考，尊重他人也是尊重自己。让学员知道，只有安全礼让，互相尊重，倡导文明，保护交通参与者中的弱者，才能成为安全文明的驾驶员。

4."自我保护"意识

自我保护是一种本能，一种维持生命不可缺少的自觉行为，一种精神和思维。随着每个驾驶员经验的积累，安全技术和安全知识的不断提高和积累，自我保护能力也在不断的增强。自我保护意识是安全意识中的个体安全意识，每一个个体都能达到安全，无疑整体也是安全的，即安全是自己的，也是大家的。有了较高的自我保护意识后，就可以实现"不伤害自己，不伤害他人，不被他人伤害，不被车辆伤害"，将整体的事故频率降到更低的程度。教练员的自我保护意识强的主要表现是：认真学习和执行各项安全操作规程、安全制度，主动进行安全学习，接受安全教育，服从安全指导和管理，正确使用教学工具和

车辆，严格按规范进行教学，确保自身安全和学员安全。

自我保护意识在驾驶教学安全工作中起着举足轻重、至关重要的作用。驾驶训练过程中，教学环境的风险性较大，教练员的自我保护意识关系到操作安全、行车安全、乘车安全等方面，保护自己的安全，也就是保护学员的安全。不注意自我保护，出现操作错误或疏忽，就会引发教学事故。教学中教练员要增强自我保护意识，强化安全教学，充分考虑教学过程中的危险因素，有目的预防、躲避存在的危险，从而保护好自己和学员。

严格遵守安全规程和制度是一个人自我保护意识强的标志，安全操作规程和制度是多年经验的积累总结，是从许许多多血的经验教训中总结出来的宝贵财富。很多教学事故，都是因为教练员未严格遵守安全操作规程，违法操作，放松自我保护意识，危险出现时不能及时采取自我保护措施，从而造成车辆损失或人员伤亡的。教学中教练员要培养学员的自我保护意识，明确不安全因素时刻会严重威胁着人身和财产安全，要求学员严格按照教练员的要求进行操作。晓之以理，动之以情，使每个学员都知道安全是利国、利民、利家、利己的大事，而自己是最大的受益者。

事故案例

2011年7月7日，江西某驾校驾驶训练场内，一学员在教练员下班后，用教练员让他保管的车钥匙打开车门，在场地内私自单独驾驶教练车。19时30分左右，学员驾驶教练车为避让前方停放的车辆，撞上了正在操场边玩耍的一幼童后，又与一行人发生碰撞，造成幼童当场死亡，行人受伤、车辆受损。经警方查实，学员未取得机动车驾驶证，不具备单独驾驶机动车资格，由于操作不当导致车辆失控，是造成此次事故的主要原因，负此次事故的主要责任。事故发生时，教练员已下班，并不在训练场内，但教练员没有做好教练车辆管理工作，将教练车钥匙交于学员保管，负此次事故的次要责任。事故当晚，警方就对肇事学员予以刑事拘留。7 月 14 日，警方又以交通肇事罪将学员提请市检察院批准逮捕。

5. 学员交通安全意识的形成特点

（1）可塑性。学员的安全意识是在先天的基础上由后天的环境影响和接受安全教育后等逐步形成的。学员通过不断的学习和实践，随着安全知识的沉淀和积累，安全认识水平会逐渐提高，从而在无形中促进安全意识的提高。驾驶训练教学中，教练员经常给学员讲授安全知识、帮助学员分析在行车中道路上会出现的危险，同时适当加入道德品质教育、安全文明教育，可以不断增强学员的安全意识。

（2）传递性。学员与学员、教练员与学员之间的安全意识会相互影响，特别是教练员驾驶风格和操作动作对学员的影响较大，而且消极影响比积极影响作用要大，教练员操作做出错误动作和不文明行为，易被学员模仿。因此，教练员在教学中一定要倡导讲安全的风气，展现良好的行车习惯，充分利用正确的行为示范，形成对学员的正面影响，这是提高学员安全意识水平的重要途径。

（3）不稳定性。学时制培训方式和学习驾驶有效期为 3 年的规定，造成有些驾驶学员因个人原因不能集中时间参加培训，有的甚至间隔时间很长。随着时间的推移和间断性的学习，学员对前段时间学习的内容或交通事故的危害会逐渐淡化，且随着对驾驶操作技能训练的强化、安全意识教育的逐渐松懈，对学员安全意识形成的影响会逐渐弱化，导致学员的安全意识也随之淡薄。因此，需要在培训的全过程不断强化学员安全意识的培养，对不良交通行为和习惯及时进行纠正，定期做安全危害后果评价，重复活化潜在安全意识。

（4）制约性。学员交通安全意识的形成，受智力因素（学员所掌握的与道路交通安全相关知识和经验等）、情感因素（学员对与安全有关行为、现象的感受和评价等）、行为因素（学员驾驶行为趋向，直接调节、控制各种驾驶活动的因素）及外界因素（教练员素质、安全管理水平等）等诸多因素的影响。教练员需要结合学员的特点，有针对性地开展安全意识教育。对于性格内向的学员，加强交通风险知识和辨识能力的培养；对于性格外向的学员，加强交通安全法规知识、交通事故危害的教育。

三 教学服务意识

驾驶培训教学服务意识，是驾校形象和品牌的具体展示。随着人们理念的转变，驾驶培训被视为一种服务，学员成为“消费者”，服务的品质越来越受到社会的关注。驾校的服务就是品牌，就是效益，在确保培训质量基础上，完善服务流程，规范服务行为，提供良好的服务，已成为驾校生存、发展和信誉的决定性因素。

1. 良好的群体意识

群体意识是指群体成员共同具有的信仰、价值观念和规范准则等，是共同性和特殊性的统一。群体意识是群体实践的结果，是对群体共同的社会生活的反映。个体安全与否受制于群体的影响，任何个人都不是独立于社会之外的。群体之间需要相互保护，相互协作，密切配合。交通群体意识是一种在道路交通法律法规限制范围内的社会意识，是所有交通参与者对道路交通安全的认定和实现目标所具有的信念和意识。交通安全群体意识，是道路交通安全意识的宏观意识，也是参与道路交通的个人，在群体意识的熏陶下形成个人的意识，表现为对道路交通安全和道路畅通的渴望。

教练员的群体意识，建立在培养安全文明驾驶员这一理念上，是对安全教学、规范施教的共同认定和实现职业目标所具有的信念和意识。严格落实《大纲》，按照统一的内容、要求、标准、操作动作进行规范化教学，是教练员共同遵守的教学规范准则。为学员服务，让学员真正成为受尊重的消费者，是教练员共同的价值观念。培养安全驾驶、文明行车的高素质驾驶员，是教练员的共同工作目标。每一个教练员都要在法律允许可的范围内，严格遵守教学规范，在群体意识下形成个人教学理念和方法，各自完成自己的教学任务，实现驾驶教学的规范化、标准化。

2. 为学员服务的意识

服务意识是经营者在与消费者交往中所体现的为其提供热情、周到、主动服务的欲望和意识，即发自服务人员的内心的、自觉主动做好服务工作的一种观念和愿望。具有服务意识的人，能够把自己利益的实现建立在服务别人的基础之上，能够把利己和利他行为有机协调起来，常常会站在别人的立场上，急人之所急，想人之所想，为了别人的满意，不惜自我谦让、妥协甚至奉献。多为别人付出的人，往往得到的会更多。教练员代表驾校为学员提供服务，体现出经营者与消费者之间的服务与被服务的关系，教练员的一言一行代表了驾校的形象、服务理念和服务意识。教练员要培养自己为学员提供热情、周到、主动服务的欲望和意识。

教练员的主要工作是驾驶教学，直接与学员打交道，是学员了解驾校的一扇窗口。教练员服务质量的好与坏、服务水平的高与低，直接影响到驾校学员的稳定性和学员的拓展。教练员“吃”“拿”“卡”“要”，教学态度粗暴、对学员不尊重，教学不认真、敷衍了事，为应付考试只教要领和技巧，这些违背了教练员与学员之间服务与被服务关系的道德准则，只会严重损坏教练员和驾校的社会形象。树立“服务第一”的意识，把握学员消费的心态，在学员和社会上树立优质服务的品牌，需要讲究服务意识。“不是亲人胜似亲人，不是朋友胜似朋友”，树立良好的服务意识，把每一位学员当成是自己的亲人、朋友来对待，以细微的服务、真诚的微笑，热情接待每一位学员，是每一位教练员服务的宗旨。教练员只有热情、主动、周到的服务学员，才能更好的体现出自身的价值，赢得学员和社会的认可。

事故案例

徐州某驾校一教练员按照教学安排，带领十几个通过理论考试的学员，在驾校内一个狭小的练习场地快速走完了“起步、停车、倒桩”等训练程序后，到指定的省道上进行“过红灯”和“刹车”训练。面对这位不仅皮肤黝黑，嗓高声大，而且训起人来不留情面、出口骂人的教练员，学员们都有些忐忑不安。训练在教练员的吼叫声中开始，学员们一个一个的“过关”，没挨骂的松了口气，挨了骂的万分沮丧。一位生性腼腆的学员小心翼翼地坐到了驾驶座上，由于心里紧张，走了点神，教练员大声叫道：“呆什么，开车！”学员在惊恐中，启动教练车、起步，遇到一个绿灯，又一个绿灯，都没有过去。教练员脸立马黑了下来，吼道：“几个绿灯都没开过，停车！换下一个！”这个学员忽然听到教练吼声，心慌意乱，一个急刹车就停在了练车路线外的非机动车道上。刹那间，只听“嘭”地一声巨响，教练车后面同向行驶的电动三轮车躲闪不及，撞到了车尾。坐在电动车后座上的一老人被重重地摔在了水泥地上，一声惨叫，不动了。公安机关《交通事故认定书》认定系教练车一方的过错导致该事故，且是导致事故的直接原因，教练员对该事故承担全部责任。

复习思考题

1. 怎样培养学员遵章守法意识？
2. 怎样培养学员交通安全意识？
3. 教练员怎样树立为学员服务的意识？

模块三

教练员需要掌握哪些专业知识

一 驾驶教学基础知识

教练员从事的是一项具有特殊性要求的教学工作，从事的是专门向学习驾驶的人传授知识和技能，使他们获得安全知识和驾驶技能的教育活动。只有按照教育规律，遵循教学原则，才能恰当地运用不同的教学方法，增强培训教学效果，提高培训效率。

1. 驾驶培训教学的特点

驾驶培训不同于其他教育，教学过程中的理论教学强调以“必需、够用”为度，注重实践性、专业性教学，即学员安全意识和应用能力的培养。学员接受驾驶专业知识或驾驶技能的学习主要是为了工作、生存和生活需要，具有很强目的性。驾驶教练员要根据学员的性格、年龄、性别等特点，采用因材施教、由浅入深、化难为易、双向沟通、耐心细致、循循善诱等方法，引导学员主动思考，在理解的基础上反复练习，逐步达到熟练。

2. 教育心理学的应用

教育心理学是研究教学环境中，教与学的基本心理规律的科学，是应用心理学的一种，是心理学与教育学的交叉科学。涵盖了教学心理学、学习心理学及科学心理学等分支。心理学是研究人的感觉、知觉、记忆、思维、情感、意志、能力、气质和性格等心理现象的科学。感觉、知觉、记忆、思维、情感和意志是人的心理过程；能力、气质和性格是人的心理特征，心理学就是研究这两个方面的现象、本质和形成与发展的规律。

驾驶培训教学要注意研究教育心理学，研究学员在教学过程中的心理活动及其规律、个性心理差异、技能的形成及其规律，掌握安全知识或驾驶技能形成过程中学员的心理特点、道德品质的形成和个性心理差异，揭示影响教学效果的心理因素、师生关系和学员间的关系及心理特点等，选择合适的教学方法和策略，提高教学的效果。

学员的心理和行为特点主要是指学员身上经常地、稳定地表现出来的心理和行为方式，往往决定了学员对驾驶学习、安全理念、规范操作和文明行车的态度，影响学员掌握驾驶知识、安全意识和驾驶技能的效果。教练员要能够运用心理学方面的知识，更好地分析和掌握学员的心理和行为特点，根据不同教学阶段学员的学习进度、教学效果，针对学员的心理特点和行为特点，因材施教，保证每个学员的学习质量。

3. 学员的心理特点

学员的心理特点主要体现在气质、性格、能力三个方面。

学员的气质表现在其心理活动的强度、速度和灵活性方面，具有典型性和稳定性的特点。学员的气质可分为四种类型：多血质、胆汁质、抑郁质和黏液质。学员的气质具有相对稳定性，但不是一成不变的，随着外界环境、年龄的增长等，会发生变化。

各种气质类型的基本特点和具体表现

气质类型	基本特点	具体表现
多血质型	活泼、好动、情感外倾	胆大心细、机动灵活，对道路条件适应快，反应能力强。但注意力容易转移，耐久力较差
胆汁质型	精力充沛、行动敏捷，反应迅速，兴奋性强，直爽胆大，易激动、急躁、鲁莽、傲慢	胆大气粗，反应迅速敏捷，精力旺盛；但往往争强好胜，超速行车，强行超车，争道强行
抑郁质型	行动迟缓，情感深沉、孤僻，感情脆弱、内向，忧郁伤感	处理情况犹豫不决，在困难的局面下优柔寡断，遇到危险惊慌失措，面临危险情时感到极度恐惧；但细心、谨慎、尽职、遵章守纪，体验深刻，善于观察
黏液质型	安静、稳重、情感深，反应缓慢而持久，动作迟缓而不灵活。沉默寡言、内向	四平八稳，遵章守纪，不气急不冒火，但在突然情况面前应变能力差、反应迟钝

不同气质学员的教学方案

气质类型	教学重点
多血质型	注重培养专一、克服困难的精神，防止没完全达到训练的要求就见异思迁，适当多提供反复练习的机会 对出现的较为严重的错误，可适当进行有说服力的批评
胆汁质型	注重培养自制力和坚韧的精神，教导其耐心地训练 对出现的较为严重的错误，可适当进行有说服力的批评
抑郁质型	多关心爱护，多鼓励参加集体活动，增强其自信心 尽量不在公众场合进行指责，不进行严厉批评
黏液质型	在初期训练中，允许车速慢一些，给予更多的反应时间，加强基本功训练 在后期训练阶段保证安全的基础上，适当加快动作训练的节奏，缩短反应时间，以满足实际道路复杂交通情况的需求

学员的性格是在社会实践中形成的，对客观现实稳固的态度以及与之适应的习惯化了的行为方式的心理特征。性格不同的学员，处理问题的方法和效果就不一样。抱着严肃认真学习态度的学员，凡事细心周到，行为小心谨慎，遇事有预判，有准备、有措施。粗心大意，马马虎虎的学员，遇事优柔寡断，行动迟缓，当发生突然情况时惊慌失措，手忙脚乱。学员性格根据其倾向性不同，可分为内倾性和外倾性两种，教练员要根据学员的性格特点、品质和教学的重点进行教学。

性格特点、品质和教学重点

性格类型	基本特点	具体品质	教学重点
内倾性	心理活动过程经常指向自己的内心世界	内在体验深刻，办事谨慎力求稳妥；反应慢、应变能力差、缺乏果断	主动加强交流和理解，多表扬，少指责，增强其自信心
外倾性	心理活动过程经常指向外在事物	性格开朗，操作敏捷，自信心强；好冲动，喜欢冒险，胆大心不细，情绪波动大	加强基础动作的训练，磨练其耐心；表扬要恰到好处，批评要适当严厉；引导树立良好的安全意识和文明礼让意识

学员的能力是指能够顺利完成某项活动所必备的个性心理特征。能力可分为一般能力和特殊能力两种。一般能力（又称智力）是指观察力、记忆力、想象力和思维能力等；特殊能力是指从事某种专业活动所必须具备的能力；一般能力是特殊能力的基础，特殊能力是一般能力在具体专业活动中的特殊表现。驾驶过程需要驾驶员的脑力和体力相结合，安全驾驶需要驾驶员具备中等以上水平的智力。能力高的人与能力低的人相比，对驾驶知识和操作动作的领悟力强，学习的效率更高。能力的形成有先天的因素，也靠后天的培养。

4. 学员的行为特点

学员的驾驶行为，是由一系列特定的动作方式构成的动作系统，需要身体各个部位的相互配合与协调。动作的及时性和准确性，是正确地完成系列操作动作的重要环节。教练员掌握学员的行为特点，能有效进行各个动作协调训练，将驾驶基本动作很好地组合起来。

学员在驾驶操作技能的训练中，在每个教学阶段开始往往由于动作的控制与协调差，会经常出现操作错误。教练员要有意识地提醒学员，增强对动作的控制和调节，注重动作方式、速度、力量的准确性，及时纠正不良或错误动作，能够有效地控制与协调操作动作，有助于完整系统动作的形成。

学员在驾驶训练的初期，由于对动作的理解不深刻、动作不熟练，经常会出现错误动作或者多余的动作，操作动作的准确性不稳定。教练员培养学员操作动作的准确性，是把握安全驾驶的基础，主要表现在动作的形式、速度和力量三个方面。

动作的形式、速度和力量描述及操作要求

评价指标		动作描述	操作要求	举例
动作的形式	动作的方向	肢体移动的轨迹	动作方向准确无误	变换挡位时，变速器操纵杆方向操纵准确
	动作的幅度	肢体移动距离长短或范围大小	根据需要，动作幅度恰当	弯道行驶时，转向盘操纵幅度恰当，范围合理

续上表

评价指标	动作描述	操作要求	举例
动作的速度	肢体单位时间内移动的距离	与动作目的和情况需要相结合	一般情况下，均匀踩踏制动踏板；紧急情况下，快速踩踏制动踏板
动作的力量	肢体运动克服操纵机构阻力所表现出来的力量	动作柔和、平稳、动作速度不会急剧变化	操纵转向盘柔和、平稳；加速踏板轻踏缓抬；踏制动踏板示情用力

5. 学员驾驶技能的形成规律

驾驶技能是驾驶员在具体的道路交通环境中，根据已经掌握的专业理论、安全行车等知识和经验，通过对环境的观察、分析和判断，自动按照合理的程序选择动作，控制车辆安全行驶的能力。驾驶技能活动具有外在表现和内部活动两个方面，可分为操作技能和心智技能两种。操作技能，是指驾驶员在驾驶过程中将一系列控制车辆运行的基本动作组合起来，协调而顺利地进行操作的活动方式。心智技能是驾驶员的认知活动，主要是指驾驶员判断、分析各种交通情况，解决安全行车具体问题时，内部心理按照合理的、合乎逻辑的方式所进行的一系列的心理活动。

操作技能与心智技能，既有区别又有联系。操作技能是心智技能形成的最初依据，也是其经常的体现者；心智技能又是操作技能的设计者、策划者和调节者。在驾驶过程中，既需要操作技能也需要心智技能，操作技能是心智技能的表象，心智技能对操作技能进行调节。

驾驶技能训练具有从操作技能到心智技能的发展过程，但驾驶教学过程没有严格的界限，不能将两者截然分开，可将心智技能训练寓于操作技能训练之中。操作技能训练主要是告诉学员先做什么，后做什么，步骤非常明晰。心智技能训练，让学员形成“安全第一”的思维定式，才能将安全意识寓于驾驶操作之中。

理论知识的学习是学员掌握专业知识和驾驶技能、形成安全意识的基础，掌握必要的理论知识对于学员操作技能与心智技能的形成起着决定性的作用。教练员可以通过对学员进行机动车基本知识、道路交通安全法律法规、道路交通信号、典型事故案例等方面的理论培训，培养学员守法意识和安全意识，增强学员观察、分析和判断道路情况主动性和准确性的能力，夯实学习基础。

学员在初次接触驾驶技能培训时，虽然学习热情高涨、求知欲强，但缺乏对汽车驾驶的感性认识，往往表现得比较兴奋而又紧张，动作忙乱、不准确，失误较多。学员学习动作的初期，通过教练员的讲解和示范以及自己的动作实践，只能建立一种感性的认识，对动作的技术内在规律并不完全了解。因此，操作时表现出动作呆板、生硬不协调、顾此失彼、手忙脚乱、不能控制动作细节，容易出错，而且多余动作较多。教练员应进行简练的讲解和正确的动作示范。采用由浅入深、化难为易、反复练习、双向沟通等教学方法，引导学员消除思想紧张状态，增强学员的自信心；抓住动作的主要环节和学员掌握动作中存在的主要问题及时纠正，耐心细致地帮助学员改正不协调和多余的动作，使学员熟练的掌握基础操作要领，强化学员的“动作定势”。

学员通过场内驾驶科目训练，掌握了一系列的基本动作，形成了动作定势，技术逐渐熟练，动作技术运用也比较自然，忙乱和紧张程度减少，发现错误的能力增强，反应时间有所缩短，动作准确性有所提高。学员开始积累车辆运动感觉的经验，观察能力、注意力、感知能力、情绪控制能力主动性和准确性也逐渐提高。教练员要督促学员继续积极主动地练习、巩固和提高操作水平，使动作定势更加完善和巩固；逐步培养学员车体感知、速度感知和车辆控制感知等方面的能力；引导学员建立良好的安全文明驾驶习惯，包括注意力分配、情绪控制、坚强意志的锻炼和礼让驾驶等；引导理论联系实际，逐步提高在一般道路交通情况下观察、判断和正确操作等综合运用的能力。

学员的场地道路和项目驾驶训练结束后，操作动作逐渐熟练自然，基本驾驶技能已经形成，能够独立地完成一般道路条件下的驾驶，但对实际道路和各种特殊道路交通环境下的安全行车方法没有感性认识，没有在特殊道路交通环境中安全行车的经验，不具备应急驾驶能力。教练员要在巩固学员基本技能的前提下，通过实际道路或模拟教学的方式，强化驾驶应变能力的培养，训练学员自行设计行驶路线和道路独立驾驶的能力，使学员操作技能和心智技能有机结合，安全意识进一步加强，操作更加熟练。

随着学员驾驶动作协调完善，各操作动作联合成为一个有机的系统巩固下来；学员的注意范围扩大，情况处理也比较自然，基本能适应道路交通情况的变化，也能依照已形成的习惯动作迅速、准确、熟练地进行操作。学员动作自动化程度变高，动作迅速，但缺少信息处理过程，对交通环境的分析、辨认还不完全到位。对于较复杂的交通情况，依然表现出紧张，不知如何处理。教练员要侧重于帮助学员建立协调和完善的动作系统，适当加强安全常识、特殊条件驾驶和紧急情况驾驶等理论教学，提高学员处置突发情况的理论水平，完善驾驶技能。

二 汽车行驶基本理论

汽车作为人们生活和运输的主要交通工具，具有机动、灵活、快捷等特点，为达到安全、迅速、经济、舒适驾驶汽车的要求，需要掌握汽车行驶的基本理论。教练员需要熟知汽车行驶基本原理，是完成驾驶教学任务最基本的内功。

1. 汽车行驶的作用力及行驶条件

汽车从起步进入正常行驶一直到停车，整个过程中都要受到多种力的作用，而每一种力的作用都将决定汽车的运动状态。

汽车行驶的条件是牵引力必须大于或等于行驶总阻力（滚动阻力、上坡阻力和空气阻力之和），但不是汽车行驶的充分条件；牵引力只有在驱动轮与地面不发生滑转时才能实现；就是说汽车行驶除受驱动条件制约以外，还受轮胎与地面附着条件的限制。汽车的驱动条件与附着条件合并一起，称为汽车行驶的充分必要条件。即汽车行驶必须有大于或等于行驶阻力之和的牵引力，且牵引力的最大值只能等于或小于驱动轮的附着力。

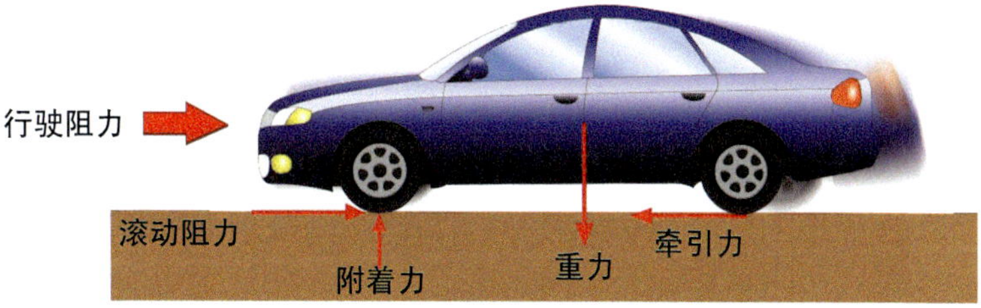

（1）汽车牵引力。汽车牵引力是发动机输出的动力通过变速器、传动系统到达驱动轮，驱动轮相对于路面滚动，形成推动汽车前进的动力。

汽车起步时，发动机输出的转矩经传动系统传至驱动轮，使驱动轮轮胎支撑面上产生沿地面向后的作用力，同时地面给驱动轮一个反作用力，这个反作用力推动汽车前进，即牵引力。汽车在任何情况下保持等速或加速行驶，其牵引力的大小必须大于或等于汽车行驶总阻力。牵引力的大小取决于发动机的功率和变速器挡位的传动比。

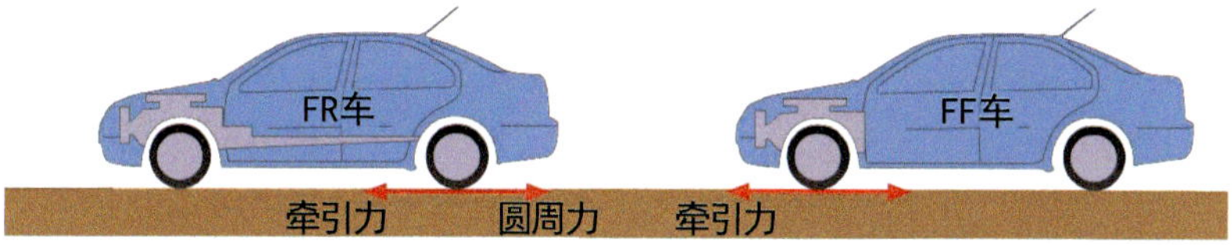

（2）汽车的滚动阻力。汽车的滚动阻力是车轮在地面上滚动时所产生的阻力的总称。滚动阻力主要由以下几种力组成：轮胎沿路面滚动时，轮胎变形所引起的阻力；路面变形所引起的阻力；路面不平整所引起的冲击阻力；轮毂轴承的摩擦力。

滚动阻力主要是由于轮胎和路面的变形而产生的，滚动阻力的大小与汽车总质量、行驶速度、地面种类、轮胎结构、轮胎材料、轮胎气压、行进路线等因素有关。轮胎在路面上滚动的过程中，在重力的作用下，反复与地面摩擦，会引起变形产生阻力。汽车总质量大、轮胎气压小、行驶速度高、路面的变形大、路面不平整和弯道行驶等，都会加大轮胎与地面的摩擦，使滚动阻力增加。整个汽车的滚动阻力是各车轮滚动阻力之和。作用在左、右车轮上的阻力一般是相等的，而前、后轮的滚动阻力则有所差别。

（3）汽车的空气阻力。汽车的空气阻力是指汽车与空气间形成相对运动，空气作用在汽车上沿其行驶方向上的分力。空气阻力可分为摩擦阻力和压力阻力两大部分。作用在汽车外表面上的法向压力的合力在其行驶方向上的分力，称为压力阻力。具有黏度的空气对汽车表面的摩擦作用产生的阻力，称为摩擦阻力。汽车行驶时，其周围气流的速度和方向随车身表面凹凸情况而变化，气流作用于车身表面的压力也随之变化，作用在车身前部的压力大于后部的压力，在车身后部等处由于空气变得稀薄而引起涡流形成吸力，因而产生压力阻力。

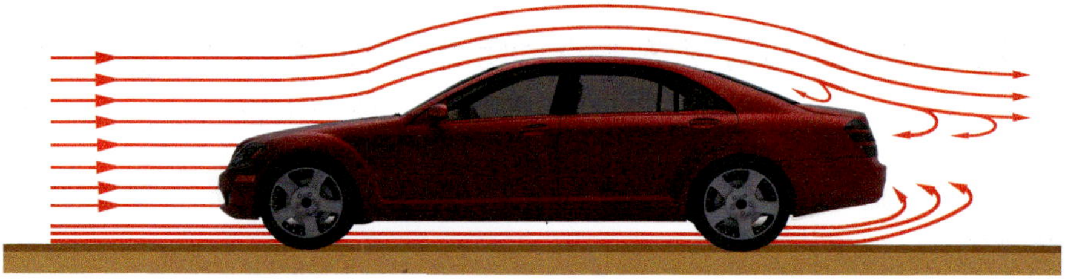

汽车阻力的大小与汽车的迎风面积、行驶速度、流线型程度及风向有关；迎风面积越大，空气阻力越大；车速越高，空气阻力越大；外形的流线型越好，迎风面积越小，空气阻力就越小；逆风空气阻力大，顺风空气阻力小。随着现

代汽车行驶速度的普遍提高，改进车身外形设计，是降低空气阻力的有效途径。

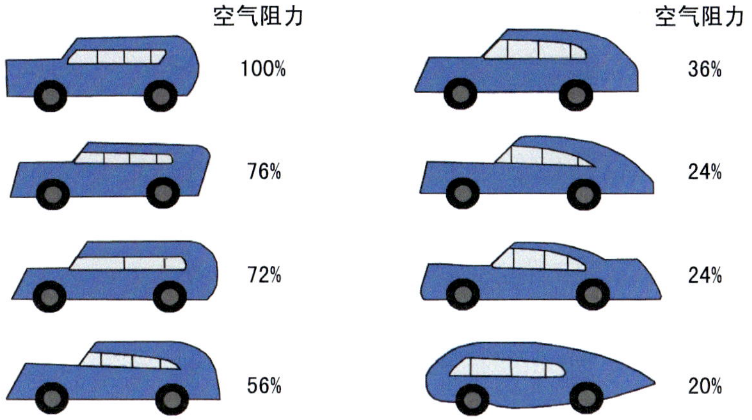

（4）汽车的上坡阻力。汽车的上坡阻力是指汽车上坡行驶时，汽车重力沿坡道的分力。汽车上坡行驶时，由于重力的作用分为两个分力，一个分力垂直与路面；另一个分力则沿坡道与路面平行，方向与汽车行驶方向相反，阻碍上坡行驶，这个分力就是坡道阻力。

（5）汽车的加速阻力。汽车的加速阻力是汽车加速行驶时，需要克服其质量加速度运动时产生的惯性力。汽车由静止起步或加速行驶时，产生的惯性力作用方向与汽车的行驶方向相反，大小与汽车的总质量、行驶中加速度的大小成正比；汽车减速时，则产生惯性助力，推动汽车行进；汽车等速行驶时，惯性力为零。

（6）汽车的附着力。汽车的附着力是指地面对轮胎切向反作用力的极限值；简单的说就是抵抗车轮在路面上产生滑动的能力。附着力的大小与驱动轮对路面的附着质量和路面状况与轮胎的结构有关。负荷较重的驱动轮，达到的附着力就会较大；干实平整的路面的附着力比湿滑、冰雪、泥泞的路面的附着力大；轮胎细而浅的花纹在坚硬路面上附着作用较好，轮胎宽而深的花纹在松软的路面上附着作用较好；坚硬路面上适当降低轮胎气压或松软路面上降低轮胎气压，都可获得较大的附着力。

2. 汽车的动力性

汽车的动力性主要是指汽车发挥其运行能力的表现，即汽车在良好路面上直线行驶时，所能达到的最高速度、加速能力，通常以汽车的加速性能、最高车速和最大爬坡能力来表示。

（1）汽车的加速性能。汽车的加速性能主要分原地起步加速性能和超车加速性能。加速性能常用距离—时间、速度—时间或加速度—时间表示。原地起步加速性能是指汽车由静止状态用低挡起步并以最大加速度逐级连续换至最高挡后到达某一预定距离或车速所需的时间。超车加速性能是指汽车用最高挡或次高挡从某一中间车速全力加速到某一高速时所需的时间。

（2）汽车的最高车速。汽车的最高车速是指无风条件下，汽车在平坦路面上行驶，行驶阻力与牵引力相平衡时达到的稳定车速（km/h），简单的说，就是汽车在平直良好的路面上行驶所能达到的最大行驶速度。

（3）汽车的最大爬坡能力。汽车的最大爬坡能力是指汽车满载时，在干燥硬实的良好路面上使用最低挡行驶所能爬上的最大坡度。坡度是指坡道的垂直高度与坡道的水平长度之比值，通常用百分数表示。

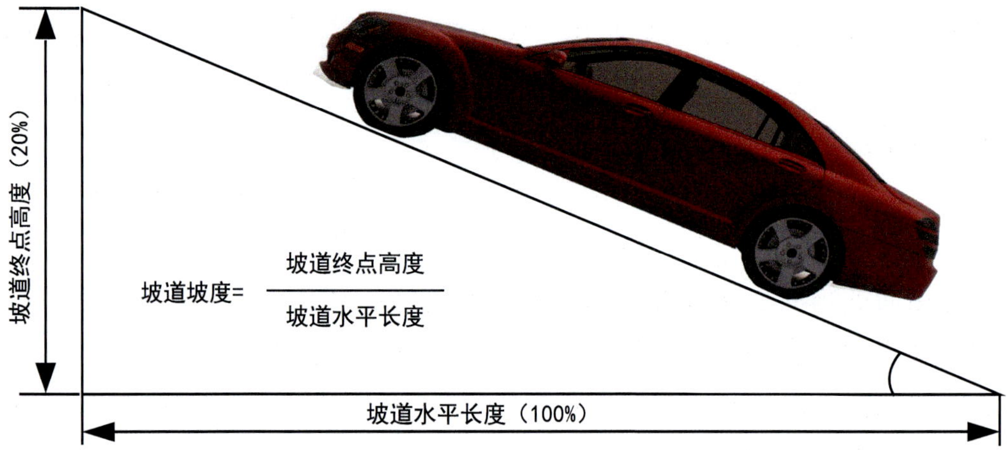

3. 汽车的稳定性

汽车的稳定性是指汽车抵抗外界干扰保持行驶稳定而不发生颠覆和侧滑的能力。汽车纵向稳定性是指汽车抵抗绕前、后轴倾覆的能力；汽车下陡坡使用紧急制动或高速行驶中突然撞到较大障碍物时，会发生向前纵向倾覆；汽车上坡起步过猛或行驶中猛然加速时，会产生向后纵向倾覆的可能。

汽车横向稳定性是指汽车抵抗横向倾覆和向左（向右）侧滑的能力；汽车在横向坡度较大的道路上行驶或停车时，极易向一侧发生横向倾覆；汽车弯道行驶时，由于离心力的作用，存在着向一侧滑移的趋势，转弯或转向速度超过一定的限度，车辆会发生侧向滑移，严重时会引起横向倾覆。

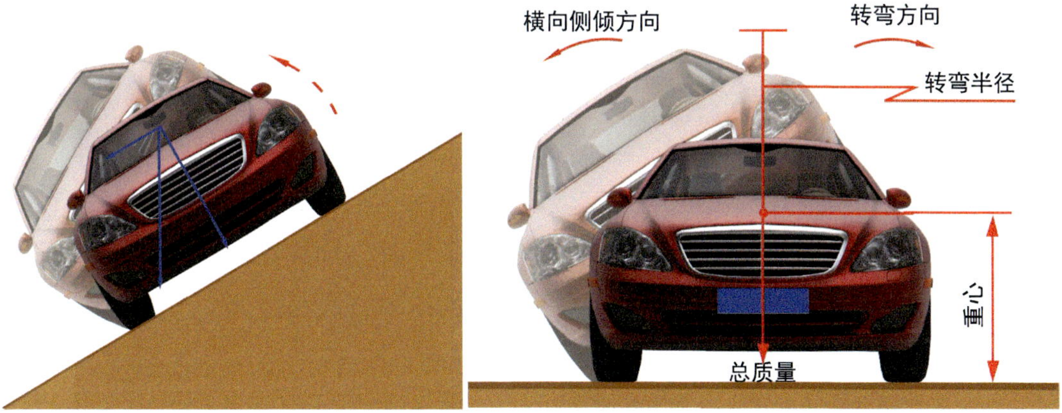

4. 汽车的制动性

汽车的制动性是指汽车在行驶中能强制地降低行驶速度，在下坡时能保持稳定的安全车速，并能可靠地停住的能力。评价汽车制动性的主要指标是制动减速度、制动时间和制动距离。

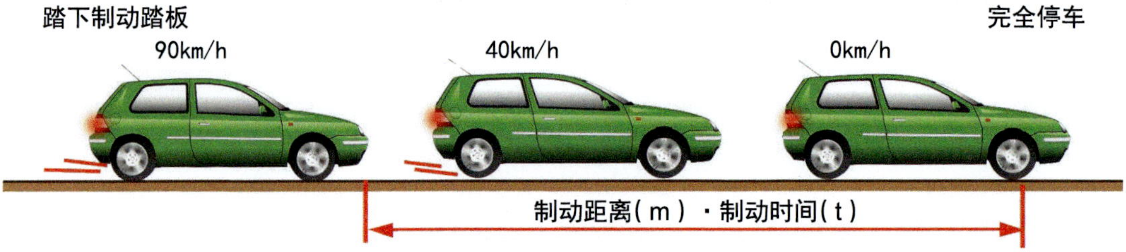

（1）制动减速度是指在制动过程中，汽车减速行驶时的加速度，为负值。

（2）制动时间是指制动时踏下制动踏板开始到车辆完全停住所用的时间。

（3）制动距离是指在一定制动初速度下，汽车从驾驶员踏下制动踏板开始到停住为止所驶过的距离。

5. 汽车的通过性

汽车的通过性是指汽车在额定装载质量条件下，能以足够的平均速度通过各种差路、无路地段和克服各种障碍的能力。评价汽车通过性的主要技术指标由汽车最小离地间隙、纵向与横向通过半径、最小转弯半径、接近角与离去角等。

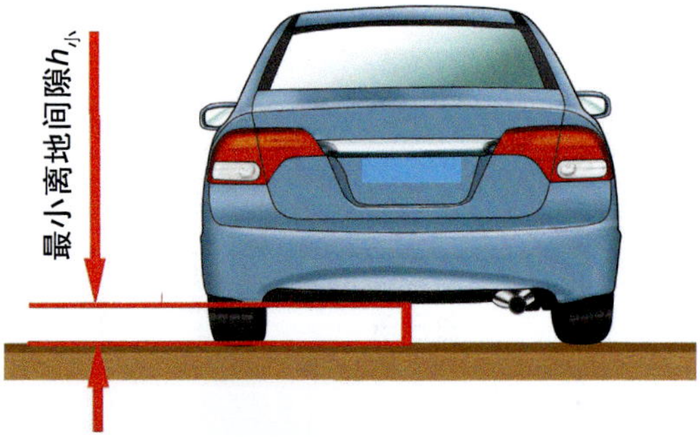

（1）最小离地间隙是指汽车在满载且轮胎气压标准的条件下，除车轮以外的最低点与地面之间的距离。离地间隙大的车辆，通过性较好。

（2）纵向通过半径是指汽车前后轮之间最低点与前、后两轮外圆相切的圆弧半径。轴距越短，车架越高，纵向通过半径越小。纵向通过半径小的车辆，通过性较好。

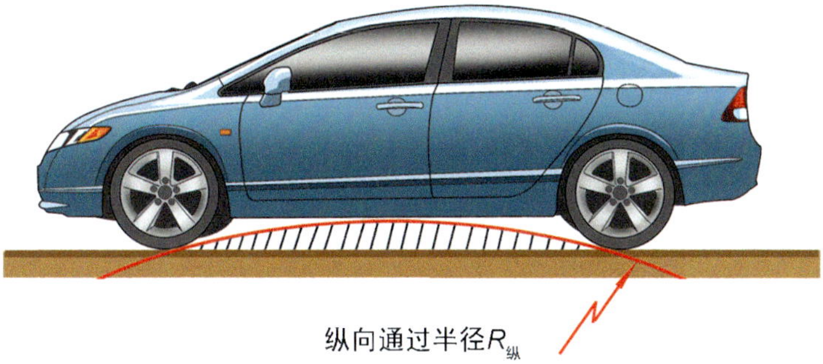

（3）横向通过半径是指汽车前桥或后桥的左右车轮内侧与车桥最低点相切的圆弧半径。轮距越小，前、后桥最低点离地距离越大，横向通过半径越小。横向通过半径小的车辆，通过性较好。

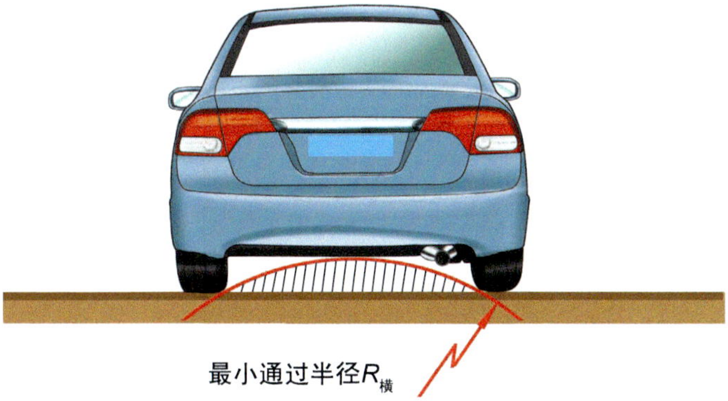

（4）最小转弯半径是指汽车转向过程中，当转向盘向左或向右转至极限位置时，外侧转向轮行驶的轮迹中心至转向中心的距离。转向轮转向角越大，轴距越短，转弯半径就越小。最小转弯半径小的车辆，转弯时所占的空间小，转弯灵活，通过性较好。

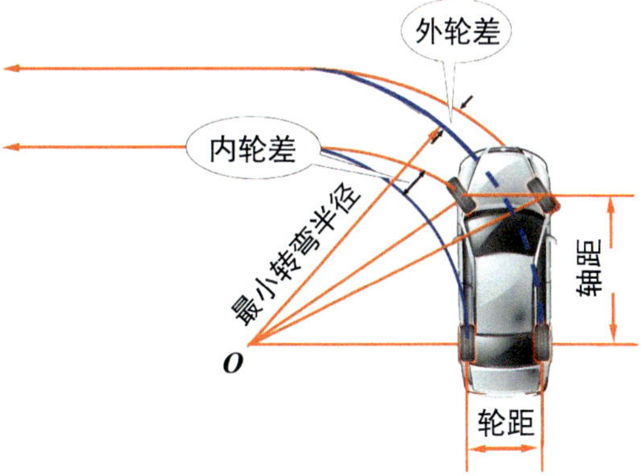

（5）接近角是指从汽车前端最低点向前轮外圆作切线与地面构成的夹角。车辆前悬越长，前保险杠越低，接近角就越小。接近角小的车辆，通过性较差。

（6）离去角是指从汽车后端最低点向后轮外圆作切线与地面构成的夹角。车辆后悬越长，后端离地距离越小，离去角就越小。离去角小的车辆，通过性较差。

6. 汽车的使用经济性

汽车的使用经济性，是完成单位运输量所支付的最少费用的一种使用性能，是评价汽车营运经济效果的综合指标。影响使用经济性的因素主要有燃油经济性和润滑材料、轮胎的合理使用等。

（1）燃油经济性是指汽车以最少的燃油消耗量完成单位运输工作量的能力，是汽车使用经济性的主要性能之一。燃油经济性的评价指标：单位行驶里程（100km）的燃油消耗量（L），称为百公里油耗。单位运输工作量（100t·km）的燃油消耗量（L），称为百吨·公里油耗。提高燃油经济性的主要途径：车辆经常保持良好的技术状况和正常的发动机冷却液温度、润滑油温度，尽量使用高速挡保持经济车速行驶，合理利用行驶惯性进行滑行。

（2）合理使用润滑材料主要指发动机润滑油、汽车齿轮油、汽车润滑脂的正确选用与合理使用。合理使用润滑材料，对于减少摩擦阻力和降低零件磨损，延长机件使用寿命，提高工作可靠性，进而减少维修工作量及时间、提高利用率影响很大，可间接地影响运输生产率和运输成本。

（3）轮胎的合理使用包括合理搭配轮胎、保持标准的气压和温度、严禁超载、合理控制车速、正确的驾驶操作等内容。轮胎是汽车的重要部件，其性能对汽车的动力性、制动性、行驶稳定性、平顺性和燃油经济性等都有直接影响。合理使用和维护轮胎，可降低轮胎磨损，防止不正常的损坏，延长轮胎的使用寿命，降低运输成本，提高经济效益。

7. 汽车行驶的平顺性

汽车行驶的平顺行是指汽车在一定速度范围内行驶时，能保证驾乘人员不会因车身振动而引起不舒服和疲劳的感觉，以及保持所运货物完整无损的性能。汽车行驶中，由于路面条件的差异，车轮不同程度地冲击路面，造成车辆行驶系和传动系中作用力的大小、方向不断发生变化，使车辆不断振动。当车轮冲击不平路面，车辆振动达到一定程度时，会远远大于人体适应的振动频率和幅度，剧烈的振动对驾乘人员的生理反应以及运送货物的完整性均产生不利的影响，而且还直接影响燃油经济性、使用寿命、运输生产率及工作可靠性等。

提高汽车行驶平顺性的有效方法：维护好减振装置，合理使用轮胎，行驶中根据道路条件正确选择行驶路线，适时控制车速，尽量减少车辆振动。

三 汽车安全装置

汽车安全装置分为主动安全装置和被动安全装置，是汽车上避免发生交通事故或减轻事故伤害的各种技术措施的统称。常见主动安全装置主要有防抱死制动系统（ABS）、驱动防滑控制装置（ASR）、巡航控制系统、缓速器、间距检测系统等，目的为“防止事故发生”。常见被动安全装置主要包括安全带、安全气囊等，目的为“减轻事故后果”。

1. 防抱死制动系统（ABS）

ABS 主要由轮速传感器、ABS 电控单元和 ABS 液压调节器三部分组成。ABS 的功用是保证汽车在任何路面上进行紧急制动时，自动控制和调节制动力，防止车轮抱死，使每个车轮产生尽可能大的地面制动力，进而消除制动过程中的跑偏、甩尾等非稳定状态，以获得良好的制动性能、操纵性能和稳定性能。

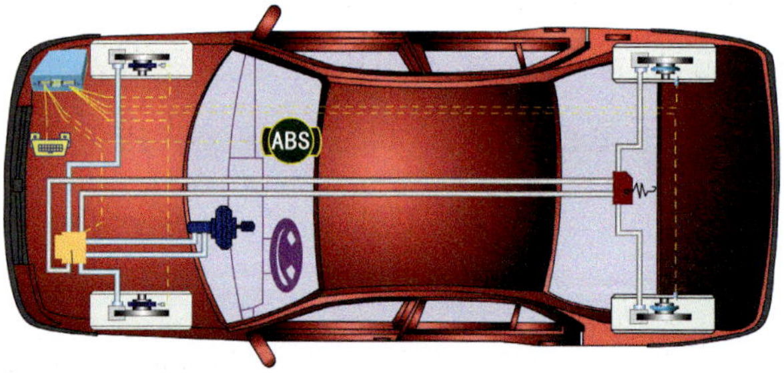

汽车在制动过程中，轮速传感器不断地把各个车轮的转速信号传递给 ABS 电控单元，ABS 电控单元计算出各车轮的滑移情况，通过 ABS 液压调节器控制各车轮制动轮缸的油压，使各车轮制动到不抱死的极限状态，即汽车既不跑偏又不甩尾。

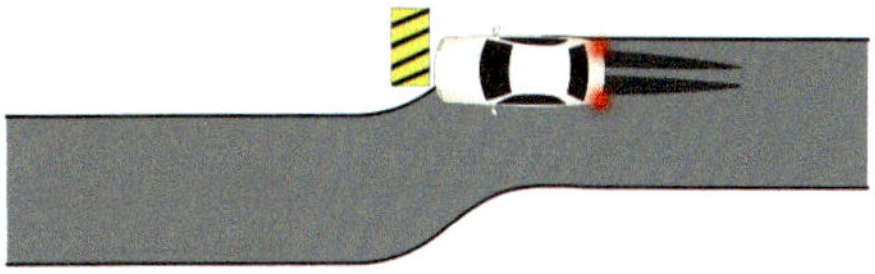
紧急制动时前轮抱死

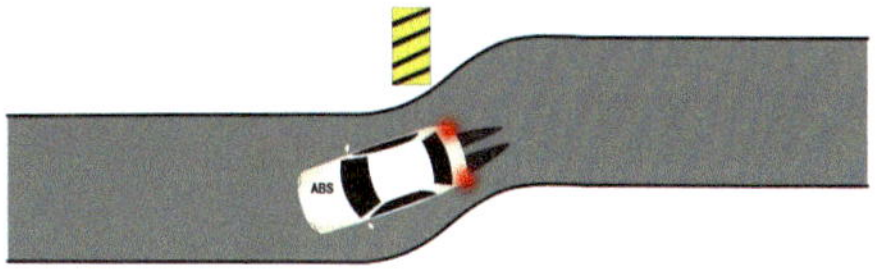

紧急制动时前轮未抱死

使用注意事项：

（1）制动时始终踩住制动踏板不放松，才能保证足够和连续的制动力，使 ABS 有效地发挥作用。

（2）在良好的路面上行驶时，至少要保证离前面的车辆有 3s 的制动时间；在不好的路面上行驶时，要留给制动更长一些的时间。

（3）采取制动的同时急打转向盘，同样可能会出现车辆侧滑或转向失控。

（4）反复踩制动踏板会使 ABS 时断时通，导致制动效能减低和制动距离增加。

（5）ABS 提高了转向盘的可控能力，但本身并不能自动完成汽车转向操作。

（6）ABS 工作时，制动踏板振颤和液压调节器有工作噪声是正常的，不是制动系统有故障。

2. 驱动防滑控制装置（ASR）

ASR 主要由轮速转感器、ABS/ASR 电控单元、ASR 液压调节器（通常与 ABS 液压调节器合为一体）和执行器（其中有副节气门、副节气门位置传感器及副节气门步进电动机等）四部分组成。ASR 的功用是在汽车行驶过程中防止驱动车轮滑转，用于提高汽车起步、加速、转向及在湿滑路面上的牵引力，确保汽车行驶的稳定性。ABS 是在汽车制动过程中工作，即在车轮出现滑移时起作用；而 ASR 则是在汽车行驶过程中都工作，即在驱动车轮出现滑转时起作用。一般在车速很低（小于 8km/h）时 ABS 不起作用，而 ASR 一般在车速很高（大于 80km/h）时不起作用。

在汽车驱动过程中，ABS/ASR 电控单元根据各个轮速传感器产生的车轮转速信号，确定驱动车轮的滑转情况和汽车的参考速度。当 ABS/ASR 电控单元判定驱动车轮的滑转超过极限值时，就驱动副节气门步进电动机转动，减小副节气门的开度，此时即使主节气门的开度不变，发动机的进气量也会因副节气门开度的减小而减少，使发动机的输出转矩减小，驱动车轮上的驱动力矩就会随之减小。如果驱动车轮的滑动情况仍未降低到控制范围内，ABS/ASR 电控单元又控制 ASR 液压调节器和 ABS 液压调节器，对驱动车轮施加一定制动压力，使制动力矩作用于驱动车轮，从而实现驱动防滑转的控制。

3. 巡航控制系统（CCS）

CCS 主要由巡航控制开关、车速传感器、CCS 电控单元和执行器（控制节气门的开度）四部分组成。CCS 的功用是汽车在高速公路行驶时，按照驾驶员所设定的速度，不踩加速踏板就可以使汽车自动地以一定的速度行驶。既可以保持汽车车速的稳定，减轻驾驶的操作负担，提高汽车行驶的舒适性，又可以节约燃油和减少有害气体排放。

汽车在高速公路上行驶速度超过 40km/h，道路交通情况良好的情况下，CCS 电控单元根据巡航控制开关和车速传感器信号自动地增减节气门的开度，使汽车的行驶速度保持在驾驶员打开巡航控制开关时的速度，省去了驾驶员频繁地踩加速踏板的动作，驾驶员只要掌握转向盘就可轻松地进行驾驶。当驾驶员再踩踏加速踏板、制动踏板、离合器踏板或者操纵巡航控制开关取消巡航控制时，CCS 立即解除巡航状态。

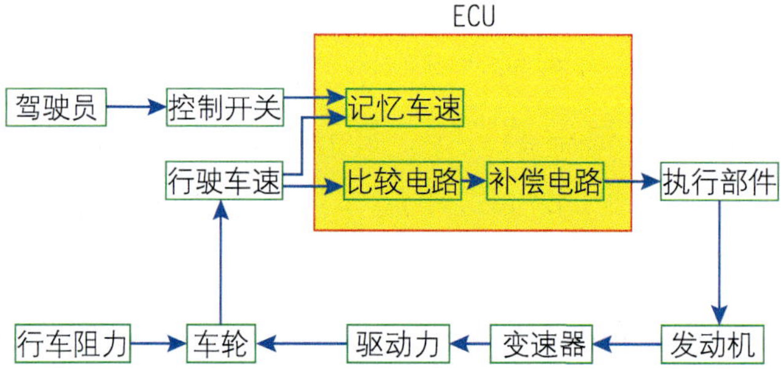

巡航控制系统控制原理图

4. 间距检测系统

间距检测系统就是利用超声波传感器，检测汽车前、后保险杠附近的障碍物，保证汽车在狭窄道路上和倒车时安全行驶的装置。汽车前端装有6个传感器，后端装有4个传感器，传感器根据超声波发出到接收的时间来判断障碍物的距离。在遇到障碍物时，通过指示灯或蜂鸣器告知驾驶员。

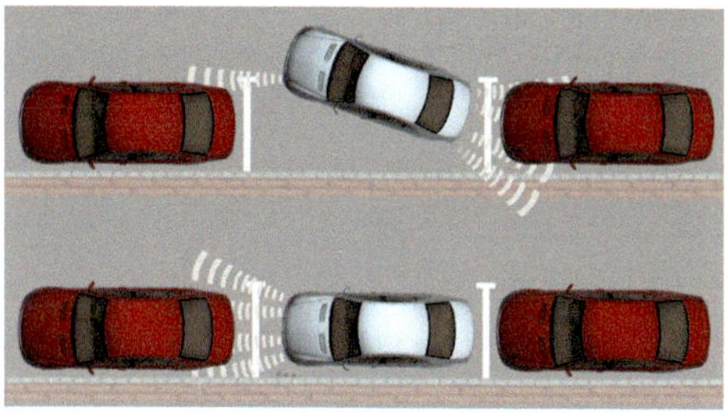

5. 缓速器

电磁式缓速器主要由固定不动的定子（内置若干励磁线圈）和与传动轴连在一起的转子（金属盘状）组成，两者之间有0.5～1.5mm的间隙。缓速器的功用是可以在不使用或少使用行车制动装置的条件下，使车辆速度降低或保持稳定，而且不会使车辆紧急制动。

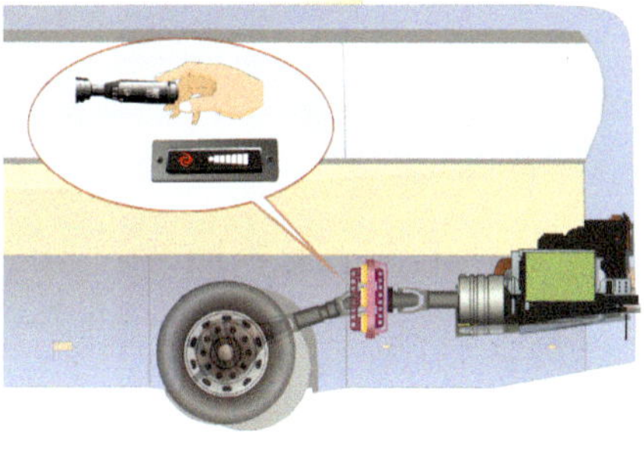

当车辆需要减速慢行时，驾驶员操纵控制开关（有0、1、2、3、4五个挡位），使电流通过定子的励磁线圈并产生磁场，对在磁场中旋转的转子形成阻力矩，即制动力矩。在转子中产生的电涡流，充分消耗和吸收车辆动能，使车辆速度降低。

6. 安全头枕

汽车座椅上安全头枕的主要作用是汽车在被追尾时，能有效保护驾驶员和乘车人的颈部不受伤害。调整安全头枕高度时，保持头枕中心与后脑中心平齐，才能发挥头枕的保护作用。如果行车前驾驶员不根据自己身高调整头枕高度，头枕就不能发挥保护作用，一旦发生追尾事故，即存在驾乘人员颈部被严重伤害的危险。

7. 安全带

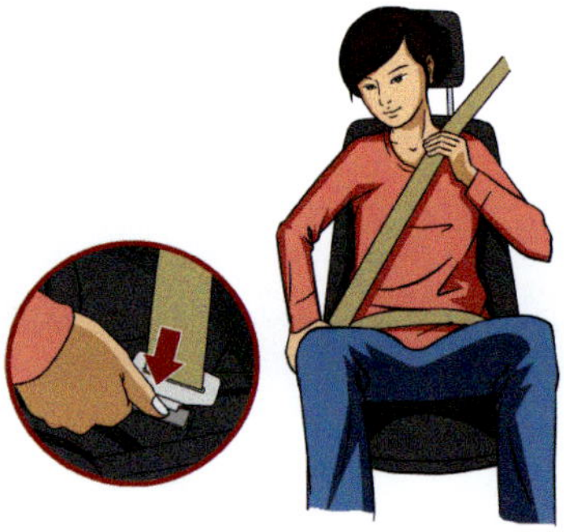

安全带有两点式、三点式和全背式三种形式，但组成基本相同。安全带主要由织节、带扣锁、导向件及卷收器等组成。安全带的功用是可以大幅度地降低汽车碰撞事故时车内人员的受伤率和死亡率，是一种极有效的防护装置。

驾驶员和乘车人只要用很小的力量，就可以将织带从卷收器中拉出。发生事故时，卷收器的锁止机构立刻将卷收器锁紧，对乘员产生束紧力，防止人从座椅上甩出去。接着，瞬间通过卷收器内的强力限制器来限制安全带的最大负荷，减轻安全带对人的压迫。可有效地防止二次碰撞，并且其缓冲作用还能吸收大量动能，减轻对人的伤害程度。

使用注意事项：

（1）经常检查座椅安全带的技术状态，如发现有损坏应及时更换。

（2）三点式安全带，腰带应系得尽可能低些，系在髋部，不要系在腰部；肩部安全带不要放在胳膊下面，应斜挎胸前。

（3）不能让安全带压在坚硬或易碎的物体上，如衣服里的眼镜、钢笔和钥匙等。一个安全带只能一个人使用，严禁双人共用。不要将安全带扭曲使用。

（4）不能让安全带与锋利的刀刃摩擦，以免损伤安全带；不能让座椅靠背过于倾斜，否则安全带将不能正确地伸长和收卷。

（5）座椅上无人时，要将安全带送回卷收器中，将扣舌置于收藏位置，以免在紧急制动时扣舌撞击到其他物体上。

（6）不能给儿童使用成人的安全带，而应使用特别安装的儿童汽车安全座椅。

8. 安全气囊

安全气囊主要由碰撞传感器、气囊电控单元（其中有气囊中心传感器、安全传感器、点火控制器和诊断电路、驱动电路）、气体发生器与气囊（折叠后置于转向盘中间缓冲垫和前排乘车人前仪表板的下面）等组成。安全气囊的功用是在汽车碰撞事故中保护驾驶员和乘车人，减轻伤害。安全气囊与安全带组成辅助乘员保护系统（Supplemental Restraint System，简称 SRS），两者互相配合才能充分发挥对驾驶员和乘车人的辅助保护作用。

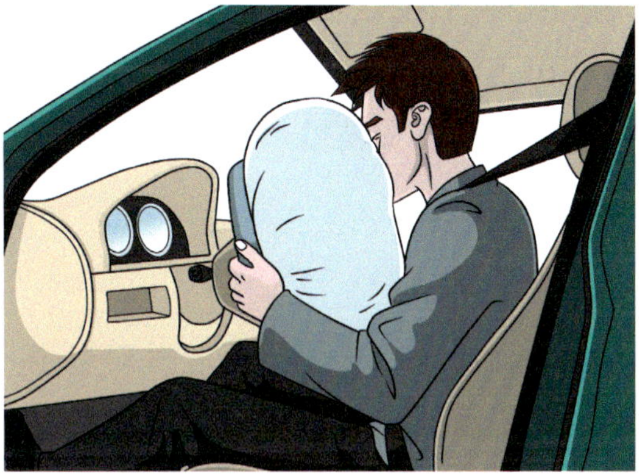

当汽车的点火开关接通后，安全气囊就处于工作状态。当汽车发生碰撞事故时，如果汽车车速较低（如小于 20km/h 的正面碰撞），由于碰撞能量不高，汽车车身减速度不大，安全带已经可以保护乘员，碰撞传感器接收的信号较小，气囊电控单元不会发出点火信号。当汽车以较高（一般在 30km/h 以上）的车速与前方一定角度内（一般为 30° 角以内）的障碍物碰撞时，前端的碰撞传感器和中部的安全传感器可以检测到汽车的急剧减速，在 0.01s 内把信号传到气囊电控单元，气囊电控单元立即接通气囊中的引爆器（电雷管）使其发生爆炸，气体发生器产生大量氮气，在 30ms 内使气囊完全充满，冲开转向盘或仪表板上的盖，从而减少对驾驶员和乘车人头部及身体上部的伤害。

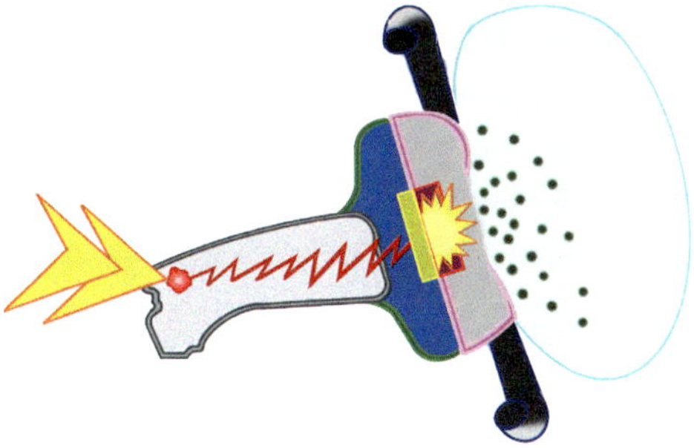

四 驾驶生理心理相关知识

学习驾驶机动车的过程中，学员在教练员的讲解、示范、指导下，依靠感觉器官获取相关信息，传入大脑中枢进行判断，作出决定后传给手和脚，作出各种行为来操纵驾驶操纵机构。不同的学员，经过不同的信息处理方式会作出不同的决定，产生不同的行为表现。教练员要学会分析学员的视觉特性、知觉特性、听觉特性、注意、心理定势、反应能力和情绪等几个方面生理心理特点。

1. 视觉特性

学习驾驶的过程中，从学习起步开始，80% 以上的信息是通过学员的视觉提供。学员的视力、视野和视觉适应，表现出生理因素等方面的心理特点。

视力一般分为静止视力和动态视力。静止视力是学员看到的目标均在静止状态下的视力。动态视力是学员看到的目标运动时的视力。另外，视力与光线亮度有关，亮度加大可以增强视力。由于夜晚照明条件差引起的视力下降叫做夜近视。在教学过程中，要针对学员的视力及交通环境中的光线情况选择恰当的车速进行训练，不要盲目地让学员开快车。

视野是学员头部不动时，两眼所能看到的范围。静止状态下，头部不动，眼球转动所看到的范围称为静视野，一般为 180° 左右，在 180° 的视野中，只有 60° 的范围是两眼能同时看到的，称为复合视野，学员的注意力大多集中在复合视野中；运动状态下，注视的焦点前移，复合视野的范围变窄，称为动视野。运动速度越快，动视野范围越小，以至于发生“隧道视野”，即视野由 60° 收拢到注视点周围，只有 3° ~ 5° 。随着动视野变窄，很多交通标志处在复合视野以外，很难引起机动车驾驶员注意。

一般情况下，随着学员年龄的增大，其视野范围下降幅度越大。影响学员视野的因素还有视觉盲区（即物体虽然在视野范围之内，但由于汽车车身的结构遮挡了驾驶员的视线，致使有些地方驾驶员无法看到物体）及直接视野和间接视野（从风窗玻璃看到的范围是直接视野，而从后视镜所看到的范围是间接视野）之间转换的时间差等。在驾驶操作教学过程中，教练员要引导学员根据需要转动头部和眼球，观察视野范围内的必要情况，并在注视前方情况的同时，利用视野的其余部分，即所谓“眼角余光”捕捉道路两侧的有关信息，及时发现闯入视野之内的障碍物。

2. 知觉特性

教练车运行中，学员通过注视获取信息输入大脑并进行解释，只有当这些信息变为某种意义的时候，学员才对目标产生知觉，如确认信息为道路、车辆、标志、行人等。学员的知觉能力是随着对事物突出的结构特征的逐渐把握而发展起来的。在学员的相关知觉中，空间知觉起着重要的作用。

空间知觉包括对物体的形状、大小、远近、方位等特性的知觉，是由学员的各种感觉，如视觉、触摸觉、运动觉、平衡觉等相互作用而形成的，其中视觉起着十分重要的作用。在行车中学员要随时了解道路几何形状、障碍物、其他车辆或行人的远近、运动方向及物体或图形的形状和大小等情况，以便正确处理驾驶中出现的问题。

学员的主观态度、知识和经验对知觉有着重要影响，在教学过程中，要注意培养学员提高对交通环境中事物的突出结构特征的把握能力，积累相关的知识，提高驾驶过程中的空间知觉能力。

3. 听觉特性

听觉是辨别外界声源特性的感觉。声音是以声源为中心呈波形向球面周围传播的，在小范围空间中很少存在盲区，而且与视觉信息相比，听觉具有反应快和刺激强的优点，听觉成为获取视觉盲区信息的重要通道。

教学中，要引导学员在听声音时，不仅能听出音调、音响和音色的不同，还能分析被感知的连贯的节奏旋律变化，并由此分析出声音方位和远近。要培养学员利用听觉的感知特点，利用听觉特性，弥补视觉不足。例如，在雾天等视线不良天气状况下，要用喇叭来引起对方机动车驾驶员和行人的注意。当发生疲劳时，可通过播放音乐等措施进行提醒。道路上振动减速标线，是解决听觉设施不起作用的时候，依靠保持一定的振动频率与强度进行警醒。

综合利用各种感觉，弥补听觉缺陷，是驾驶教学过程中的一个很重要的内容。要让学员知道，人的听觉对外界信息的筛选能力很差。听力正常时，只有声源声比环境声高出 3dB 时，耳朵才能正确辨别声源的位置和属性。若单耳听力下降，就无法正常确定声源的位置；若双耳听力下降，在有环境声的条件下无法辨别声源。培养学员当听到身后或侧面有来车时，要及时通过后视镜看清情况后再作判断，避免感知不全造成判断失误。

4. 注意

注意是人的心理活动对一定事物有选择地指向和集中。因为人在同一时间内，不能感知很多对象，只能选择少数重要对象进行感知，以便获得对事物清晰、深刻和完整的反映。

注意分为无意注意和有意注意。无意注意又叫随意注意，是在没有任何意图，没有预定的目的，也不需要主观努力下而产生的注意；比较强烈的刺激物、变化和活动的刺激物、对比强度大的刺激都会引起无意注意。有意注意，是一种自觉的有预定目的、并经过意志的努力而产生和保持的注意。有意注意到的注意集中对象是根据一定的目的确定的，有时必须经过意志的努力，才能把注意力集中并保持在对象上。

教学中，学员的无意注意和有意注意可以相互转换。驾驶训练教学过程中，学员都会保持高度注意，这主要为有意注意，但有意注意时间一长容易疲劳。教练员要设法让学员学会两种注意交替，以保持注意持久地集中。注意引导学员通过心理活动有选择地指向和集中于道路环境的各种情况，经观察迅速、清晰、深刻地获得交通信息，经大脑分析、综合判断和推理，然后采取正确的驾驶行动。如果驾驶员在观察、思维和行动时没有注意的指向和集中，那么对一切情况便会视而不见，听而不闻，判断不准，行动出错，产生严重后果。

5. 心理定势

心理定势是指心理活动的一种特殊的准备状态。学员的心理定势，主要反映在思维和动作两方面。思维主要指学员在驾驶操作过程中，为了防止某种不良情况发生而提前所做的思想准备；动作表现为习惯性操作，称为动力定型。心理定势的积极作用在于条件不变的情境中，可以熟练、快速地解决问题，保持操作的稳定性和一致性，缩短反应和操作时间。消极作用在于遇到条件变化的情境时，学员无法立即跳出旧框框的限制，驾驶行为表现出呆板、机械性的一面。学员仅依靠某种固定行为来处理多变险情时，很容易造成事故。

驾驶教学环境比较复杂，面对的学员参差不齐，教学中遇到的情况瞬息万变。教练员的经验固然重要，但更要注重对教学环境和学员进行冷静、细致地观察与分析。教练员不能拘泥于自己的主观认识，要注重具体问题具体分析、总结和反思，从教学的客观实际出发，调动学员心理定势的积极作用，采取恰当措施处理险情，缩短解决问题的时间，培养学员的动力定型，以保证教学安全。

6. 情绪

情绪是以个体的愿望和需要为中介的一种心理活动。当客观事物或情境符合主体的需要和愿望时，能引起积极、肯定的情绪和情感；反过来，当客观事物或情境不符合主体的需要和愿望时，就会产生消极、否定的情绪和情感。情绪主要体现为心境、激情和应激三个方面。

心境是指人比较平静而持久的情绪状态。心境具有弥漫性，不是关于某一事物的特定体验，而是以同样的态度体验对待一切事物。心境具有积极和消极之分，积极向上、乐观的心境，可以提高人的活动效率，增强信心，对未来充满希望；消极悲观的心境，会降低认知效率，分散注意力，影响反应能力。教练员要注意调动学员心境积极的一面，培养学员的学习热情，让学员保持心情愉快、满意的学习心境。当学员的学习进入迟缓期时，要多进行鼓励、表扬，增强学员的信心，使学员对学习充满希望。

激情是由狂喜、愤怒、恐怖、绝望等强烈刺激引起的一种强烈的、爆发性的、为时短促的情绪状态。处于激情状态时，人的认识会局限在引起激情的事物上，以致认识范围狭窄，理智受到抑制，意识的控制能力减弱，不能正确评价自己行动的意义和后果。学员在学习期间，个人生活、教学环境、教练员的教学，都会影响到学员的情绪。学员在激情状态时，表现出情绪波动、感受力下降、精力分散、反应迟钝、易判断失误等不良行为。教练员在教学时要注意控制学员的情绪，让学员理智地评价自己的行为，避免在激情状态下进行驾驶操作训练。

应激是指人对某种意外的环境刺激所做出适应性反应。人处于应激状态会带来一些负面效应：第一，注意范围缩小，难于分配和转移，顾此失彼；第二，沉浸于内心的紧张体验中，而减少对外界情况的主动了解；第三，对情境综合判断能力下降；第四，动作不平衡、不准确，出现错误动作；第五，在极端情况下可能完全丧失操作能力，手足无措；第六，动作随意性程度下降，无目的多余动作增加。教练员在教学中，要注意应激状态给学员带来一些负面效应，尽量扩大学员注意力的范围，消除学习紧张心理，提高综合判断能力，避免驾驶动作错误；紧急情况下保持清醒、处置得当，减少多余的驾驶动作，保证学习的良好效果。

7. 反应能力

人的反应能力一般被认为是一瞬间的感知能力，表现为反应时间的长短和反应动作的准确程度。人在遇到特殊情况时，反应时间越短、反应动作准确度越高，则反应能力越强。影响驾驶学员反应能力的主观因素主要有心境、年龄、疲劳程度及非正常生理心理状态等。

情绪作为重要心理要素，对学员的注意、动机、反应能力、视野等方面都有影响。乐观、积极、愉快的心境可以提高学员大脑反应的灵敏度和反应速度，作出准确判断；不良心境，如消极、绝望、萎靡不振等会降低学员大脑的灵敏度，造成反应迟缓，作出错误判断。不同年龄的学员反应能力不一样，一般情况下，年龄大的学员反应时间相对较长，反应速度相对较慢，对特殊情况反应能力较弱，容易出现判断滞后。

疲劳可以分为生理疲劳和心理疲劳两种。学员长时间保持紧张的驾驶操作姿势或过度的肌肉活动容易引起生理疲劳。学员在学习驾驶过程中，不断地高度集中地感知、思考、判断和处理信息，心理一直处于紧张状态，容易引起心理疲劳。疲劳会引起学员紧张、烦躁和精疲力竭，注意力难以集中，思路不畅，动作不协调，造成反应时间延长。疾病等非正常生理和心理状态也会影响反应能力，如服用药物会产生感觉迟钝或者是精神亢奋，造成反应能力不稳定。

教练员要注意培养学员对自身生理和心理状态的认知能力，严格遵守交通法规，合理控制车速，杜绝不良状态的影响。避免学员在生病、疲劳、饮酒、悲伤、狂喜、愤怒、绝望、恐怖等不良状态下学习驾驶。在情况复杂的道路，路边有广告、商店、各式各样的建筑物等容易分散注意力的路段驾驶，要引导学员通过高度集中注意力、降低车速来消除外界不利因素的影响。

五　学员异常心理分析与纠正

学员的各种异常心理，大都是由于生理、心理或社会原因而导致。这些心理严重影响着学员的正常学习，威胁着教学安全。教练员要认真研究分析学员的心理，因材施教地进行教学指导，避免或纠正学员的异常心理。

1. 学员的盲目自信心理

学员的盲目自信心理，一般是在学员掌握了一定驾驶技能后，盲目相信自己的驾驶能力，做出一些认为其他学员做不到的操作动作，目的是为了在其他学员面前表现自己。这类学员往往在教练员讲解时注意力不集中，过高地估计自己的驾驶能力而不注意规范动作要领，想当然地按照自己的“经验和技巧”去做，往往进步很慢，学习成绩不理想，容易出现操作失误，引发教学事故。

存在盲目自信心理的学员，一般学习主动性强，自尊心也很强，逞强好胜，对批评极易产生抵触情绪，做出一些出乎预料的行为。教练员要根据这类学员的特点，正确的进行引导，避开心里不健康的一面，发扬学员有自信心和积极性这一长处，强调不良动作可能导致的严重后果，坚定地制止违反教学要求和危及安全的行为，帮助学员克服盲目自信心理，纠正不规范的动作，鼓励其带动其他学员积极学习。

2. 学员的紧张心理

紧张心理是驾驶学员较为普遍的一种心理状态，只是表现的紧张程度不同而已。学员刚开始驾车时，手脚僵硬，双手握紧转向盘，进行换挡操作时会低头看挡位，极易踏错加速踏板和制动踏板，更顾不上观察周围的场地和前方的路况。多数学员在遇到情况时，过于紧张，动作慌乱，一旦前方出现紧急情况手足无措，满头大汗，经常会忙中出错，做出危险驾驶动作。

对待存在紧张心理的学员，最好的办法就是让学员放松，循序渐进的进行教学。要根据这些学员的特点，设计相适应的教学方案。基础动作一定要在模拟设备上练熟，上车训练要求学员放松全身各个关节，全身处于灵活状态，培养对运动车辆的适应心理。初级训练不要过严要求动作，在一个动作没有熟练前，不要增加更多的动作。教练员在教学中，对这类学员要多用启发式的教学方式，对进步要多鼓励，纠正错误动作时要耐心，指导时的语气不能强硬，更不能训斥，提醒学员不要想得太多，尽量消除学员的紧张心理。

3. 学员的逃避厌学心理

逃避厌学心理是驾驶学员的一种消极的心理状态。有些学员学驾驶不是为了学习技术，而是为了赶时髦或达到某种与驾驶技术没有关系的需要，对学习驾驶没有兴趣，以单纯取得驾驶证为目的，对考试存有侥幸心理，寄希望于不培训、不考试就能取得驾驶证。这类学员表现为学习积极性不高，“三天打鱼，两天晒网”，出勤率低，学习不认真，敷衍了事，为了达到规定的学时弄虚作假，学习效果差，驾驶车辆时事故率高。

针对逃避厌学心理学员教学的关键，就是要提高其对学习驾驶的兴趣和积极性，明确学习驾驶的目的和重要性，强调学习驾驶不是为了应付考试，而是要学到真实、过硬的驾驶本领，不经过系统的培训会给社会带来危害。教学中，教练员要帮助学员分析交通事故会给自己和他人家庭造成的伤害，充分认识驾驶行为的危险性，危险的驾驶行为往往来源于不认真训练和侥幸心理。

4. 学员的自卑心理

自卑心理是驾驶学员常见的一种自我情感之一，是学员对自己某些方面不满意、缺乏信心的一种心理状态。学习驾驶初期的消极自卑心理，主要原因是学员经过一段时间的技能训练，学习兴趣下降，情绪回落，注意力也不如从前，所以学习速度下降，再加上操作难度逐渐提高，学员更加感到自己不行。这类学员一般平时缺乏锻炼、性格内向，不适应运动状态下的操作；有的学员是由于心理、生理方面存在的问题，对驾驶有惧怕感，认为自己比较笨、反应慢，对自己没有信心。训练时理解和接受能力差，不是学不会，就是总出错，进步慢，学习的成功率低，从而产生自卑心理。

教练员在教学中，要注意观察学员的心理，避免学员产生自卑心理。教学初期，要给学员介绍驾驶训练的内容和过程，让学员了解学习驾驶的规律，树立学习信心。教学过程中，注意学员的学习进度和接受能力，对学员的每一个动作都要给予认真细致的指导，对做的不好的动作不要一味地批评或指责，要耐心地分析原因，提出正确的做法，避免学员对驾驶学习缺乏兴趣，丧失信心，产生消极自卑心理。对有自卑心的学员，要正确引导，多鼓励少批评，多分析少指责，帮助学员克服自卑心理。

六 教练员素质对教学安全的影响

教练员的教学环境特殊，教学压力大，教学过程紧张，各种突发情况和学员的操作失误需要教练员及时、准确地采取保护措施。长时间担任教练员工作，心理、生理和身体素质都会面临着极限的挑战，各种职业病威胁着教练员的身体健康，影响着教学安全。教练员需要分析各种影响因素，化解压力，调节心态，适应环境，保持健康的心理、生理健康。

1. 教练员身体素质对安全教学的影响

教练员要具备能适应艰苦条件下教学的良好身体素质，没有影响驾驶教学工作的疾病，就要经常注意身体的健康状况，当不良的身体状况出现时，要及时采取保护措施。教学中疲劳过度，患有疾病时可能会出现血压不正常、心脏功能不全，遇到紧急情况就会心理紧张，甚至昏厥，这是非常危险的。听力、视力出现异常，就不能把教学中遇到的各种情况迅速传至中枢神经，做出正确的反应和判断，以致发生教学事故。

教练员良好的身体素质有助于提高施教的反应能力和应激操作的灵敏性，确保在信息万变的道路交通状况下具有敏锐的观察力、判断力和反应能力，以保证教学安全。

在教练场训练教学时，经常会遇到众多教练车等候的现象，如在项目训练区训练，多辆车等待同一场地训练的情况非常多，有时训练不成功还重复训练，造成等候时间增长，使教练员出现心情烦躁现象。美国心理

学家诺瓦科在加利福尼亚的公路上经过15年的研究发现，如果路上车辆太多，需要不断地停车、减速和等候的话，会造成驾驶员血压升高和心情烦躁。驾驶员如果长期承受这种压力，不但会影响自己的性格脾气，还会出现心跳加快、精神紧张、肌肉疼痛、忍耐力减弱等症状。

长时间的驾驶训练中，教练员注意力高度集中，体力消耗过大，外界噪声（如喇叭声、刹车声、喧嚷声等）刺激，车辆本身因有些部位松动发出刺耳、颤抖声音等，都会使教练员的听觉器官出现疲劳。在这种情况下，教练员的听觉能力下降，觉察不出有可能造成不良后果的危险声响。因此，教练员一旦感觉疲劳，就要适时休息，以保护自己的听觉器官，平时要注意自己听觉的变化，经常检查身体，保持听力正常。

车用空调产生的浑浊气味、汽油中的化学物质、发动机排出的尾气等有害颗粒物悬浮在空气中，危害着教练员的身体健康。当有害颗粒物被教练员吸入体内后，进入人体血液，随着血液到达全身器官，贮存于组织细胞中，对细胞产生毒副作用，使人体细胞受到损伤，细胞免疫及体液免疫水平降低，对疾病的抵抗能力和抗肿瘤免疫功能明显下降。更为重要的是这些有害物质易于被人体吸收而不易于排泄，所以会持续地危害健康。

教练员长时间固定在活动受到一定限制的驾驶室内，长时间集中精力判断各种信息情况和指导学员操作，精神状态处于高度紧张中，会产生心理、生理

机能的失调，出现疲劳现象。教练员疲劳后会感到困倦瞌睡，四肢无力，注意力不集中，判断能力下降，甚至出现精神恍惚或瞬间记忆消失，导致其短时间内出现教学指导停顿或指导失误等现象，对教学安全带来极大威胁。

2. 教练员心理素质对教学安全的影响

教练员在教学过程中，具有良好、稳定的心理素质和坚定、顽强、沉着、果断、机智的品格，不为情绪左右，不受外界事物影响而分散精力，形成安全教学所必须的心理定势，才能在教学中以正确敏捷的思路在极短的时间内迅速、果断、安全、有效地处理瞬息万变的交通情况，确保教学安全。反之，反应迟钝、性情急躁、缺乏自控能力、健忘、懒惰、无主见、意志薄弱、优柔寡断等不健康的心理素质，极易发生教学事故。

优秀教练员大多数具有敬业爱岗、热爱教学工作、关心学员、责任心和法纪观念强、虚心好学、情绪稳定等特点。教练员心态平和、耐心，能经常换位思考，有利于自己能经常保持愉悦心理，以保证安全教学。反之，性格不随和、师生关系不和谐、情绪不稳定、易冲动、心胸狭窄、过度紧张的教练员，则会发生较多的教学事故。

教练员的心境是一种微弱而持久的情感状态，往往在一段时间内影响言论和情绪，使一切体验和行动都感染上某种感情色彩。心境对教练员的行为有很大影响，根本原因是个人的意愿或欲望是否得到满足。教练员要始终保持愉快、平静的心境，使自己的意愿或欲望更合理、更现实。同时，教练员还要学会正确评价和控制自己的

心境，做到遇事不惊、处事不乱，遇到学员技能掌握慢、情况判断失误或遇险情处理不当时，都能做到沉着冷静、安然处置，始终保持稳定、舒畅的心境。

教练员在教学中产生欢喜、愉快、满意等情感时，会感到舒适、惬意，这对观察和判断有着积极的促进作用。教练员情感体验好，感受性提高，教学中就会仔细观察，勤于思考，其反应能力也会提高，动作会变得敏捷，这是一种增力情感。当教练员产生忧愁、悲哀、愤怒、恐惧等情感时，会感到痛苦，影响感受，就会懒于观察与思考，其反应能力降低，教学指导显得迟缓，这是一种减力情感。在这种情感下就不利于安全教学，容易发生事故。

教练员在感知外界突显的、微弱的、已现的、潜伏的及其他与教学安全有关的信息后，都要不失时机地通过分析和综合、推理和判断，提前、迅速、准确地作出决定，采取果断措施。否则，由于判断失误，很容易造成教学事故。教练员在教学过程中，要善于细致观察和勤于思考，尽可能地捕捉各种信息，从交通状况的客观实际出发，全面地进行综合分析，沉着冷静地作出正确判断，尽可能减少和避免教学事故的发生。

3. 教练员技术素质对教学安全的影响

教练员具有过硬的驾驶技术是安全教学的重要条件，教练员的技术从一定意义上来说是教学能力的重要组成部分，教练员在施教时要充分利用掌握的驾驶技术来完成教学任务，不具备驾驶技术就无法担任教练员，也就谈不上教学能力。驾驶技术高的教练员在各阶段教学中，能根据不同的教学内容、项目和交通状态向学员传授不同的操作方法，发现学员出现的操作错误能及时分析原因，提出纠正措施，使学员听得清楚，练习思路明确，技能掌握快。如果教练员不能及时指出学员出现的错误动作，使学员长期保持在错误状态下驾驶，或自己摸索驾驶操作方法，难免会有的危险事件发生。每个教练员都要努力学习各种驾驶理论，完善自己的驾驶技术，才能更有效地将其应用在教学过程中，确保教学安全。

4. 教练员文化素质对教学安全的影响

教练员的文化来自于对所从事工作的热爱和理解，对平时工作的积累和经验总结，一定程度上代表了教练员的思想、理念和水平。教练员的文化素质高低，直接影响知识和技能传授。有文化的教练员，教学理念新颖，教学经验丰富，教学知识渊博，教学心态端正、教学目的明确，教学效果良好。教练员在教学过程中要注意自身文化的修养，一方面根据平时结累的驾驶经验对学员进行言传身教，另一方面通过学习各方面的新技术、新知识，不断巩固自己的专业知识和拓展知识面，把自己学到的知识应用到实际教学中。

七 常用节能驾驶技术

教练员不仅要教会学员基本驾驶技能，还要让学员多了解节能驾驶知识，理解驾驶操作背后的节能原理，培养学员节能驾驶意识和节能驾驶习惯。驾驶操作是影响燃油消耗量的关键环节，驾驶习惯对燃油消耗量的影响最高可达30% 以上。需要说明的是，在传授节能驾驶知识的时候，不能忽略安全操作，在保证安全的前提下才能节能。

1. 汽车燃油消耗量的影响因素

（1）汽车的预热。汽车预热包括发动机预热（停车怠速预热）与底盘预热，最佳方案是发动机和底盘部件同时得到充分预热。

（2）发动机的转速。发动机存在一个经济转速区间（汽油机一般在1800～2200r/min；柴油机一般在1400～1800r/min），当发动机转速过高或者过低时，燃油消耗量都会上升。汽车在同一挡位行驶，发动机低转速时，汽缸内燃烧不充分，热损失较多，燃油消耗率增大；发动机高转速时，消耗于克服机械摩擦阻力和进、排气等方面的功率增大，燃油消耗率增大；发动机中等转速时，燃烧气体对汽缸壁热损失少，混合气雾化均匀，燃烧完全，燃油消耗率低。一般情况下，当加速踏板踩到底的时候，进入汽缸的混合气显著加浓，燃油消耗量将明显升高。

（3）发动机的怠速运转。电喷发动机在常温条件下不要求长时间怠速（低转速运行）预热。过长时间的怠速预热不但无谓地消耗燃油（约1L/h以上），而且发动机排气温度较低，尾气中的污染物的浓度要比正常行驶时高得多。发动机怠速运转时，因转速低而使混合气雾化不良，且浓度较大，故怠速的燃油消耗量也大。排量为3L左右的发动机每小时的怠速燃油消耗量大约为1～1.8L，小型汽车怠速1min以上的燃油消耗量将比热车状态下重新启动一次发动机的燃油消耗量更大。启动发动机造成的磨损与发动机正常运转时造成的磨损差不多，而发动机长时间怠速将会导致三元催化转换器提前损坏，反而使发动机更容易损坏。电喷发动机怠速运转时，电子控制装置会自动增加喷油量，自动调节油气混合气浓度保证怠速运转。

（4）发动机工作温度。冬季气温较低时，冷车状态下发动机温度较低，发动机缸内润滑油的黏度变大，发动机冷启动受到的阻力增加，磨损加剧，且因汽缸进气温度低，燃油蒸发慢、不易雾化，混合气点火困难，燃烧不充分，增加燃油消耗量。发动机工作温度控制在 80 ~ 95℃的温度区间，可以有效地将汽缸进气温度控制在最佳温度区间，提高汽车的燃油经济性。

（5）行驶速度。车辆低速行驶时燃油消耗率高，车辆的燃油经济性差。然而，高速行驶时发动机负荷加大，燃油消耗率有所下降，但同时克服行驶阻力所需要的功率增大。克服空气阻力所需要的功率随着行驶速度的升高而明显增大。高速行驶时，行驶阻力明显增大，车辆的燃油经济性也变差。发动机转速急剧飙升，导致发动机处于严重的非稳态工况，大大提高了汽车的燃油消耗量。

（6）行驶挡位。合理选择行驶挡位，保持发动机的经济转速，燃烧气体对汽缸壁热损失最少，混合气雾化均匀，燃烧完全，燃油消耗率低。设有 5 ~ 6 个前进挡的汽车，1 挡和 2 挡属于低速挡，燃油消耗率高，不适合长距离使用；

3 挡为中速挡，也不适合于长距离行驶；4 挡至 6 挡为高速挡，传动比小，传递到车轮上的转矩小，是行驶常用挡位。在相同的道路条件与车速下，虽然发动机的功率相同，但使用的挡位越低，后备功率越大，发动机的负荷率越低，燃油消耗率越高，燃油消耗量也就越大；但是，使用高挡位时，后备功率较小，可以降低发动机的工作转速，提高发动机的负荷率，进而降低发动机的燃油消耗率。如果加速过程中出现升挡不及时（低挡高速，速度与挡位不匹配的一种情况），即行驶车速高于该挡位对应的经济速度范围，会明显地增大燃油消耗量，还加剧了发动机的磨损。

小知识

电喷发动机车辆空挡滑行会省油么？

电喷发动机具有强制怠速断油功能，在带挡且加速踏板完全放开的情况下，发动机转速高于设定的转速时会自动切断燃油供给，当发动机转速低于设定转速时才会重新供油。空挡滑行时，发动机处于怠速状态，会继续消耗燃油。因此，带挡滑行比空挡滑行节省燃油。

此外，空挡滑行时，发动机与传动系分离，发动机对汽车的阻滞力丧失，下长坡空挡滑行将使行驶速度越来越快，需要制动器频繁高强度地制动，将使制动器温度急剧升高，产生热衰退现象，制动效能降低甚至制动失灵。熄火滑行时发动机处于断电状态，转向、制动等助力装置失效，操纵困难甚至失效，此时非常危险。

（7）发动机熄火。涡轮增压发动机突然停机时，会引起涡轮增压器内滞留的润滑油过热，使涡轮增压器轴承处于热膨胀状态，容易冷却后变形、卡死，影响涡轮增压器的使用寿命；此外，增压器油道里的润滑油焦化，形成积炭，会堵塞油道。

2. 与节能相关的基础驾驶操作

驾驶训练时，要求学员对发动机进行预热，使发动机正常工作温度控制在80 ~ 95℃的温度区间，可以有效地将汽缸进气温度控制在最佳温度区间，提高汽车的燃油经济性。在温度低于5℃的环境条件下，要对发动机进行预热，在冷却液温度上升到40℃以上再起步行驶。环境温度高于5℃时，普通发动机启动后，适当保持发动机怠速运转（不超过1min）再起步；增压发动机（一般车辆型号中带“T”或“TURBO”字样的）怠速运转时间适当延长，使增压器轴承和旋转机件得到充分的润滑，在此期间不能踩加速踏板使发动机高速空转，避免增压器损坏。

起步教学中，要求学员起步操作平稳，发动机不熄火，车身不抖动，可以达到省油的目的，关键在于正确掌握松抬离合器踏板和踩加速踏板的要领。要求学员注意操作离合器踏板和操作加速踏板的配合，做到起步平稳、不猛抬离合器踏板、不猛踩加速踏板。随着操作的熟练，再快速平稳起步，并迅速升挡。

起步后，通过低速行驶，对底盘的传动轴、传动系统的变速器、主减速器的齿轮等部件进行预热。在气温不太低的情况下，以低挡位20 ~ 40km/h的速度行驶1 ~ 2km，使发动机、变速器和轴承等得到全面润滑；在冬季气温较低时，低速行驶距离应适当延长至3 ~ 4km。

驾驶训练时，让学员根据车速和路况选择挡位，在条件允许的情况下，尽量选择高挡，使发动机保持在经济转速区域内的较低转速下运转。换挡时机的把握（换挡时发动机转速区间的选择）是节能驾驶的重要环节。驾驶操作训练中，要求学员根据发动机转速选择换挡时机，在发动机接近经济转速情况下进行换挡，换挡时不要“拖泥带水”，使发动机转速尽量保持在燃油消耗率低的区间。发动机的转速高于经济转速区域时，及时选择加挡；发动机的转速低于经济转速区域时，迅速选择降挡。踩加速踏板加速不明显或发动机转速高于经济转速区域时，及时加挡；发动机有“反拖感”或发动机的转速低于经济转速区域时，迅速减挡；换挡做到及时、准确。换挡时，采用“一脚离合器换挡”的方法，不要踩加速踏板，避免发动机会高速空转，浪费燃油。

保持适当的跟车距离，不仅能够提高行车的安全，而且能够使驾驶员采取有预见性的、平稳的驾驶方法，减少急加速、急减速和紧急制动等高燃油消耗量的驾驶操作。比较实用的一种跟车距离测算方法是“3s 时间距离”法。例如，在普通公路上行驶车速为 50Km/h 时，汽车在 3s 内行驶的距离为 41.7m，跟车距离至少保持 42m 以上。

3. 车速控制的节能驾驶

加速训练时，踩踏加速踏板要做到“缓踩慢抬”，即踩下加速踏板的速度以发动机的声音增高较柔和、转速平稳增加为宜，如果发动机出现“发闷”的吼声，应稍抬加速踏板。

在平路行驶时，踩下加速踏板的最大限度应不超过加速踏板最大行程的

3/4。在预期速度下，应保持好该状态时的加速踏板位置使汽车等速行驶，避免加速踏板位置来回变化。遇到交通高峰时，尽可能做到“缓速行驶”，这样比反复的“停车、起步”更省油。加速或减速时，尽量采用柔和的操作方式，避免急加速或急减速。选择好行驶车速后，保持好该状态时的加速踏板位置，能够有效地避免汽车出现发动机不稳定工作状态，可以很好地保持匀速行驶，节省燃油，并降低劳动强度。

行车中，除非需要更大的制动效能，尽量避免使用制动踏板来减速制动。减速时，松抬加速踏板，充分利用带挡滑行，实现预见性减速，禁止空挡滑行和将发动机熄火滑行减速。下长而陡的坡道时，抬起加速踏板，离合器保持接合状态，变速器操纵杆置于合适的挡位（坡度越大，挂挡位越低），并根据速度情况使用行车制动器间歇制动控制车速。安装有缓速器的车辆，应充分利用缓速器减速。

小知识

转向盘上的油耗

频繁变道超车时，发动机处于不稳定工作状态，汽车克服加速阻力所消耗的功率很大，经常制动，频繁变道使汽车曲线行驶，行驶距离变长。这些因素均使汽车油耗增加，此外，急加速及转向造成轮胎与地面的强烈摩擦会使轮胎的磨损增加。

道路训练中，根据道路情况选择行驶路线，尽量保持直线行驶，不要频繁变更车道或来回转动转向盘。操纵转向时要平顺，提前 50 ~ 150m 开启转向灯，避免突然变向或急转弯等。

4. 正确使用空调

空调作为发动机的主要附件之一，会消耗发动机 1.5% ~ 2% 的驱动功率，增加汽车燃油消耗量。打开车窗行驶会使空气阻力系数变大，增加空气阻力，增加汽车燃油消耗量。驾驶教学中，要让学员学会正确的使用空调，气温适宜，在低于 60km/h 的速度行驶时，开窗通风或者使用空调的通风功能相对要省油；当车速高于 80km/h，关闭车窗，开启空调并保持车内温度为 26℃左右，既能保证舒适性，又能节约燃油。

小知识

高速开车窗增加油耗

研究表明，当汽车以 60km/h 速度行驶时，开窗和不开窗的燃油消耗几乎没有差异，而当以高速行驶时，开窗油耗比不开窗油耗要增加很多。因此，气温适宜，车速低于 70km/h 时，不必开空调制冷功能，可以打开车窗通风，或者只用空调的通风功能。当车速超过 70km/h 时，应关闭车窗而开启空调调节车内气温。当然，空调的温度不应设定过低，否则将使油耗增加。

5. 发动机熄火时机的把握

非增压发动机汽车停止行驶后，尽量减少发动机怠速空转，及时使发动机熄火。非增压发动机汽车停车时间超过 60s，最好将发动机熄火。增压发动机汽车停车后不能立即熄火，要保持发动机怠速运转 3min 以上，待发动机充分冷却后再熄火。

6. 车辆维护与节能

维护好车辆不仅对于安全十分重要，还能有效节能。除了日常操作需要注意之外，还要提醒学员在日常驾驶中要注意车辆的维护。了解与燃油消耗量相关的一些维护知识。

（1）汽车行驶环境差，容易造成空气滤芯堵塞，使发动机进气不畅，影响燃油和空气的混合燃烧。另外，大量的灰尘进入汽缸，会加快汽缸火花塞的

积炭速度，使发动机点火不畅，导致汽车燃油消耗量升高，升高幅度最高能够达到 10%，因此，必须按规定周期进行清洗或更换滤芯。

（2）发动机火花塞不能正常点火或出现积炭时，会增加燃油消耗量。如一只火花塞不工作，会增加约 25% 的燃油消耗量；两只火花塞不工作，将会增加约 60% 的燃油消耗量。

（3）蓄电池的点火能量不足，火花塞产生的火花强度减弱，发动机不易启动，使启动次数增加，燃油消耗量增加。

（4）使用黏度、拉磨性及温度性能不符合要求的润滑油，会使燃油消耗量明显增加。在冬季，传动机构用夏季齿轮油代替冬季齿轮油时，燃油消耗量将增加 4%。

（5）在使用过程中，各部机件的配合间隙会发生变化，若不及时调整消除，将加剧机件磨损，出现早期损坏，增加燃油消耗量，甚至发生机件事故。

八 电动教练车使用知识

电动教练车是以车载电源为动力用电机驱动车轮行驶，符合道路交通、安全法规各项要求，用于驾驶训练的车辆。纯电动教练车完全由可充电电池（如铅酸电池、镍镉电池、镍氢电池或锂离子电池）作为储能动力源，通过蓄电池向电动机提供电能，通过电动机等动力转换装置转换为机械能，从而使驱动车轮行驶。

电动教练车与燃机教练车相比，运行平稳、无噪声，工作时不产生废气，不产生排气污染，零排放或近似零排放，减少了机油泄露带来的水污染，降低了温室气体的排放，对环境保护和空气的洁净是十分有益的。

1. 电源—蓄电池使用常识

电源为电动教练车的驱动电动机提供电能，电动机将电源的电能转化为机械能。目前，应用最广泛的电源是铅酸蓄电池，正在发展的电源主要有钠硫电池、镍镉电池、锂电池、燃料电池等。

电动教练车在使用过程中，要根据实际情况参考平时使用频率及行驶里程，准确把握给蓄电池充电的时间。正常行驶中，发现电量表指示红灯和黄灯亮时，应尽快充电。如果只剩下红灯亮，应停止运行，过度放电会缩短蓄电池寿命。一般厂家建议电量剩 20% 左右时就可以充电，这样既有时间找充电桩又不会损坏电池。

电动教练车充电时间不宜过长，否则会形成过度充电，使电池发热失控引发自燃。过度充电、过度放电和充电不足都会缩短电池使用寿命，因此电池应避免频繁的满充满放（即从 0% 充到 100%）。在充电过程中，电池温度超过 65℃，应停止充电。

小知识

电动汽车连接或断开充电插座应注意以下事项：

（1）使用与车辆同型号的充电设备，确保电缆、充电插头完好。

（2）连接或断开插头时握住插头握把，为防止触电，连接或断开插头时不要触摸插头边缘，不要用湿手操作连接或断开插头。

（3）不要通过拉动充电电缆（电动车辆充电器电缆总成）对插头施加过大的力，或通过拉动充电电缆断开插头，否则容易造成插头损坏，从而导致火灾或触电。

（4）连接插头前检查并确认插头端子上无异物，插入后确保插头完全插入充电插孔，避免引起连接部位过热甚至导致火灾。

（5）雨雪天气，充电插座上浸入水中或被雪覆盖时，不要插入插头；如果插座浸入水中或被雪覆盖并需要断开插头，要先切断电路动力电池断路器（维修把手），再断开插头。

（6）给电池充电时，要确保完全断电，车内不要留人。

（7）使用专门的充电桩充电，不得通过家用电路系统充电。

电动教练车续航能力有限，厂家标示的续航里程是在特定条件下的行驶里程，实际使用中有一定的差距。实际行驶里程与驾驶技术、车辆用电设备、路面状况、行驶速度、气温等都有很大的关系，具体要参照蓄电池管理系统的显示，并密切注意电量变化情况。冬季电动车续航里程缩短为正常现象。蓄电池在低于5℃的环境下，会出现显示充满实际却不足的假象，续航里程缩短20%～30%是正常现象。蓄电池的最佳工作环境在25℃左右，在低温环境下会出现不稳定，且电阻较高，所以低温下的储电能力也就相对较差。冬季温度越低行驶里程越少，续航里程可能会减到厂家标定的一半或不到一半，而且归零掉电特别严重。

2. 驾驶注意事项

（1）起步。电动车辆因没有发动机和传统变速器，大部分车辆启动时没有声音，且起步时提速比传统燃机汽车快。因此，起步时，要注意提示学员观察周围的车辆和行人动态，在非禁鸣区可鸣喇叭进行提示。踏加速踏板时，要注意轻踩，以防止驱动轮打滑空转，冬季在路面不平或左右轮附着物出现不一样时，更要轻踩加速踏板，使车辆平稳缓慢地起步。

（2）控制车速。电动车辆提速时不要过猛，否则会出现车轮瞬间打滑的情况。正常训练中，要指导学员一定要控制在经济车速行驶，尽量保持匀速行驶，反复加、减速时，电量下降较快，超出经济时速后车速越快电池电量下降越快。

（3）减速与能量回收。电动车辆有能量回收功能，在需要减速时，直接抬起加速踏板即可，这样可以对能量进行回收，不浪费能量。要提示学员注意能量回收功能不能完全当制动使用，一是减速作用有限，二是制动灯不会亮起，不能提示后方来车。

（4）涉水。虽然电池组因全部密封可以达到更高级别（如IP67）的防水能力，但电脑和其他电器的防水能力有限。因此，涉水时要注意提示学员涉水深度最高不要超过半个轮胎的高度（即不超过30厘米），涉水时要保持匀速行驶，尽快通过积水路段，水深超过半个轮胎时要绕道通行。涉水后要注意对动力电池、电机及电源线束进行检查。车辆泡水后，不要轻易起动车辆，应交由专业的维修人员进行处理。

（5）谨防车底磕碰。电动汽车的蓄电池都下挂在底盘上面，外面裹着一层钢壳或铝壳进行固定和保护。如果行驶中底部遇到大的撞击，应及时到维修店进行检查，排除蓄电池包受损的可能，以免影响车辆正常行驶或引起电池自燃。

复习思考题

1. 怎样运用驾驶教学基础知识进行教学?
2. 汽车行驶受到哪些力的作用?
3. 汽车有哪些性能?
4. 汽车有哪些安全装置?
5. 怎样分析学员的生理心理特点?
6. 怎样分析与纠正学员异常心理?
7. 教练员素质对教学安全有哪些影响?
8. 有哪些常用的节能驾驶技术?

模块四

教练员需要掌握哪些教学原则与方法

一 培训教学原则

汽车驾驶教学原则是根据教学目的和教学规律，对教学工作制定基本要求，是驾驶教学工作必须遵循的准则。汽车驾驶教练教学原则主要有：安全教学原则、文明教学原则、精讲多练原则、循序渐进原则、巩固提高原则。

1. 安全原则

安全教学原则是指在驾驶教学过程中，不仅要确保训练安全，更重要的是加强学员安全意识培养，使学员树立安全第一的观念，养成安全驾驶的良好习惯。安全教学是驾驶教学工作中的重要一环，直接关系到教学工作能否顺利进行。因此，每个教练员在整个教练过程中，必须始终如一地坚持安全教学。安全教学原则是教学原则中的重点，在训练与安全两者之间，要立足训练，重视安全，全面贯彻安全教学原则。

初学驾驶的学员，缺乏安全行车常识和安全意识，特别是个别学员的不良学习风气，会影响教学安全。教练员要加强对学员的学习行为管理，强化法律意识和安全知识普及，重视安全意识教育和安全操作习惯的培养。可通过组织学员讨论事故案例，分析事故原因，吸取事故教训等方法，有效地增强学员的法制观念和安全意识，端正驾驶作风，自觉地遵守交通法规、安全操作规程。在各训练阶段教学中，自始至终都要严格要求学员按操作规程进行驾驶，注意观察学员心理的变化，及时掌握、了解学员的兴趣、情感、气质、性格、意志、注意等心理状态，严禁学员违章操作。

从分析大量的教学事故案例来看，驾驶训练期间发生的事故，牵涉诸多因素，但主要还在于教练员的因素。教练员要严于律己，总结经验，吸取教训，遵章教学，除了要把操作规程传授给学员以外，要加强对学员心理状态的了解，有的放矢地进行指导，主动、积极地预防安全隐患，一旦发现违反操作规程的现象就要立即制止和纠正，防微杜渐，绝不能视而不见，任其发展。

2. 文明原则

文明教学原则是指在驾驶教学活动中，遵守交通法规、文明施教，礼貌对待学员，正确合理地对待和处理各种矛盾，培养学员良好的驾驶作风和驾驶道德。教练员作为教育者，不仅要深知自己肩负的重任，树立事业心和责任心，而且要注意磨炼自己的道德品质和情操，提高自身思想修养和业务水平。特别要注意文明教学，以培养学员懂礼貌，讲文明的美德。

驾驶教学是一个相当复杂的过程，教练员一方面对学员要从严要求，从难训练，一丝不苟；另一方面又要反复指导学员，不厌其烦地纠正学员的错误。教学态度和教学语言是文明教学的重要方面，教练员良好的教学态度既是提高培训质量的保证，又是培养学员精神文明的重要手段。教练员要具有较强的责任心，尊重教学规律，坚持教学原则，探索教学方法，深入细致地钻研和分析科目内容，根据教学要求，编制周密的训练计划，拟定训练方案；对出现的问题，启发学员一起认真分析，找出原因，妥善解决，“晓之以理，才能导之以行”，耐心细致地讲解、分析，肯定成绩，指出不足，诲人不倦，切忌简单粗暴。教学态度温和，礼貌文明；师生关系融洽，互尊互重，教学双边活动配合密切，形成教练员全心全意地教、学员专心致志地学的良好风气。

3. 精讲多练原则

精讲多练原则是指在驾驶教学过程中，讲解要精炼、通俗，切中要害，尽量少占时间，相应增加练习时间，在反复的练习中体会动作要领，不断提高驾驶技能水平。讲是基础，只有精讲多练，讲练结合，促使学员练想结合，并以练为主，以讲指导练，才能迅速地掌握驾驶技能。

精讲的关键在于教练员能否准确地把握全部教学内容，并能抓住教学内容中最基本、最关键的部分，达到熟记、吃透、贯通的程度，使学员对教练员的讲解形成正确的概念。“多练”就是尽力让学员多动手操作，增加练习的时间和次数。“多练即熟”，“熟能生巧”，只有让学员勤于动脑，手脚并用，反复练习，才能把理论知识转化为技能。

贯彻精讲多练原则需要注意精讲不等于单纯以“少”为佳，多练也不能单纯地理解为以“多”为好。简单的重复练习不是学习，只有练、想结合，才能取得效果。精讲和多练是辨证的统一，矛盾的主要方面是精讲，只有讲清基本要领，学员心知肚明，才能练好基本功。如果讲解三言两语，草率敷衍，学员还没有搞懂就去做大量练习，只会“劳而无功”，不但增加了学员的负担，还会提高学员动作的出错率，得不偿失。为了讲清要领，多用了时间，看起来似乎减少了练习时间，但从另一个侧面看，正因为多用了一些时间进行讲解，才避免浪费走弯路的时间，效果更好。

4. 循序渐进原则

循序渐进原则是根据学员认识的规律和驾驶技能形成的规律提出来的。只有遵循这一原则，才能使学员逐渐掌握驾驶的知识、技术、技能。驾驶教学中的循序渐进原则是指依照驾驶培训教学内容的逻辑系统和学员认识能力发展顺序的规律性而建立的教学原则。驾驶技能形成过程中有严密的逻辑性和系统性，学员的学习也是新知继旧知，一环套一环。驾驶教学的内容、方法、强度、进度的安排都是由易到难、由浅到深、由简到繁、由被动到主动，是一个逐步深化、循序渐进的过程。教练在教学中，一定要克服急于求成、恨铁不成钢的心态，遵守循序渐进的教学原则，让学员逐渐掌握驾驶的知识、技术、技能，不断熟练、不断提高。

驾驶教学的安排和组织，一般采取由易到难，由简到繁，由浅到深，不断提高要求的方针，尽量使教学的进展符合学员认识和接受程度的规律。安排每天教学内容时，应前后衔接，逐步提高。前面的科目是后面科目的基础，后面的科目是前面科目的延伸。各科目之间是相互联系的，有着紧密的连贯性和顺序性。只有将这些科目有计划、有系统地衔接起来，才能达到“事半功倍”的效果。

驾驶技能的综合性很强，分解练习的机会和时间不能太多，而且难和易，繁和简、深和浅都是相对的，以不同的对象和条件而改变。智力发展、灵活性、协调性程度不同的人，掌握某一动作的程度也不同；同一动作技能，对某些学员来说是容易的，对另一些学员来说，却可能是困难的。因此，在局部不能机械、僵化地贯彻循序渐进的原则，而应灵活变通地执行。循序渐进必然有程有序，各程各序不能等量齐观、平均分配，定要抓住其间的内在联系，找出主要矛盾，突出重点，带动全面，这才真正领会循序渐进原则的精华。

5. 巩固提高原则

驾驶教学的巩固提高原则是指在驾驶教学过程中，指导学员在学好各种基本操作要求的基础上，进而加以巩固，并能根据驾驶条件的变化，灵活运用，达到一定的熟练程度。驾驶技能虽然复杂，但都是由许多“基本功”组成的，掌握要领，练好基本功，才能巩固提高。只要扎扎实实掌握基本功，反复练习，巩固和提高所学的知识、技能，就不难形成从容不迫、得心应手的安全驾驶技能。

反复练习是巩固和提高知识、技能的基本方法。通过反复练习，加强了信息对大脑皮质的刺激，一次比一次深，使大脑皮质的暂时联系不断巩固定型。在驾驶技能教学过程中，每天或每个科目的教学都要有足够的反复练习时间和练习次数。同时，又要注意反复练习并不单纯是简单、机械地重复，在原来基础上注入新的内容含义和提出更高的要求，并充分利用考核，促进技能巩固，达到新的技能高度。只有让学员明确每项操作动作的技术难点、关键和操作要领，抓住了重点，全面突破，才能迅速提高熟练程度。

二 常用教学方法

驾驶培训教学方法，是为达成教学目标在教学过程中采用的一种教学双方协调活动的方法体系，是教师“教”的方式、手段与学员“学”的方式、手段的总和，包括教法和学法两个方面，是两者的有机统一。理论教学方法，利用多媒体教学设备、驾驶模拟设备、互动教学磁板等教学手段进行理论教学活动。实际操作教学方法利用各种教学车辆、教练场地、公共道路及交通设施进行实际驾驶教学活动。教练员在教学中，根据教学项目、教学内容、教学目标、学员特点和教学条件等因素灵活地、创造性地选择和使用教学方法，可以有效地提高教学效果和教学质量。

1. 讲授教学法

讲授教学法是一种以系统传授知识为主的教学法。基本特点是以教师讲授为主，结合自学、讨论等，按照培训教材的逻辑顺序，向学员系统地传授知识内容。讲授教学法由教和学两个相互联系的过程组成。教的过程，分为“提示→讲授→指导自学→组织讨论→指导和检查”五个阶段；学的过程，分为“预习→听课→自学→讨论→作业”五个阶段。教与学相互联结、对应，达到传授知识和掌握知识的教学目的。

驾驶培训讲授教学法是指教练员用讲解、述说等形式向学员系统地传授理论知识的教学方法，属于教练和学员之间“传授—接受”性的教学方法。运用讲授教学方法，教练员可以通过合乎逻辑的分析，生动形象的描述，启发诱导性的疑问，使学员在短时间内获得较全面、系统的知识。讲授教学法主要有讲解、述说两种方式。

讲解是指教练员针对某个主题，向学员作解释。在讲授过程中，教练员要注意使表述力求结构、条理清楚，语言的表达应使学员能够听懂，并且能够接受。

此外，教练员在讲解之前，要说明所讲解内容的动机。述说是指教练员讲述亲身经历、见闻或现实生活中发生的事情。在讲述过程中，学员的大脑会对所讲的事情产生身临其境的情景，产生也曾经有过类似经历的联想，并将这个主题铭记在心。

讲授教学法能够充分发挥教练员的主导作用，教学时根据学员特点、教材内容和信息反馈等情况对教学活动实施有效调控，较好地体现了“感知→理解→巩固→运用”的学习认识规律，使学员的认识过程与知识的逻辑顺序得到较好统一；能在较短的时间内给学员以完整系统的知识，进度快、效率高。运用讲授法时，要有明确的目的和针对性，讲授的内容正确、严谨，语言通俗易懂、简明扼要，善于启发引导调动学员的兴趣，及时抓住学员愿意听、愿意思考的时机，有效地组合教学内容，既突出重点，又能叙述系统的内容。

讲授时机的把握对于实际操作教学非常重要，首先讲授教学科目的内容、目的、要求、操作方法、注意事项，使学员对教学科目有一个概念性的认识。训练中，教练员还要进一步对每一个动作的细节进行详细的讲授，辅之以示范操作。学员练习时，除了给予必要的提示以外，尽可能少讲或不讲，以免分散学员的注意力，引起学员的过度紧张和恐惧，影响操作安全。操作结束后，作一次小结性的评论，指出问题，找出问题的症结。每天训练结束后，由于学员对练习的科目有了实际的体会，对教练员总结时肯定的成绩，指出的问题、提出的改进方法和要求，一般都愿意听，并愿意思考。教练员要抓住这个机会，进行详尽的讲授，会比训练前和训练中的讲授更为有效。

2. 示范教学法

通过动作示范来进行教学的方法称为示范教学法，示范教学法是技能教学的一种基本方法。示范操作，可以把高深、抽象、难以理解的理论问题简单化。驾驶培训示范教学法是教练员按照学员操作技能的形成规律，遵循由易到难、由简到繁、循序渐进的原则，通过对训练科目动作的分析，将其分解为若干相互衔接的简单基本动作，向学员进行讲解、示范；让学员在熟练掌握这些基本动作的基础上，进行协调训练而形成连贯动作，最后熟练掌握动作，并形成动作定势的教学方法。

教练员的动作示范是驾驶教学中最常用的教学方法，动作示范是在讲解要领后，学员操作前进行的。从初学开始教练员在每个实际操作阶段都需要为学

员做大量动作示范。教练员的动作示范是给学员的第一印象，直接影响学员以后的动作规范、驾驶姿势和驾驶技能。教练员的动作示范要规范、准确、明显。规范动作不能做错，要明显、有节奏感，使学员看的清。这就要求教练员在做示范动作前，自己要做好充分的准备，示范动作必须规范、准确、熟练、轻松，同时注意示范的位置和方向，便于学员边观察，边模仿。示范要与讲解相结合，只示范不讲解，学员只会机械地进行动作模仿，不知道为什么这样做，这种没有理解只有模仿的学习，会严重影响教学效果。只有模仿和讲解相结合、理论与实践相结合，才能有效的提高教学效果。

在组织学员进行基础驾驶、场地道路驾驶和项目训练前，教练员对每一个动作、操作方法和行驶路线都要进行示范、讲解，将动作的要点和分解动作展示给学员看，让学员逐渐地感觉、模仿、熟练。实际道路驾驶训练中，教练员作示范时的动作、驾驶姿势和风格，都会对学员产生重要影响，甚至会养成一种习惯。因此，教练员把示范教学法与学员模仿学习二者有机结合起来，达到提高教学质量的目的。

教练员应用示范教学法实施步骤

步骤	教学内容
一	教练员将一个复杂驾驶动作进行分解
二	教练员对分解后的动作进行简单的讲解
三	学员边听讲解，边观察教练员的示范动作
四	学员进行模仿练习，掌握基本动作要领
五	教练员将分解动作组合，示范连贯动作
六	学员在熟练分解动作的基础上，模仿练习连贯动作
七	学员经反复模仿练习，熟练掌握驾驶动作
八	教练员继续实施下一个动作的示范教学

3. 模拟教学法

模拟教学法是通过利用某种教学手段创造一种情境，学员在这种情境下反

复练习，进而获得知识和技能的方法。模拟教学的意义在于设置一种和谐的、

身临其境的教学环境，拓宽教学渠道，调动学员学习积极性，增强教学的互动性，架构起理论与实际相结合的桥梁，促进教学相长。驾驶模拟教学法是指在教练员指导下，学员在模拟设备或模拟场地预设的驾驶环境中，进行技能训练的一种典型的互动教学法。

汽车驾驶模拟训练的目的在于基本操作动作的方法学习与练习量的积累，克服初学时对真车操作的恐惧感，培养为实车场地驾驶和道路驾驶而进行的驾驶技能的准备训练。通过模拟教学，可以帮助学员理清行车概念，掌握操作方法，明确心智顺序，学会判断思路，系统完整地掌握汽车驾驶知识，大幅度地提高实车训练效率，解决在现实环境中无法完成的教学内容。

教练员应用模拟教学法实施步骤

步骤	教学内容
一	教练员课前准备，包括模拟教学设备的准备
二	教练员简练地讲解，说明模拟训练的目的、模拟设备的使用方法
三	教练员进行动作示范、讲解
四	学员模仿练习，教练员实施监督，及时纠错
五	教练员对模拟训练进行讲评

4. 案例教学法

案例教学法是运用案例进行教学的方法，是一种动态的、开放的教学方式。驾驶案例教学中，学员被置身于特定的驾驶情境中，在不充分了解信息的条件下，对复杂多变的、跨越时间和空间的驾驶场景，独立地做出判断和决策，在这过程中，锻炼综合运用各种理论知识、经验分析和解决问题的能力。典型事

故案例教学中，通过向学员展示典型交通事故经过、发生与结果，系统地提出在遇到各种各样的危险情况时分析、判断和应急处置方法，从学员心态和驾驶行为的观察、判断、决心和动作等方面，分析和解决问题。

案例教学改变了传统的以教练员和教材为中心的灌输式教学，重视学员思维的不断深化，并在力图对一个问题寻找多种解答的过程中培养学员形成结构化思维。案例教学引导学员通过案例的分析推导、运用概念较好地解决实际问题，有利于学员的主体性、主动性、自主性的发挥，使学员形成正确的安全驾驶观念，养成规范操作习惯。

教练员案例教学法实施步骤

步骤	教学内容
一	教练员课前准备，编写授课教案
二	教练员列举典型案例进行讲解、分析
三	学员对教学内容要求的典型案例进行分析、判断
四	学员使用教学设备体验紧急情况下应急处置
五	教练员对学员的问题和疑难进行解答

三　教学方法的选择

教练员应根据各阶段目标组织实施教学，并结合整体目标，正确地把握所承担的具体科目以及每个课时所要达到的教学目的和教学任务，根据学员、教练员和教学条件，准确的选择教学方法。

1. 根据学员特点选择教学方法

教练员要根据学员对知识的学习能力选择教学方法。学员知识、智商、生理和心理等诸方面的差异，影响其对知识的学习能力，例如，有的学员动作掌握快，而有的学员动作掌握慢。教练员要以人为本，在了解学员的生理和心理特点、学习的自觉性和学习态度、对各种教学方法的接受程度等的基础上选择合适的教学方法。如果学员学习水平高，学习能力强，可以多采用讲授、自学辅导、练习等方法；如果学员学习水平低，学习基础较差，则可以多采用演示、示范等更为直观的方法。

2. 根据教练员自身特点选择教学方法

选择教学方法要符合教练员自身的个人特点，包括教练员对教学方法及其运用范围的了解程度、运用教学方法的能力水平、教学风格和习惯等。教练员要注意扬长避短，全面提高自己的教学水平的同时，选择自己擅长的教学方法。例如，口头表达能力强的教练员，运用讲授教学法效果较好；擅长操作教学的教练员，运用演示教学法、模拟教学法等教学效果较好。

3. 根据教学内容选择教学方法

教练员要根据不同的教学内容，选择教学方法。不同教学科目、内容，对应的教学方法是有一定差别的。理论教学主要选择讲授、演示、自学辅导和讨论等方法。实际驾驶操作教学则主要选择示范、模拟、练习、训练与复习等教学法。但有些方法不是独立的，有很多是相互交叉。一般情况下，驾驶操作教学往往需要有理论教学的手段来辅助，例如，示范与讲解，练习与讨论往往是交织在一起的。因此，选择教学方法就需要有具体的针对性，但不是唯一性，要根据教学需要综合考虑，选择最佳教学方法。

4. 根据教学条件选择教学方法

各种教学方法实施的步骤不同，要求的教学时间会有差异。教学条件的不同也会对教学方法的选择有限制作用。因此，一方面，应当根据《机动车驾驶员培训机构资格条件》的要求，积极地配备教学设备，为教练员组织教学创造好的条件；另一方面，教练员应当根据教学大纲以及预先的教学安排，合理选择教学方法，并在限定的时间内完成教学任务。

四　实操教学中的安全保护

驾驶操作教学大多数时间都是在动态中进行，由教练员适时提示学员完成一系列控制车辆行驶的操纵动作，是一种动态而又危险性大的操纵控制过程。教学过程中，经常遇到既要学员体会控制车辆的极限程度（或称为发生危险的临界点），又要确保安全行驶，同时还要防止由于学员技术不熟练而出现的错误动作所产生的危险情况。教练员具备教学风险意识和安全保护能力，是保障教学行车安全，完成教学任务的关键环节。

1. 教学保护方式

教练员为了教学和学员安全，必须掌握学员无法完成动作或紧急情况下，及时正确地进行处置的安全保护方法。驾驶教学的安全保护，是教练员最重的责任之一。教练员在教学过程中始终都要高度重视教学安全，尤其要保护学员的安全，安全保护对整个教学非常重要。教学中的保护可分为间接保护、直接保护和综合保护三种。

直接保护是指教练员在一侧直接操纵转向盘或制动操纵装置完成既定的操纵动作，控制行驶方向或速度，这种保护方式通常是在学员对机件操纵不熟练和处置突然情况时使用。教练员主动控制操纵装置，学员处于被动服从状态。

间接保护是指教练员通过语言或手势指导学员完成既定的操纵动作，预见学员可能出现的驾驶错误，提前提示学员修正错误动作和行驶方向，保护操纵机件和训练安全，这种保护方式通常在学员已基本掌握操纵机件的使用方法或道路情况比较简单的情况下使用。教练员提前提示学员操作动作和处理情况，学员控制操纵装置按照教练员的要求进行操作。

综合保护，是间接保护与直接保护综合运用的一种安全保护形式，教练员的语言提示和直接操纵驾驶装置同步进行。训练初期通常采用以直接保护为主，间接保护为辅的综合安全保护；驾驶操作训练中期则开始逐渐过渡到以间接保护为主，直接保护为辅的综合安全保护。实际道路训练时，主要运用间接保护，只有遇到学员无法规避的危险时运用直接保护。保护方式的选择一般以学员掌握技能的熟练程度、教学进程和情况处置的难易而定。

2. 教学保护原则

驾驶教学过程中，教练员实施保护的时机非常关键。但无论什么情况下都采取直接保护，学员会产生依赖和被动驾驶心态，机械地听从教练员口令和手势，影响训练效果，不利于学员独立思考和训练。尤其是教练员直接保护操作过多，会使学员感到不知所措，甚至手忙脚乱，影响驾驶技能的发挥和提高，有时会产生学员对教练员有抵触情绪的负面效应。在学员操作错误或有危险动作倾向时，不及时采取保护措施，会影响训练安全，甚至引发教学事故。适时恰当地进行教学保护，对保证教学安全至关重要。

（1）保持正确的教学姿势。教练员指导学员驾驶训练时，学员直接控制操纵机件，教练员只能在一侧控制部分操纵机件。由于教练员所出的位置与学员不同，操纵的角度有所区别，操作时有一定的局限性。教练员在教学过程中，要保持正确的驾驶姿势，在副驾驶座位，上身保持正直，两眼目视前方，右脚放在副制动踏板下方，左手放在驻车制动操纵杆右侧或左腿上，训练初期右手可握住扶手。

根据教练车教学辅助操纵件的配置不同，教练员的驾驶姿势和操作动作有

所不同。教练员要在所处位置能熟练掌握转向、制动、换挡、加速的安全保护操作方法，适应在学员出现错误或发生险情时迅速有效的采取安全保护措施。

（2）提前判断情况，提示精练准确。由于学员的反应过程和机械的传递需要一段时间，驾驶教学过程中，教练员要针对学员的驾驶特点和接受能力，预想一些安全保护措施和处置方法，以免临危手忙脚乱，束手无策。判断情况要有预见性，对学员的提示语言和指挥手势要提前下达，使学员有充分的思想准备。手势和语言要精练准确，让学员迅速理解意图，及时进行处置。切勿在危险已降临时，再匆忙采取保护措施。

（3）注意学员心态，克服心理障碍。学员最初训练时，由于对车体的动感或环境不适应，心情一直处于紧张状态，操作时经常会不知所措。随着动作逐渐熟练，车速不断提高，道路情况增多，部分学员的心理障碍开始增多，遇到较复杂的情况不知如何处理，往往会出现操作失误，而操作的失误又产生反射效果，造成慌乱和恐惧感。教练员要随时注意学员的心态，善于分析学员的心理特点，及时掌握学员心理动态，积极启发、诱导学员克服心理障碍，轻松自如地学习驾驶。教练员在采取保护措施时，对学员厉声厉色，会加剧学员的紧张情绪和恐惧感，导致更大的失误甚至教学事故。

（4）控制教学车速，杜绝随心所欲。安全保护有一定的前提和范围，超过了保护能够承受的限度，发生危险的几率会成倍增加。有效实施保护的最基本的前提和范围就是将车速控制在教练员有把握控制的安全保护范围内，并且保证车辆沿着正确的行驶路线前进。驾驶教学中，由于学员对速度的判断不准确，不能理智的控制速度，对驾驶危险没有感性认识，往往不能将速度控制在安全范围以内，从而引发教学事故。教练员要严格遵守限速规定和训练速度要求，不能让学员随心所欲的加速行驶。

（5）保持高度警惕，避免麻痹心理。驾驶教学事故发生的主要原因都是由于教练员的麻痹心理、学员不能有效地控制车辆造成的。教学前期发生的事故，主要是学员技术生疏、操纵失误和教练员放松警惕、措施不当引起的。教学后期发生的行车事故，往往都是发生在成绩较好的学员身上，主要是因为教练员思想麻痹、放任学员出现驾驶错误造成的。教练员放松警惕、麻痹大意，过高地估计学员能力，一旦学员出现驾驶失误或操作错误，就会错过保护的最佳时机，事故也就在所难免。因此，对事故防范的警惕性，要贯穿整个教学过程，教练员任何时候都不能有麻痹心理，才能及时有效采取保护措施。

（6）动作敏捷迅速，冷静果断处置。驾驶保护中，教练员是否能冷静果断地处置和动作的敏捷程度如何，直接关系到保护的成功率。教练员实施保护动作敏捷迅速，可以提高安全保护效果。教练员对情况的冷静果断处理，往往会对学员的心理产生自信的良性影响。教练员平时要多进行安全保护动作的练习，在教练员位置上反复演练制动和控制转向盘的动作，做到熟练准确，运用自如，避免动作失误和拖泥带水，提高动作的敏捷程度和保护效果。无论遇到什么紧急情况，教练员都不能麻痹、犹豫、惊慌失措，而应保持冷静，果断处理。

（7）发挥学员作用，培养保护意识。发挥学员的自我保护作用，对保障行车安全和提高学员驾驶技能都是非常重要的。学员对车体的感觉能力、控制车辆的感觉能力和感知误差的修正能力，是确保学员行车安全不可缺少的能力。培养学员的自我保护意识，可以减轻教练员保护的压力，有效降低教学事故的发生几率。教练员在教学过程中，要重视发挥学员自身的作用，细心指导，循循善诱，结合安全保护案例，让学员了解驾驶教学的风险性，提高对教学安全保护认识，使学员的自我保护能力逐步得到提高。

（8）坚持预防在先，做好安全保护。安全保护坚持预防在先，就是对教学过程中各种险情和容易出现的突然情况进行预想和预计，只有做好充分的思想准备，对险情作出正确的预想，才能临危不惧，遇险不乱，采取有效安全保护措施。教练员要注意掌握学员发生事故的时机规律，对可能出现的不安全因素提前进行预防，例如，学员在初期，容易出现操作错误，打错方向，错把加速踏板当制动踏板等现象；后期容易出现麻痹、骄傲、车速快等现象。教练员在教学中有针对实际情况采取相应的预防措施，才能在采取安全保护时心中有数，胸有成竹，避免教学事故的发生。

3. 转向保护方法

教练员操纵转向盘时，靠单手控制完成。一般情况下，教练员左手握在转向盘的右上角、学员右手的上方，以扶为主，根据安全保护的需要推、拉转向盘。驾驶训练初期，教练员可将左手扶在转向盘上，不能握紧或强行推、拉转向盘，以学员自己操作为主，只有在无法控制学员的操作行为时，采取安全保护措施，动作可生硬带有强制性。随着学员操作的不断熟练，教练员要培养学员克服依赖性和懒惰，自主地操纵转向盘，充分体会转向盘的运用方法。教练员原则上用语言或手势提示学员进行操作，只有在遇到紧急情况时，方可采用左手强行推、拉或双手操纵转向盘的方法进行处置。

4. 制动保护方法

驾驶教学中，教练员用右脚控制副制动踏板，左手控制驻车制动器操纵杆。驾驶训练初期，教练员可将右脚放在副制动踏板踏板上，左手放在便于操纵驻车制动器操纵杆的位置，随时准备采取制动安全保护措施。需要制动时，教练员右脚前掌放在副制动踏板上，根据学员的操纵情况进行辅助制动。学员采取制动量不足，教练员可适量踏下制动踏板进行补充；学员采取制动过量，教练员可将右脚面插入副制动踏板下方，向上撬抬踏板，也可在用语言提示的同时用左手抓提学员右腿，减小制动量。使用驻车制动器减速时，教练员左手拇指按住操纵杆按钮不要放松，根据情况需要拉紧或放松操纵杆，除停车以外，不得将驻车制动器操纵杆一次拉紧到底。遇有紧急情况时，教练员可用左手抓紧转向盘控制方向，防止学员慌乱中转向而发生危险，右脚强制踏踩制动踏板减速或停车。

5. 换挡保护方法

换挡操作训练，主要以学员自己操作为主，教练员根据学员的操作情况进行提示或指导，必要时用左手直接操纵变速器操纵杆进行换挡。学员刚刚开始学换挡时，经常会找不准挡位或挂错挡位，造成错过换挡时机或发动机熄火。遇到学员不及时加减挡、选择挡位错误或迟迟挂不上挡时，教练员要迅速将变速器操纵杆挂入能够正常行驶的挡位，避免车辆闯动或熄火。教练员需要直接操纵变速器操纵杆时，需要摆脱学员对变速器操纵杆的强硬控制，或将学员握变速器操纵杆球头的手移开，或用语言提示学员放手，必要时可用力强制进行挂挡，避免学员强硬的动作阻滞教练员换挡，出现发动机熄火、突然停车及其他教学事故。

6. 加速保护方法

装有副加速踏板的教学车辆，例如大型货车，教练员可用右脚直接控制踏板。驾驶训练中，教练员要根据学员的操纵情况，辅助控制加速踏板。学员不敢加速或踏下踏板的量不足时，教练员可直接踏下踏板，提高发动机转速。学员松抬加速踏板不及时或错误的猛踩加速踏板时，教练员可将脚插入加速踏板下面，用脚面向上撬抬加速踏板，降低发动机转速。没有安装副加速踏板时，教练员在用语言提示的同时，可用左手抓提学员右腿，

7. 停车保护方法

停车教学训练有靠边停车、预见性停车、临时停车、紧急停车等，不同情况的停车，操作要求和方法不同。学员在训练过程中，很难根据停车方法选择正确的操作，经常会出现停车过急或停不住车的现象，极易发生追尾或被追尾

事故。遇到学员停车过急时，教练员在用语言提示的同时，可将右脚面插入副制动踏板下方，向上撬抬踏板，左手扶住转向盘，避免紧急停车。遇到学员不能及时停车时，教练员可适量踏下制动踏板，避免追尾事故。

复习思考题

1. 驾驶培训教学的原则是什么？
2. 驾驶培训常用哪些教学方法？
3. 怎样选择驾驶教学方法？
4. 实操教学中怎样进行安全保护？

模块五

教练员怎样培养学员的安全文明意识

一 强化安全驾驶知识传授

传授安全行车知识和安全驾驶方法，培养学员安全驾驶理念，是驾驶教练员教学工作的核心内容。教练员的驾驶态度和理念，直接影响学员的驾驶行为。教练员正确的驾驶态度、安全教学意识、安全驾驶理念，是培养安全文明驾驶学员的土壤。教练员在驾驶教学中，要正确认识教学过程中影响教学安全的因素，始终坚持安全教学理念，规范驾驶教学行为，运用预见性安全驾驶教学方法，让学员养成良好的安全驾驶习惯，安全独立地驾驶准驾车型。

1. 教练员的安全意识和理念

教练员的安全意识具有主观能动性，对教学活动有着调节作用。安全意识是安全教学的灵魂，教练员把安全意识贯穿到教学中，以达到培养学员安全意识的目的，这是确保安全教学的关键。

教练员的安全意识，是在教学过程中对可能造成自身、学员和他人伤害的意外情况或事故所保持的一种戒备和警觉的心理状态。教练员的安全意识对教学安全、学员的安全及安全驾驶行为具有决定性作用，而对不安全行为具有抑制作用。教练员安全意识的高低，取决于教练员出行和教学时的安全需要及对教学中危险因素的认识能力。安全需要过低就会漠视生命，危险认识能力不足往往表现为冒险蛮干而忽视危险的存在。

教练员具有较强的安全意识，既是对自己的安全负责，也是对学员和社会负责。对自己负责不仅满足保障自身安全的需求，更重要的是要将安全意识通过教学，灌输给

学员。缺乏安全意识的驾驶员更易发生事故，而这类驾驶员往往是由于在学习期间受教练员的影响，没有养成尊重生命的理念和安全驾驶的习惯。学员学习期间，教练员的安全意识，会直接影响到学员的驾驶道德、风格、理念和驾驶行为习惯。

安全驾驶教学主要体现在遵纪守法、珍爱生命、安全驾驶、文明行车、减少事故、确保行车安全等方面。安全驾驶理念的核心是安全责任意识，主要包括社会责任意识和遵章守法意识。安全责任意识是教练员的精神灵魂，教练员既要对自己的安全负责，又要对学员的安全和社会的公共安全负责，让自己的安全意识、思想能够融入到学员学习当中去。对学员负责、对未来的道路交通参与者负责，是教练员精神境界的具体表现。

教练员要有合理的知识结构和丰富的专业知识储备，并且能够随着道路交通安全法律法规、车辆技术和现代化教学手段等知识的不断更新，自觉加强业务学习，巩固专业知识。在驾驶培训过程中，教练员要注意培养学员的安全驾驶理念，不仅要教学员怎么做，更重要的是教学员为什么这样做，做到晓之以理，才有利于学员理解和掌握。教练员应教育学员学会“安全驾驶是一生的追求，避免交通事故是终生的努力”。

2. 安全与谨慎驾驶教学

安全与谨慎驾驶教学是培养学员安全驾驶行为的基础，普及安全行车知识是学员遵章守法、安全行车的重要前提。教练员在教学中，要让学员掌握必要的安全行车知识，不仅让学员明白为什么要这样做，而且让学员知道如不这样做会有哪些潜在的安全隐患，才能使学员在处理道路交通情况中具备独立分析问题和解决问题的能力。

集中注意力教学，要培养学员在各种交通情况和外界干扰条件下，始终集中注意力观察车辆周边交通情况的能力。教学中教练员不仅要向学员强调集中注意力对安全驾驶的重要性，而且要让学员认识到行车过程时刻伴随着各种危险的存在，瞬间的粗心大意和疏忽，都可能酿成交通事故。还要教会学员在不同交通环境中正确地评价自己的驾驶能力和采取必要的预防措施，经常保持对周边情况的观察，即使在比较熟悉的路段也要高度集中注意力，根据自己的承受能力，确定驾驶时间和行驶速度。

仔细观察教学，要注意培养学员集中注意力对周边道路交通情况的观察能力，教会学员如何从最佳视角观察道路情况，合理分配和转移注意力，及时发现道路上的障碍和危险。教学中教练员要提醒学员经常观察后视镜，利用后视镜观察交通情况，必要时可通过转头的方式进行观察；对于车内无法看到的盲区，要下车进行观察，确认安全；在交叉路口右转弯时，不仅要观察交通信号灯、交通标志标线，更重要的是要观察左后方、左前方、右前方的道路情况；在有人行横道的路口要注意观察行人的动态，做好停车让行准备。

提前预防教学，主要是培养学员及时预测潜在的危险，提前作出正确应对措施的能力。要求学员能够观察和正确判断潜在的危险，对可能出现的危险及时作出正确地反应，采取预见性驾驶。教学中，教练员要向学员强调观察危险是预见性驾驶的前提，发现危险并采取恰当措施是预见性驾驶的最终目的，任何时候行车都要考虑危险的存在，侥幸心理、麻痹大意和盲目驾驶都是发生事故的重要诱因。

3. 预见性驾驶方法教学

交通事故多是因为驾驶员对危险的认识不够，或者已经认识到了危险，但在判断时有失误而造成的。提高预测危险的能力，做出正确判断，是安全驾驶的一个很重要的方面。能意识到潜在危险的驾驶叫防范驾驶。存有侥幸心理的驾驶叫主观驾驶。防范驾驶能避免很多事故的发生，主观驾驶则容易发生事故。教练员在教学中，要培养学员的危险意识，让学员明确驾驶机动车是一种危险的行为，稍不谨慎，就会危及到自己和他人的生命，造成车毁人亡的交通事故。

培养学员的防范驾驶意识，是防止交通事故发生的一个必不可少的教学要点。防范就是要提前做好对意外情况的预判，把一些可能发生的情况都充分估计到，采取安全的防范措施。例如，在城市街道行车，没看见行人，就认为没有行人，不减速行驶，是很危险的。没看见不一定是不存在，要意识到车辆、障碍物的后面有可能会突然跑出行人。通过交叉路口一定要减速，即便是在绿灯亮的情况下，也要做好有人或车辆违法闯入路口的准备。前方停有一辆公交车，就要预测到有可能会有行人从公交车前面走出。

提示学员注意观察死角、视线盲区，预测可能存在的危险，是在教学过程中容易被忽视的内容。教练员要让学员学会判断在实际的道路上经常会遇到一些观察死角，要严格按照“没看见不一定不存在”来判断死角可能会出现什么样的危险。例如，两侧都停有车时，两侧都形成死角，必须对两侧都进行观察。因为儿童个子矮，即便是小轿车这样不高的车辆也容易形成盲区，由于儿童步行速度慢，盲区时间会延长。交叉路口处有很多的盲区，并且有很多重要的信息，有必要进行正确的判断，只注意到了从左边过来的车辆，却未发现从右边过来的摩托车，而当发现时，为时已晚。在同一转弯处，是否存在障碍物，盲区的范围不同。一般情况下，在转弯处盲区的范围较大，若存在有障碍物的话，在同一个转弯处，盲区的范围就会更大。

侥幸心理是发生交通事故的重要诱因，学员在技术不过硬、经验还不足时，常带着一种紧张的、怕出事故的心情来驾驶，时刻担心自己的行为会造成危险，表现得小心翼翼，而一旦自己认为熟练了，驾驭行为会在不知不觉中转变为主观驾驶。能熟练驾驶，既有积极的一面，又有消极的一面。积极的一面是可以根据经验很容易地预知危险。消极的一面是容易变成主观驾驶，从而犯一些基本的操作失误。在教学中，教练员始终要强调侥幸心理的危害，可以举一些现实的事故案例教育学员，预防学员的“主观驾驶”行为。

二 注重文明礼让驾驶习惯的养成

“文明是一种意识，礼让是一种行动”。培养安全文明的高素质驾驶员，是夯实道路交通安全基础的重要保障，是提升人民群众生活品质的重要方面。学员文明礼让驾驶习惯的养成，要从第一天学习驾驶开始。教练员要从日常的点滴出发，安全文明礼让的教育始终贯穿于教学全过程，注重增强学员遵守优先通行与安全礼让的道德意识；培养学员尊重行人、敬畏生命、遵循公共道德；强化学员文明驾驶知识的学习；教育学员在驾驶机动车通过人行横道、学校区域、公共汽车站等人群聚集区和遇到卫生急救、消防救灾等特种车辆时主动礼让；努力培养安全文明的、高素质的驾驶员。

1. 文明驾驶

文明行为标志着人类的进步、开化，是有益于他人和社会的行为，是人们在社会公共生活中符合社会公德的行为。文明驾驶体现在每一个驾驶员的日常行车中，文明行车、规范驾驶，是每个驾驶员的自觉行为准则。积极营造文明有序的行车环境，要从文明驾驶开始。教练员要注意培养学员的道德修养，使学员养成良好的文明行为习惯；鼓励学员之间要互相学习、互相帮助，取长补短；告诉学员对善意提醒要虚心学习，认真听取，在一些细小的做法上都要注意良好行为习惯的养成。

文明驾驶的核心是珍爱生命。交通事故不仅会给受害者带来灾难，而且也会给受害者的家人带来很大的不幸。教练员要把文明驾驶、敬畏生命的理念贯穿整个教学过程，教育学员尊重自己和他人的生命，文明驾驶、安全行车，遇到违法行驶、占道抢行、强行超车等不文明的行为，要保持良好、冷静的心态，谨慎处理，礼让行车，时刻牢记安全第一，生命高于一切。

教练员在驾驶教学中，要对学员进行安全驾驶的习惯养成教育，培养学员安全驾驶、文明行车，不开英雄车、冒险车、赌气车和带病车的良好驾驶习惯。让学员能够正确评价自己的驾驶能力，牢记谨慎驾驶的三条黄金原则，做到安全行车，文明礼让。

2. 礼让行车

“礼让”是一种积极的生活态度，包含了一个人对他人、对社会的智慧与美德，是传统道德中既重要而又广为人知的道德规范。“礼让”作为公共交通最基本的道德规范，在文明交通中具有重要意义。道路交通法规为保障所有人能安全顺畅地通行而制定了尽可能最小限度的限制，但实际驾驶时还会出现许多仅靠交通法规所无法解决的问题。解决这些问题的关键就是要相互关心和互相礼让。

礼让行人是以人为本、珍爱生命理念的具体体现，也是对弱势群体的尊重。这种礼让是基于现代人类文明的一种理念：相对于驾车者，行人处于弱势地位；强弱相遇，则强势一方有责任让渡一部分权利给弱势一方，从而让对方取得优先的权利。教练员在教学过程中，要注意培养学员礼让行人的意识，不仅在斑马线前礼让行人，在任何情况下驾驶机动车与人相遇，

都要礼貌减速，甚至停车让行人安全通过。霸道逞强，强行开“霸王车”，逼迫行人让路，是缺乏守法意识和公德的表现。当人车和谐，人行横道真正成为行人的安全通道时，交通秩序一定会大为改观，交通事故一定会大幅度减少，社会一定会更加文明和谐。

教练员在进行通过交叉路口的教学中，要强调平面交叉路口是机动车、行人和自行车等各种交通参与者相互交织的路段，容易形成交通冲突，引发交通事故。安全驾驶、礼让行车，杜绝违法行为和不文明行为，能有效地缓解路口压力、避免路口交通冲突、减少交通事故。要培养学员路口文明礼让的意识，注意观察路口的交通动态，不仅要礼让遵章守法的行人和车辆，更要注意对那些在路口不文明、不守法的行人和车辆的避让。强调路权，与行人争道抢行，都是不道德的驾驶行为，也是非常危险的。

几种在平面交叉路口发生冲突情形时的礼让

驾驶行为	危险情形	礼让方法
直行通过路口	与左右侧闯红（黄）灯的直行车辆和行人发生冲突	通过路口前，要减速观察，必要时停车让行，不要贸然加速通过；绿灯亮时，也要预防有违法车辆和行人冲进路口
路口左转弯	与对向驶来的右转弯车辆发生冲突	减速慢行，看到对面车辆抢行右转弯时，要保持平和的心态，让右转弯的车辆先行
路口右转弯	与右侧车道左转车辆和右侧行人或自行车发生冲突	减速或停车观察右侧道路情况和行人或自行车动态，礼让车辆、行人或自行车先行
通过人行横道	与横过路口的行人或自行车发生冲突	遇行人通过人行横道时，要减速或停车避让，不得与行人抢行或加速从行人前、后方绕过；遇到老年人和儿童，不能鸣喇叭催促
路口掉头	与对向驶来的直行或转弯车辆发生冲突	注意观察对向车辆的动态，看到对向车辆直行或左转时，要及时停车等待，不得抢行掉头
驶入高速公路行车道	与高速公路行车道内正常行驶的车辆发生冲突	在加速车道将车速提到 60km/h 以上，在不妨碍高速公路行车道上行驶车辆正常通行的情况下驶入行车道

教练员在进行教学时，要注意学员的驾驶礼让行为的培养，强调违法驾驶和侵犯性驾驶行为，会引起交通冲突。当遇到其他驾驶员违法驾驶或不良行为侵害时，如果以自我为中心的行动意识变强，容易失去自制力，往往会产生着急、焦虑、愤怒、随众等心理，开斗气车、赌气车，这些心理状态都是很危险的，容易引发交通事故。要注意培养学员文明礼让意识，行车中要保持冷静的好心态，当觉察到处于一种心理不安状态时，为了使心情恢复到平静状态，可试着用第三者冷静的眼光来观察自己的心情，是否有焦虑、强行驾驶、兴奋的表现。强调路权，对驾驶侵犯者进行报复或争道抢行，不仅不能解决问题，反而会导致冲突升级，甚至引发交通事故。**切记：忍一忍心平气和，让一让道路畅通。**

几种典型驾驶行为发生冲突情形时的礼让

驾驶行为	危险情形	礼让方法
在交通拥堵路段行驶	与突然强行加塞的车辆发生冲突	保持平和的心态，注意避让，不开斗气车、赌气车，更不要故意不让或采取危险的报复动作
经过停有公交车的车站	与公交车前突然跑出的行人或起步后突然向左弯道的公交车发生冲突	提前减速，与公交车保持足够的横向安全间距，注意观察周边的动态；预测到危险时，要及时停车礼让，不得加速或持续鸣喇叭强行通过
路侧有玩耍的儿童	与玩耍的儿童发生冲突	提前降低车速，与儿童保持较大的横向安全间距，注意观察其动态，不要连续鸣喇叭提示
遇前方车辆突然掉头	与掉头的车辆发生冲突	注意减速或者停车避让，对违法掉头车辆，要提防其突然制动或改变行驶路线，不要连续鸣喇叭催促或抢行
后车近距离跟行且不停鸣喇叭或变换灯光	与后方跟行车辆发生冲突	可换位思考，后车很可能时间紧迫或有紧急需要，及时减速靠右让行或通过手势示意其先行，不要斗气不让
遇前车无故占道慢行	与前方慢行的车辆发生冲突	可换位思考，前车驾驶员可能是新手，或不熟悉地形在寻找路口，要保持安全距离跟行，不要强行从两侧超越
遇对向来车占道行驶	与占道行驶的对向来车发生冲突	提前减速或停车，可鸣喇叭或变换灯光提示对方，密切观察对向来车的动态情况，不可盲目向左或向右避让

续上表

驾驶行为	危险情形	礼让方法
遇对向来车占道强行超车	与占道强行超车的对向来车发生冲突	为了安全，可采用减速后停车的方法，尽可能让出车道让对方来车先行
障碍物路段会车	与障碍物对面的来车发生冲突	减速慢行，观察对向来车意图，可适当鸣喇叭或变换灯光提示；发现对方车辆抢行超越障碍物时，减速或停车让行
夜间会车	与不变换近灯光的对向来车发生冲突	变换远、近光灯提示对方，对方仍使用远光灯时，要及时减速或靠边停车避让，不要使用远光灯对射

三 重视驾驶危险性的教育

合格的驾驶员，不仅要求有熟练的驾驶技术，更重要的是要具备防范危险的意识。技能培养固然重要，但是不具备防范危险意识的驾驶员，即使技术再高，也会经常发生交通事故。因此，教练员要重视驾驶危险性教育，强化在道路上行驶、通过路口处、特殊路段和气象条件行车等情况下存在的危险教学，培养学员安全驾驶行为的责任感，正确认识驾驶的危险性，正确评价自己的驾驶能力，严格遵章守法，理智驾驶机动车，这对防止道路交通事故的发生是十分必要的。

1. 危险性教育的必要性

教练员在教学过程中重视驾驶危险性教育，对学员的安全意识培养十分重要。道路上的交通情况瞬息万变，危险随时都会出现，事故瞬间可能发生，复杂的道路交通情况，随时都会出现意想不到的险情。只要具备一定的防范风险意识，应急措施到位，就会避免危险和事故的发生。要让学员知道驾驶机动车时刻都面临着危险，任何一点疏忽，都会威胁交通参与者生命财产安全，损害公众的利益，给社会带来危害。

机动车是移动的危险，驾驶机动车是具有高风险的社会行为，是对周围环境有高度危险的作业。驾驶员生理心理不适应、违法驾驶行为和不文明驾驶行为，都是导致驾驶危险的主要因素。教练员在教学中，要帮助学员分析自身容易出现的危险行为，充分认识驾驶危险性的社会危害，及时纠正学员的不良驾驶行为，培养遵章守法、安全文明驾驶的习惯，规避因违法驾驶行为或驾驶错误导致的交通事故。

教练员培养学员防范危险的意识，就要培养学员遵章守法、安全文明行车的理念，并贯穿教学过程始终。让学员认识到在享受机动化带来舒适、便捷的同时，危险也随之降临。交通事故严重影响着人们的正常生活和出行，交通现状已经影响到道路通行秩序和社会安定。应教育学员不能漠视生命，牢记生命无价，树立高度的社会责任感，将安全驾驶和安全礼让有机结合，使学员能够充分理解和体谅其他交通参与者的行为，本着对自己和他人生命尊重和珍爱的原则，自觉遵守道路通行原则，采取预见性驾驶方式，文明行车，确保行车的安全。

2. 在道路上行驶存在的危险

道路上明显存在的危险，一般通过观察可以直接发现。这种观察来自于交通信号的提示和直接能够看到的障碍或危险行为。道路上设置的警告、禁令、指示交通信号，主要是告诉交通参与者前方路段有危险。路边的障碍物、路中遗撒物、横过道路的行人、路边玩耍的儿童、停在路中的车辆、路边行走的动物、明显违法行驶的车辆等，构成的能够提前看到的动态危险。遇到这类明显的危险，只要提前注意防范，就会化险为夷。

道路上潜在的危险，是引发道路交通事故的罪魁祸首。往往有些已发现的或者尚未发现的情况似乎没有危险，实际却存在着致命的潜在危险。在车辆行人各行其道、车辆行人少、视线好、没有明显路口和急弯等有条件提高车速的环境下，看似没有危险，往往容易使驾驶员放松警惕，忽视危险的存在，一旦遇到行人、机动车、非机动车、动物等突然出现或违法通行，很容易造成恶性事故。行车中遇到情况比较好的路段，不要放松对危险的提防，应集中注意力，谨慎驾驶，这种潜在的危险有很多线索是可以提前发现的。

3. 通过路口处存在的危险

在有信号灯控制的路口，驾驶员往往都认为是最安全的，但实际存在潜在危险，并且造成了大量交通事故。不遵守信号灯的车辆和行人会破坏正常的通行秩序，给通行造成危险。有很多驾驶员和行人不知道信号灯的作用，不去观察信号灯的变化，随意进入路口，有的甚至抢黄灯、闯红灯，构成了路口的危险。如果按照通行权加速通过，一旦有车或人闯入，必然会引发交通事故。通过这种路口时，即便是有优先权，也不能大意，要减速慢行，注意观察，防范潜在的危险。

绿灯亮时的路口，周围有很多观察不到的区域，仍然是危险汇聚的地方。遇其他车辆遮挡视线，驾驶员的视野将会变得更加狭窄。直行与对向左转弯的车辆形成交叉点；直行遇右侧右转弯的车辆会遮挡视线；两侧有大型车辆遮挡视线的区域出现其他车辆或行人，极易引发事故；转弯时，行人、非机动车及个别车辆闯红灯或斜穿路口会阻断通行路线，也会造成险情。因此，在绿灯亮的路口通行时，也要注意预防各种危险。

交叉路口交织点多，属于危险区域。在没有信号灯的路口，往往危险会随时出现。尤其在通行权不明确的路口，车辆、行人会随意通过，互不礼让，危险因素多，事故发生率高。简单的判断或盲目地通过路口，都会因不同方向的车辆、行人的违法行为，引发事故。在没有信号灯的路口，即便处在优先通行的位置，也要考虑到其他交通参与者可能会抢行通过，应注意观察，减速慢行，注意防范其他车辆违法和出错带来的危险。

环岛的出口与入口处，由于车辆无规律的变道，会出现交通混乱，构成危险。最内侧车道的车辆驶出环岛时，会对处在右侧第二或第三车道的车构成威胁。同一车道的前车驶出时减速过急，也会对后车构成严重威胁。如果出现一辆随意变道的车辆，就会雪上加霜，危险接连不断。进入环岛，要注意驶入车辆占道构成的危险；驶出环岛，要注意驶出车辆占道构成的危险。

4. 特殊路段和气象条件行车存在的危险

驾驶车辆通过人车稠密路段、下长坡路段、浓雾路段或雨、雪、潮湿、泥泞、结冰等路段时，危险随时存在。在人车稠密的路段，人车随时可能变化，危险也会随时出现。下长坡长时间使用行车制动，制动器就会因为剧烈摩擦而温度升高，从而使制动效果急剧下降，严重时会使制动失效。雨、雪、潮湿、泥泞、结冰等路段，急减速、急制动、急转向都会发生侧滑，造成车辆失控。冬季雨雪后，阳光照射到的地方是干燥路面，而阳光照射不到的局部路段仍是潮湿、泥泞、有雪及结冰的危险路段。特殊路段和气象条件下行车，要格外谨慎小心，提前采取防范危险的措施，避免出现驾驶错误。

四 突出危险源的分析和预测

道路上的危险源，往往最容易出现险情，是直接引起人员伤亡、财产损失或环境破坏的根本原因，是导致交通事故发生的主体，并决定事故后果的严重程度。驾驶培训过程中，教练员要根据培训教学要求，强化学员掌握必要的分析和预测危险源与险情的知识，帮助学员学会分析和预测典型危险源与险情，正确地辨识危险源，对道路状况、交通情况和周围环境进行主动观察，预见性地进行分析和判断，对前方潜在的各种交通风险作出预先估计，并及时采取相应的预防措施。能有效规避危险，减少由于操作错误或失误而导致事故。

1. 跟车行驶危险源分析

车辆追尾事故是发生较多的交通事故类型之一，主要原因就是前后车辆之间的距离太近，后车行驶速度过快。

跟车行驶时，前车对于后车就是一个危险源，前车的行驶速度、行驶方向随时都会发生变化，驾驶机动车时要预见到前车随时都会减速、制动或者紧急制动。如果跟车距离过近、车速过快或者前车制动灯亮时后车来不及采取应急措施，必然会发生追尾事故。

对于行驶中的前车，后方跟随的车辆也是一个危险源，尤其是跟行在大型车后方的小型车辆，更不容易被发现，危险性更大。遇车流行驶缓慢、天气或路况较差，特别是在能见度低或前方路面很难判断时，后车一般会紧紧跟随前方车辆行驶，前车驾驶员应时刻保持警惕，避免发生事故。

2. 会车危险源分析

车辆交会过程中，道路交通情况随时都会发生变化。对向车辆的车型、车速、装载和行驶状况，会车地点的障碍物，对向车辆后方的行人、车辆、牲畜，窄桥、坡道、隧道、涵洞、急转弯及路面情况，都会对会车构成危险。侵占对向车辆行驶路线，使会车横向距离变小，容易发生刮碰事故，因此一些不正确选择行车路线，违法占据对向车道行驶的现象，是造成道路拥堵、引发交通事故的重要原因。不注意观察对向车的动态，对车后的情况没有预防，或在不具备会车条件的路段强行交会，就会引发交通事故。

3. 超车危险源分析

超车是一种危险的驾驶行为，每超越一辆正常行驶的机动车，就会面临一

次发生交通事故的危险。被超越的车辆和将要进入超车道的车辆都存在着安全隐患。超车过程中，被超车辆突然变道、车道有障碍、对面有车辆对向驶来，都会非常危险，甚至引发交通事故。

4. 变更车道危险源分析

驾驶车辆超车、通过路口、绕过障碍、转弯、靠路边停车时，都需要变更车道。行驶的车辆、路口、障碍、弯道、行车道上的突然情况等对于变更车道的车辆都是危险源，不同的情况所面临的危险源不同。变更车道时，不观察车辆两侧和后方道路交通情况，不开启转向灯，随意频繁变更车道或强行突然变道，连续侵占正常通行车辆的行驶路线，会形成来自各个方向的危险，严重扰乱道路通行秩序，是导致道路拥堵和刮碰、碰撞事故的主要原因。

5. 转弯危险源分析

车辆转弯时，弯道、路面障碍、车辆、行人、路边树木等都会对行车构成危险。大型车辆和汽车列车的车身较长，转弯时往往会占用较大的空间，如果转弯前不提前降低车速，选择好行驶路线，仔细观察道路及周边的情况，就有可能撞到其他车辆、行人或者刮擦路侧的树木、电线杆等。转弯行驶车速太高，轮胎失去附着力，车辆会发生侧滑，直接滑出路面。重心高的车辆，轮胎虽然有附着力，也会因离心力的作用发生侧翻。

6. 停车危险源分析

停车位置的选择、路边的低空障碍物、非机动车和行人、路边路基的情况，都是影响安全的危险因素。停车位置选择错误，停车没有考虑路边低空障碍物，停车时对路边的行人动态判断错误，雨天在路边松软路基上停车，都会发生危险和事故。

7. 倒车危险源分析

倒车与前进相比，看不见的部分（死角）非常多，操作难度大。车辆周围的情况在驾驶室内无法看到，车后的情况随时都会变化，车辆死角里停放的车辆、伏在车底下的动物、在车周围通行的行人、玩耍的儿童，防不胜防，如果观察不到，就会面临危险。倒车过程中车辆周围同样也会面临着情况的变化，突然进入死角的机动车、非机动车和行人，都会对倒车安全构成威胁。

8. 掉头危险源分析

驾驶车辆掉头有多种情况，每次掉头都会面临各种不安全的因素。在交叉路口、各种道路都会有由于某种原因需要掉头行驶的情况。在掉头过程中，路口交叉通行的车辆和行人，道路上的各种车辆、行人和障碍，拥堵路段相继掉头的车辆等，都会对掉头带来危险。不观察道路情况，不注意避让其他车辆和行人，盲目掉头，都可能引发事故。

9. 交叉路口危险源分析

道路交叉路口处，车辆和行人交织在一起，是危险因素最多的地方，也是交通阻塞和交通事故多发地段。在交叉路口抢黄灯或闯红灯的车辆和行人，右转不让行人、左转弯占用直行道的车辆，加塞、抢行的车辆等，都是引发交通事故的危险源。

10. 通过铁路道口危险源分析

铁路道口是比较特殊的平面交叉路口，路面不平整，机动车、行人及非机动车等混行，构成了铁路道口的交通危险源。驾驶员在通过铁路道口时不注意观察，盲目抢越铁路线或与列车抢行，是造成铁路道口事故多发的重要因素。

11. 山区道路危险源分析

山区道路依山傍崖，环山修建，道路条件相对较差。上下坡路段、陡坡路段、限速路段、易滑路段、事故多发路段、横风路段、施工路段、不平路段、落石路段、傍山险路、急转弯道、隧道、窄路、窄弯、桥涵、交叉路口、穿行的村庄形成路面的危险源。停在路边的车辆、行人、非机动车、牲畜、路中障碍物、路边的故障车、事故现场、违法占道的车辆、违法超车的车辆、长时间轧中心线的车辆、超速行驶的车辆等形成了动态的危险源。雨天道路、冰雪路面、雾天等形成了环境危险源。

12. 乡村道路行车危险源分析

乡村道路等级相对较低，养护条件差，道路交通情况复杂，道路交通参与者普遍缺乏安全意识和交通安全常识，占道摆摊、晒粮、放牧牲畜非常普通，尤其遇到农村集市，摊位占道，人员拥挤，交通环境恶劣，雨天容易出现泥泞坑洼、路基松软等情况，增加了行车风险。

13. 桥梁危险源分析

道路上的桥梁种类很多，窄桥、简易桥、危桥、单行桥等条件差的桥梁，危险性较大。桥两端设有限制速度、限制高度、限制重量等标志，告知有哪些危险因素，上、下桥，桥上横风、机动车、行人、非机动车、牲畜等交织在一起混合通行形成了动态的危险源。雨天、雪天、雾天等恶劣条件下，桥面湿滑等形成了环境危险源。

14. 隧道危险源分析

隧道内见不到阳光，通风条件不良，常年处于潮湿状态，汽车排放的尾气和车辆淋水装置遗留的污水，使隧道内存在很多行车安全隐患和事故陷阱。水和油污造成的道路湿滑，驾驶机动车在进入、驶出隧道时眼睛的暗适应和明适应，隧道口的横风及驾驶员隧道行车知识匮乏，安全意识淡薄，法律观念不强等，都是引发隧道交通事故的危险源。

15. 高速公路危险源分析

高速公路上车速较快，路面情况单一，路面状态、车辆动态、环境条件等都在不断地变化，存在着各种各样的危险因素。高速公路的限速路段、易滑路段、事故多发路段、弯道、横风路段、上长坡路段、下长坡路段、施工路段、立交桥、跨江大桥、隧道、匝道口、收费站等形成路面的危险源。高速公路上违法停在路边的车辆，横穿的动物、行人和非机动车，破碎的轮胎，掉在路中的货物，事故现场，违法占道的车辆，违法变道的车辆，长时间轧车行道分界线行驶的车辆，停靠在紧急停车带或者路肩的车辆，停在行车道的车辆，违法超速行驶的车辆，在高速路段低速行驶的车辆等形成了动态的危险源。雨天道路、冰雪路面、雾天道路通过高速公路等形成恶劣环境危险源。

16. 雾天行车危险源分析

雾天，能见度低，视野变窄，视线模糊，不易发现对面来车和路面障碍，跟车行驶不能准确判断距离。浓雾天气会使看到的物体变形，根本无法预见危险，雾天是行车最危险的恶劣气候。雾天行车，对车速和跟车距离的判断会出现偏差，容易发生追尾事故。另外，看不清路面标线，骑轧道路中心线行驶，会与对面来车迎面相撞。

17. 雨天行车危险源分析

雨天路面湿滑，视线受阻，路面附着力减小，制动距离增大，高速行驶容易出现“水滑”现象，使用行车制动器紧急制动容易导致车辆失控，发生横滑或侧滑。雨天行车，风窗玻璃容易形成水雾影响视线；暴雨后，低洼区域或者道路排水系统不畅的路面容易形成积水，给车辆通行带来危险。连续降雨天气，可能会出现路肩疏软和堤坡坍塌现象，车辆在上面行驶会出现路面下沉的危险。雨天忙乱躲避的行人和骑车人，也是非常危险的因素。

18. 雪天行车危险源分析

雪天道路易结冰，路面溜滑，附着力大大降低，制动性能极差，制动距离延长，车辆的稳定性降低，方向易跑偏。积雪对光线的反射，易造成炫目而产生错觉。加速过急，车轮易空转或溜滑。制动减速或转向过急，易侧滑、甩尾、转向失控。积雪覆盖的路面，道路的轮廓难以辨别，容易驶出路面发生危险。路上通行的行人和非机动车稳定性差，容易出现因失控而摔倒的危险。

19. 高温天气行车危险源分析

高温炎热天气，路面的沥青会软化变黏，附着力下降，有发生侧滑的危险。发动机温度上升或冷却液沸腾，胎温、胎压过高，会影响行车安全。电路、油路等出现线路软化、短路、漏油等情况，容易引起车辆自燃。另外，在高温天气驾驶员容易出现烦躁情绪，疲劳驾驶。清晨和傍晚外出散步和纳凉的行人，也是构成危险源的因素之一。

五　加强风险与事故预防教学

驾驶机动车具有一定的风险性，道路上通行的行人、车辆及各种道路交通环境中都存在着各种风险，威胁着行车安全。教练员要注重驾驶风险教学，让学员掌握驾驶风险与事故预防知识，了解交通参与者的行为特性和风险因素，增强对安全操作的理解，提高对驾驶相关风险的认识，培养安全驾驶的意识及能力，有效避免潜在的事故风险。

1. 行人的风险与事故预防

驾驶培训教学中，教练员要向学员重点介绍各种行人在道路交通中的行为特性，分析来自于这些群体的风险因素，根据不同的行人进行预防教学。教练员的教学重点强调行人生命安全的重要性，行人作为道路交通的弱势群体，容易受到伤害，要本着对生命的充分尊重，照顾、礼让弱势人群，尤其是儿童、老人和残疾人，提倡体贴驾驶和文明行车。

行人的行为特点、风险因素及预防教学

行人	行为特点	风险因素	预防教学
儿童	不能正确判断道路交通危险，没有自我保护意识和自我保护能力，行为无规律，注意力容易被其他事情分散	身材矮小，会形成驾驶盲区；玩耍时不顾周边情况，遇突发事件，会惊慌失措，错误地选择应对的行为	强调看到儿童时，集中注意力、注意观察动态，提前采取措施的重要性，特别提醒学员关注儿童，保护儿童的安全
青少年	喜欢东张西望，并排行走，走捷径，表现为勇敢而不顾行为的后果	无视交通法规，占道通行，任意横穿道路	提示学员发现青少年无视周边交通情况时，可鸣喇叭示意其遵守交通法规
老年人	行动迟缓，视力与听力差，反应迟钝，思维容易只集中到某个事物上	不遵守交通法规，经常会滞留在路中，有时横过道路或路口途中突然折身返回	提醒学员遇到老年人时，要减速慢行避让，充分体贴和照顾老年人，礼让他们先通过

续上表

行人	行为特点	风险因素	预防教学
盲人	看不见外界情况，但听觉比较灵敏，路边行走要借助盲人通道，横穿街道需其他人帮助	行走遇到干扰时，会突然绕向一侧躲避，且容易出现方向错误，横穿道路需要较长的时间	遇到盲人，要提前减速避让，尽量不要鸣喇叭，防止惊吓和干扰到盲人的行走
聋哑人	听觉较差，对声音刺激感觉迟钝或没有反应	听不到汽车的声音和喇叭声，背向行走或横过道路时不能及时躲避车辆	遇到前方行人没有反应时，要及时减速避让

2. 机动车的风险与事故预防

道路上行驶的机动车，由于设计结构、使用功能不同，表现出的交通特点和潜在风险也不同，尤其是机动车的违法行为严重威胁交通安全。教练员要结合实际教学向学员介绍各种机动车的交通特点，分析风险因素，根据不同的机动车进行预防教学。教学中，教练员要重点提醒学员，遇到机动车时，要注意观察动态，控制速度，保持安全距离，预防事故风险，避免发生交通事故。

机动车交通特点、风险因素及预防教学

机动车	交通特点	风险因素	预防教学
大型客、货车	体积大、盲区大、惯性大、速度慢、控制较难	转向需要较大的空间，转弯内轮差大，容易占道，较大的盲区造成视野受限	提醒学员遇到大型车时，要提前减速，注意保持足够的安全间距，注意观察盲区的交通情况，不要强行超车
城市公交车	起步、停靠和人员上下频繁，盲区比较大	截头停车，起步后突然横跨多车道向左变道；车站停车时会常有人猛然从车前方跑出	让学员注意加大与公交车的安全间距，从公交车侧面经过时，要减速慢行，注意避让横穿的行人
小型汽车	车体小、加速性能好、速度快、操纵灵活	经常会占道抢行，超车后会突然向右行驶或制动	根据小型汽车特点和潜在危险，向学员强调礼让行车的重要性，避免与小型车抢行
摩托车	体积较小、速度较快、转弯灵活，稳定性差，安全保障设施差	突然向左或向右行驶，频繁穿插行驶，容易摔倒，没有安全保护	提醒学员发现行驶的摩托车时，要防止摩托车的穿插、摔倒，引发交通事故

续上表

机动车	交通特点	风险因素	预防教学
特种车辆	速度快、享有特权与优先权，执行任务时无减速意识	执行任务时不受行驶速度、路线、方向和交通信号限制，随时都会变更行驶路线或抢行	向学员强调礼让特种车辆的重要性，并介绍避让特种车辆的方法，让学员深刻认识到这是一种责任

3. 非机动车的风险与事故预防

在道路上通行的非机动车，结构、用途、驾驭方式的差异很大，动态规律难以掌握，存在各种风险因素，尤其是非机动车的违法和无序通行，已成为道路交通事故的重要隐患。教练员要根据非机动车的通行特点，分析存在的风险因素，进行预防教学。教学中，教练员重点提示学员，遇到非机动车时，要提前做好防范，避免发生刮碰事故。

非机动车通行特点、风险因素及预防教学

非机动车	通行特点	风险因素	预防教学
自行车	体积小、速度慢、转弯灵活，稳定性比较差，干扰性大，安全保障措施较差	行驶中不观察前后方情况，见空就钻，逢慢必超，逢阻必停，逢碰必倒，多车经常会并行后追逐行驶	提醒学员遇到自行车时，要注意观察自行车的动态，保持安全间距，减速慢行
人力车	结构简单、速度缓慢、起步困难、避让车辆不及时，载货时占道面积较大	负重时上坡缓慢、往往曲线行驶，下坡则会快速滑行、停车会困难，通过坑洼路段时会突然绕行	提醒学员遇到人力车注意提前减速，仔细观察其动态，超越和交汇时，留出安全间距，避免人力车不能及时停住引起相互碰撞
畜力车	车速慢、牲畜容易受惊，不可控因素较多	遇到意外刺激，易发生惊车；夜间赶车人困乏时，牲畜往往会走到道路中间或左侧，不避让机动车	提醒学员遇到畜力车时，注意及时降低车速，避免在靠近畜力车鸣喇叭或急加速，转弯要让出足够的路面

4. 典型交通环境的风险与事故预防

驾驶机动车在各种交通环境中行驶，都可能面临着风险，不同的交通环境构成的危险各不相同。教练员要根据典型交通环境的交通特点，分析风险因素，进行预防教学。教学中，教练员要重点提醒学员在不同的交通环境中，注意观察，控制速度，提前采取预防措施，确保安全行车。

典型交通环境的交通特点、风险因素及预防教学

典型环境	交通特点	风险因素	预防教学
平面交叉路口	交通冲突点和交织点多，视线盲区多，车流大，交通情况非常复杂	视线易被路口的车辆与物体遮挡，转弯交通冲突较多，事故发生的几率增多	提醒学员降低车速，注意观察交通信号、车辆和行人动态、转弯时注意避让行人和其他车辆
铁路道口	道口路面不平坦，放行路段宽度一般都比较窄，列车制动距离长，灵活性不高	通过道口时容易颠簸或被卡住，车辆、行人混合在一起相互之间会产生干扰	提醒学员在通过铁路道口前，要注意停车瞭望，进行安全确认；通过铁路道口时，选择正确的挡位，避免在铁轨上加速、减速、制动和停车
人行横道	行人横过道路专用，行人有优先权，很多行人通行没有规律	行人通过时，不遵守红绿灯，会出现突然折身返回或滞留在人行横道上的情况	提醒学员在人行横道前，要降低车速，注意观察、判断行人和非机动车的动态，注意避让行人，文明行车，确保行人安全
学校附近	上下学高峰时段，人员、车辆密集，交通混乱；学生的安全意识相对薄弱	车辆和行人相互交织，交通情况非常复杂；学生喜欢嬉戏、打闹，甚至在马路上追赶、奔跑	提醒学员提前减速，仔细观察交通情况，随时做好停车准备，尤其途经小学，幼儿园附近，注意观察和避让小朋友
隧道	内外明暗反差较大，隧道内光线通常比较暗，路面滑湿	进出隧道眼睛有明暗适应过程，隧道内容易侧滑，出口处会受到横风影响，雨天出口处会出现雨幕“帘布效应”	提醒学员进隧道前，开启示宽灯和近光灯，减速靠右行驶，不得超车；在出口处，握稳转向盘，防止横风影响造成偏移或受“帘布效应”造成错觉
弯道	弯道处两侧遮挡视线，急弯道看不到对面的情况	转弯时离心力对车辆行驶影响大，弯道处难以及时发现前方障碍物	提醒学员减速、鸣号、靠右行，跟车增大车间距，掌握转动和回正转向盘时机，减小转弯时的离心力，提高行驶稳定性
坡道	上坡的车辆行驶缓慢，下坡的车辆速度较快、制动频繁，坡顶处看不清对面情况	上坡需要大的驱动力，坡顶看不清对面情况，下坡速度越来越快，长时间下坡制动容易造成制动热衰退	提醒学员上坡前选好挡位，避免中途熄火；跟车保持安全间距；下长坡禁止空挡滑行，利用发动机牵阻控制车速，防止长时间使用行车制动

六　培养紧急情况临危处置的意识和能力

教练员要注意培养学员紧急情况临危处置的意识和能力，让学员认识到，严格遵守交通法规、掌握熟练驾驶技术，是保证安全行车的基础；临危处置是规避险情和减少损失的关键技术。面对千变万化的道路交通状况，驾驶机动车必须具备处理突发交通情况的知识与较强的应变能力，遇到危险或紧急情况时，才能采取有效的应急处置措施。教练员在驾驶教学过程中，要让学员掌握紧急情况下应急处置的原则和方法，并利用各种教学手段给学员讲授临危处置知识，让学员了解一些常见的临危应急处置知识，增强应急处置意识，培养临危处置的能力。在将来一旦遇到类似情况时，能正确应对，不至于手忙脚乱，不知所措，甚至引发事故。

1. 紧急情况处置的原则

（1）先人后物：驾驶机动车遇到紧急情况或危险危及到人员时，先人后物、损物不伤人，是避险时最基本的处置原则。生命是最宝贵的，在任何情况下，首先应当考虑人的安全，只要确保人身安全，其他的一切都是可以通过人的努力去改变。

（2）避重就轻：驾驶机动车遇到紧急事态或突然出现在车前的障碍物时，采用避重就轻的原则，就是要采取将损失减少到最低限度的避险措施，尽量避开损失较重或危害较大的一方，而向着损失较轻或危害较小的一方避让。车速较高的状态下紧急避险，应先制动减速当车辆处于停止或低速行进状态后再转向避让。在低速行驶的情况下紧急避险，可采取先转向后制动的的应急措施。

2. 轮胎漏气或爆胎的应急处置

车辆行驶中常见的轮胎故障表现为轮胎漏气和轮胎爆裂，尤其是在高速公路上行车时，轮胎爆裂的事故后果更为严重。汽车轮胎故障已经成为安全行车的一大隐患。如何减少轮胎故障，避免因轮胎故障而导致事故，是驾驶教学的一项重要内容。

行车中发现轮胎漏气时，要紧握转向盘，极力控制行驶方向，缓慢制动减速，尽快驶离行车道，停到安全的地方。在轮胎气压较低的状态下行驶时，随着胎压的下降，轮胎与地面的摩擦成倍增加，胎温急剧升高，轮胎变软，强度急剧下降，轮胎会出现波浪变形而导致爆胎。

行车中意识到前轮胎爆裂时，要保持镇定，松抬加速踏板，双手紧握转向盘，极力控制住行驶方向，尽量保持车身正直向前直线行驶。同时，迅速采用抢挂低速挡、轻踏制动踏板的措施，利用发动机制动缓慢减速，尽快平稳停车。在发动机制动作用尚未控制住车速时，不可采取紧急制动停车，以免车辆横甩发生更大的危险。

3. 转向突然不灵或失控时的应急处置

汽车行驶中常见的转向系故障主要表现为转向突然不灵或转向失控，如果不能采取正确有效的处置方法，很容易发生车辆倾翻、碰撞等交通事故。行车中发现转向突然不灵或失控时，最有效的的控制方法就是平稳制动，尽快减速，选择安全地点将车停住，严禁继续行驶。当行车中发生转向失控时，要立即松抬加速踏板，缓踩制动踏板，及时将车速降下来。不可采取紧急制动来减速。

转向失控后，车辆偏离直线行驶方向时，要果断地连续“踩踏—放松”制动踏板，使车辆尽快减速停车。遇车辆转向失控，行驶方向偏离，碰撞事故已经无可避免时，要尽快减速，尽可能的缩短停车距离，减轻撞击力度，减小损失。

装有动力转向的车辆突然发现转向困难、操作费力时，安全的处置方法是尽快减速，选择安全地点停车，查明原因。因转向失控、行驶方向偏离，事故已经无可避免时，要果断地采取紧急制动，也可采取果断地连续“踩踏—放松”制动踏板，尽量缩短停车距离，减轻撞车力度。

4. 制动突然失灵时的应急处置

行车中发现制动突然失灵时，要沉着镇静，握紧转向盘，以控制方向为第一应急措施，再利用“抢挡”或驻车制动器减速。使用驻车制动器时，为发挥其最大制动作用，不可将操纵杆一次性拉紧。在冰雪、湿滑、砾石路面或者比较光滑的路面上制动失灵后车辆偏离方向时，立即松开制动踏板，在控制方向后再采用减速措施。

在山路下坡中制动突然失效时，首先利用道路边专设的避险车道停车。不得已的情况下，可利用车身靠向路边的岩石或树林碰擦，或用前保险杠侧面撞击山坡，迫使车辆停住。如果没有可以利用的地形和时机，可迅速逐级或越一级减挡，利用发动机制动作用控制车速。

5. 发动机突然熄火时的应急处置

行车中发动机突然熄火后，要保持冷静，先开启右转向灯，尽快靠右减速行驶，在低车速行驶条件下重新启动发动机。若不能再次启动发动机时，将车缓慢滑行到路边停车，开启危险报警闪光灯，放置故障车警告标志牌后，检查熄火原因。不得在行车道或高速行驶中尝试启动发动机，靠右行驶或停车时一定要注意道路上的车辆和行人动态，避免发生交通事故。

6. 车辆侧滑时的应急处置

行车中因转向、制动或擦撞等原因引起车辆侧滑时，要迅速抬起加速踏板，同时向侧滑的一侧转动转向盘适量修正，并及时回转进行调整，待方向修正后再继续行驶。车辆侧滑时，不可使用行车制动，更不能进行紧急制动，紧急制动时的反作用力，会使车轮与路面附着力变小，加重侧滑力，使车辆失去控制。

7. 遇横风时的应急处置

驾驶车辆行至高速公路隧道出口或凿开山谷出口处，遇到横风干扰时，要抬起加速踏板，握稳转向盘；受横风影响而发生明显偏离时，适当地向迎风一侧缓慢修正方向。车速较快时，可连续轻踏制动踏板减速，不得猛转转向盘和紧急制动，以免因速度过快，附着力变差，稳定性下降，在离心力的作用下，发生横向滑移，甚至发生翻车事故。

8. 车辆碰撞时的应急处置

行车中与其他车辆有迎面碰撞可能时，可先向有利的一侧稍转方向，随即适量回转，努力使迎面碰撞变为侧面刮擦，减小伤害。与其他车辆已不可避免地发生正面碰撞时，应紧急制动，以减少正面碰撞力。若无法避免与来车正面相撞时，要迅速判断撞击的方位和力量，如果判断撞击的方位不在驾驶人一侧或撞击力较小时，可紧握转向盘，两腿向前蹬直，身体向后倾斜，紧靠座椅后背，以此形成与惯性相反的力，保持身体平衡，避免车辆在撞击时，头撞到驾驶室其他物体上受伤；如果判断撞击的方位临近驾驶座位或撞击力较大时，要迅速放开转向盘，并抬起双腿，身体侧卧于右侧座位上，或尽量往右侧驾驶座位上移动，避免身体被转向盘抵住，可以降低受伤害的程度。

9. 车辆倾翻时的应急处置

行驶中意外发生缓慢翻车有可能跳车逃生时，要向翻车相反方向跳车。车辆向深沟连续翻滚时，身体应迅速躲向座椅前下方，抓住转向盘管或踏板等固定物将身体稳住，避免身体滚动受伤。在车中感到不可避免地要被抛出车外时，在被抛出的瞬间，猛蹬双腿，增加向外抛出的力量，借势跳出车外。跳出车外落地后，要力争双手抱头顺势向惯性力的方向多滚动一段距离，以躲开车体，增大离开危险区的距离。

10. 遇到大、暴雪时的应急处置

冬季行车突然遇到暴雪时，要及时减速，当刮水器不能及时清理挡风玻璃的积雪时，要选择安全地点停车，并打开示宽灯和危险报警闪光灯，待雪小时再继续行驶。路面积雪变深、道路的轮廓难以辨别时，要根据道路两旁的树木、电杆等参照物判断行驶路线，控制车速，低速行驶；有车辙的路段应循车辙行驶，转向盘不可急打急回，以防车辆侧滑偏出道路。

大雪天在弯路、坡道及河谷等危险地段行驶时，更要注意选择好行驶路线；路况稍有可疑要立即停车，待察看清楚确认安全后再继续行驶。通过傍山险路降雪路段，要根据雪的厚度、坡道大小、弯道急缓及路面宽窄等情况，决定能否通过，必要时停车勘察，不可盲目冒险行驶。

11. 车辆发生火灾时的应急处置

行车中发生火灾时，要设法将车辆停在远离城镇、建筑物、树木、车辆及易燃物的空旷地带，及时把事故情况和地点通报给救援机构。在高速公路上发生火灾时，不可将车驶进服务区或停车场。在逃离火灾前，关闭点火开关、电源总开关，并设法断开油路。发动机着火，严禁开启发动机罩灭火；燃油着火时，不能用水灭火，以防加剧火势蔓延。防冻液着火时，可立即用水浇泼着火部位，以降低酒精防冻液的浓度。

救火时要脱去所穿的化纤服装，注意保护暴露在外面的皮肤，不要张嘴呼吸或高声呐喊，以免烟火灼伤上呼吸道。使用灭火器灭火时人要站在上风处，尽量远离火源，灭火器瞄准火源。

12. 车辆落水后的应急处置

车辆行驶中突然落水时，要保持清醒的头脑，并告知乘员不要慌张，做好深呼吸。同时迅速判明水底、水面的方向和水的深度，判断水是否能淹没车辆。如果驾驶室不会被淹没，要待车辆稳定后，再设法从安全的出处脱离车辆。由于外部水的压力较大很难开启车门时，可迅速开启车窗或敲碎车窗玻璃或用脚踹碎车窗玻璃，才有逃生的希望。如果有条件，可找大塑料袋套在头上，扎紧脖子（注意不要漏气），塑料袋内的空气可以保证足够上浮的氧气。如果不会游泳，可在离开车前在车内找一些能浮的物件抓住。只要浮出水面，就会有更多获救的希望。

13. 遇到大、暴雨时的应急处置

行车中遇到突降大雨时，要及时打开刮水器，减速行驶，仔细观察道路交通情况，注意道路上通行的车辆和行人，做好随时停车的准备，预防车辆和行人突然改变路线和方向而发生危险。遇到特大暴雨，能见度很低，刮水器的作用不能满足要求时，不要冒险行驶，要选择安全地点停车，并打开示宽灯和危险报警闪光灯，待雨小或雨停时再继续行驶。

大暴雨中通过涵洞、低洼路面时，要注意水位高度，并充分估计道路排水能力，及时减速或停车进行观察，水的深度超过车辆通行的最高水位线时，及时改变行驶路线绕行，不要盲目通行，以免陷入深水中。暴雨天通过漫水路、漫水桥前，要停车测试水的深度、流速、流向，判断路或桥面是否被水冲坏，不得盲目涉水。水的深度不影响正常通过时，要用低速挡缓行通过。水深超过车辆规定涉水深度时，不得盲目冒险通过。

14. 高速公路紧急情况的应急处置

在高速公路行车遇到前车掉下货物、突然横穿的动物或发现前方有人横穿时，不能急转方向躲避，最安全的应急处置措施是立即制动减速，使车辆处于低速行进或停止状态下碰撞。高速行驶状态下，迅速转向躲避或先转向后制动，都会导致车辆失控。

在高速公路遇突然情况必须停车时，要向右逐渐变更车道，离开行车道后在紧急停车带或路肩上停车。如果不能离开高速公路行车道，要立即开启危险报警闪光灯，驾乘人员尽快转移到防护栏以外较远的安全地带，迅速在行驶方向后方150m以外设立警告标志，夜间开启示宽灯和尾灯。大雾天遇事故不能继续行驶时，驾乘人员应尽快从右侧离开车辆，开启危险报警闪光灯和尾灯，驾驶员不要迎着来车设置警告标志。

雨天在高速公路行车中发生“水滑”现象时，要握稳转向盘，逐渐降低车速，不要急踩制动踏板或猛打转向盘。在高速公路意外碰撞护栏时，采取的保护措施是稳住方向，迅速向碰撞一侧转向，迫使车辆减速停住。迅速修正转向盘或向相反方向转向，会导致车辆发生连续碰撞两侧护栏，甚至发生倾翻事故。

七 普及事故现场伤员急救的方法

1. 事故现场伤员急救原则

交通事故中的伤员可能是多发伤、复合伤以及有众多伤员的群体伤。事故现场环境复杂、混乱，救护条件不足，不懂急救知识，盲目地救护伤员，一旦处理不当，会加重伤员伤势，甚至威胁伤员生命。教学过程中，要培养学员在遇到事故时，利用自己掌握的急救知识，以先救命、后治伤为原则，根据需要分轻重、缓急，妥善处置伤员。

事故现场处理顺序：

（1）关闭发动机，拉紧驻车制动器操纵杆，采取固定措施，防止汽车滑动。

（2）保护现场，注意自身和伤员的安全，拨打急救电话向有关部门呼救。

（3）不要立即移动伤员，除非处境会危及生命（如汽车着火、可能爆炸）。

（4）就地了解伤员伤情，判断危险是否解除，注意保护自身和伤员的安全。

（5）选择就近、安全、平坦的救护场地，使伤员尽快脱离现场和危险环境。

（6）发现伤员心跳、呼吸停止时，先抢救生命，立即进行心肺复苏。

（7）有大出血的伤员，立即采取措施，快速、有效止血。

（8）怀疑伤员四肢骨折时需要固定四肢，伤员脊柱骨折、脱位，不能拖、拽、抱。

（9）安全有监护地迅速将伤员转送医院。

2. 人工呼吸教学

将伤员置于仰卧位，救护人位于伤员一侧，将伤员的双上肢向头部方向伸直。把伤员远离救护人一侧的小腿放在另一侧腿上，两腿交叉。救护人一只手托住伤员的后头颈部，另一只手抓住伤员远离救护人一侧的腋下或跨部。将伤员呈整体的向救护人一侧翻转为仰卧位，将伤员上肢分别置于身体两侧。

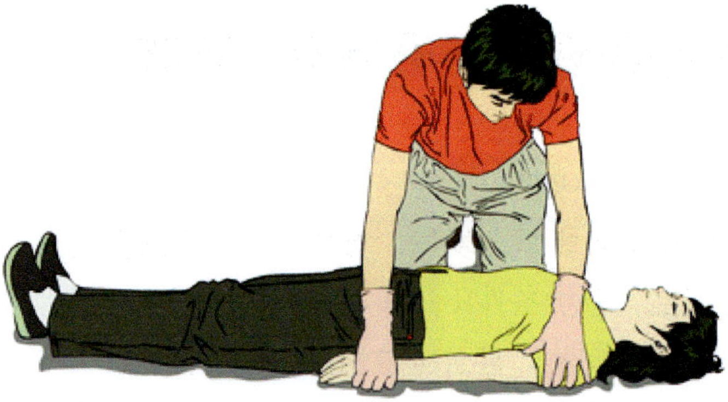

救护人选择伤员一侧，两腿自然分开，间距与肩同宽跪贴于伤员的肩、腰

之间。然后，跪近伤者头部，用一手小鱼际肌部置于伤员前额，另一只手的中指及食指置于伤员下颏处，双手同时用力使伤员头部后仰，打开伤员气道。

保持伤员气道畅通，救护人用放在病人前额手的拇指和食指捏紧伤员的鼻翼，另一只手的食中二指提颌。救护人深吸一口气，用双唇包严伤员口唇四周，缓慢持续的向口内吹气，同时观察伤员的胸部，直至胸部上抬。一次吹气完毕后，救护人立即抬头将口离开伤员口部，松开捏紧的鼻孔，侧身再次深吸气的同时观察伤员胸部下降，听伤员呼吸流动情况，准备下次操作。

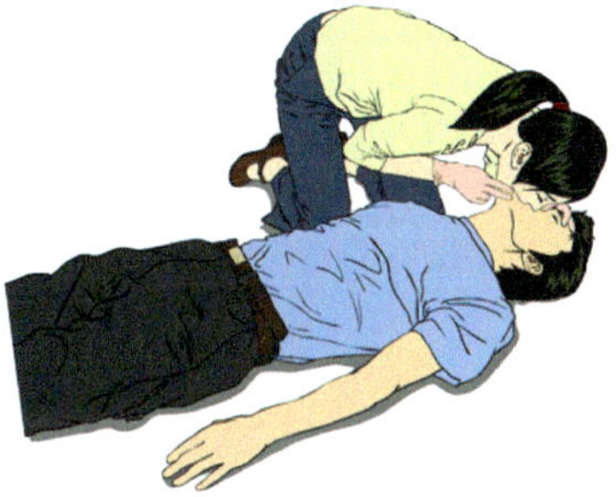
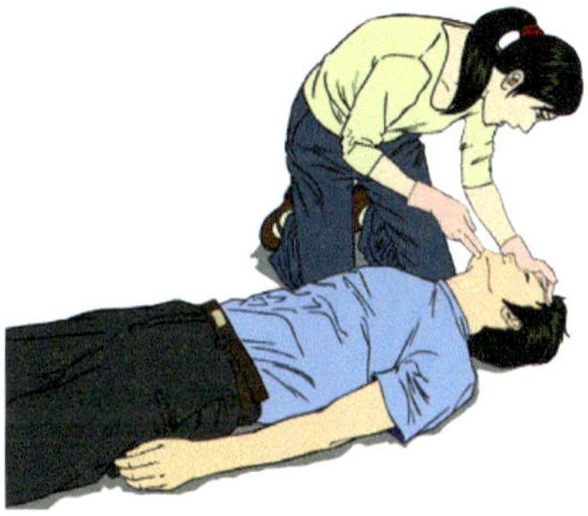

提　示

口对口人工呼吸，首先连续进行两次吹气，确认气道畅通后，再进行有效的人工呼吸。成人每 4 ~ 5s 吹气 1 次，每分钟 12 次（儿童 16 次），每次吹起量约 700~800mL，每次吹气时间超过 2s。

3. 胸外心脏按压教学

救护人跪于伤员一侧，用靠近伤员下肢一侧手食指、中指并拢，沿伤员一侧肋弓处向上滑移至两侧弓交汇之处（胸骨下切迹），将中指定位于切迹之上。另一只手掌根紧贴于胸骨上食指一侧（胸骨中下 1/2 处）放好，

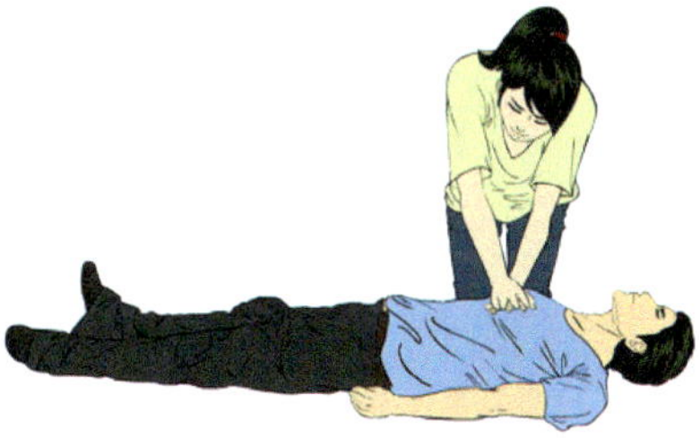

将定位手抬起，将掌根重叠放于另一只手背上，十指相扣，掌心翘起，手指离开胸壁。

救护人上身前倾，双臂伸直，双肩在伤员胸骨上方正中，以髋关节为支点，利用身体的重量，结合腰、肩、臂的力量垂直向下按压，然后放松压力，让胸廓自行弹起，依次以 80 ~ 100 次 /min 的规律速度按压和松抬。

提　示

进行胸外心脏按压时，向下按压和放松的时间必须相等，手掌根不要抬起离开胸壁，以免改变正确的按压位置，按压深度是胸廓前后径的 1/3 ~ 1/2（4 ~ 5cm），按压频率为每分钟 100 次。

4. 心肺复苏教学

单人进行心肺复苏操作时，每做 15 次胸外按压，做人工呼吸 2 次，连续做 4 遍或 1min，检测一次呼吸和脉搏。如果没有呼吸和脉搏，则继续以 15 ：2 的比例实施心肺复苏，每 3 ~ 4min，停止一次操作，检查呼吸与循环。

双人进行心肺复苏操作时，两人分别跪在伤员两侧，一人在胸腰部，负责胸外按压并兼顾颈动脉的脉搏检查；另一人在伤员头颈部，负责做人工呼吸，两人要密切配合，按 15 ：2 的比例实施心肺复苏。

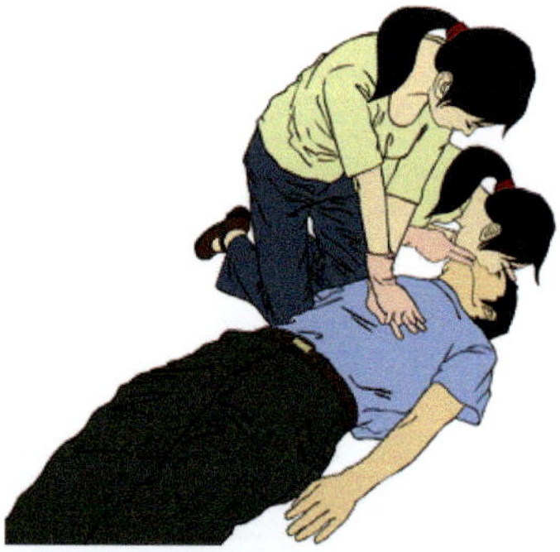

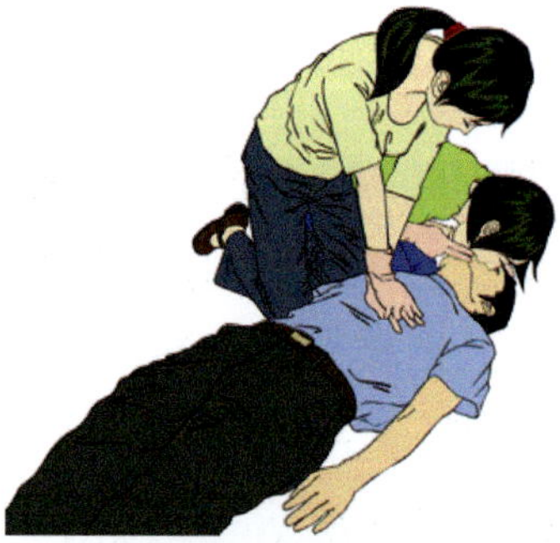

5. 创伤止血教学

包扎止血适用于出血量少的表浅小血管、毛细血管出血。包扎时将敷料、纱布覆盖在伤口上，敷料、纱布要有足够的厚度，覆盖面积要超过伤口至少 3cm，后用胶布、绷带卷或三角巾进行包扎。较小的伤口，可通过粘贴创口贴止血。

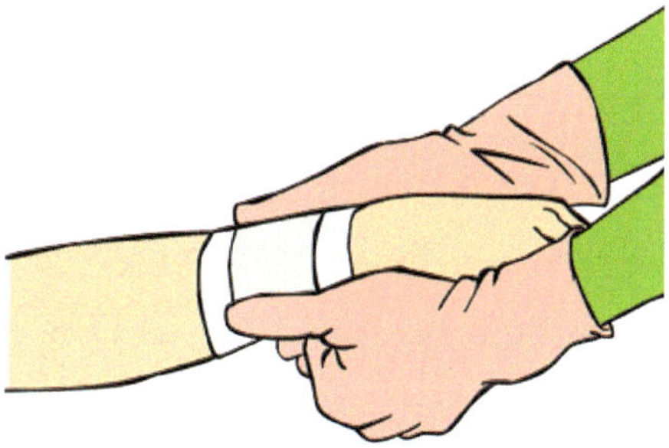

提　示

在事故现场，如果没有常用的包扎材料，可就地取材，选用三角巾、手帕、纸巾、清洁布等包扎止血。

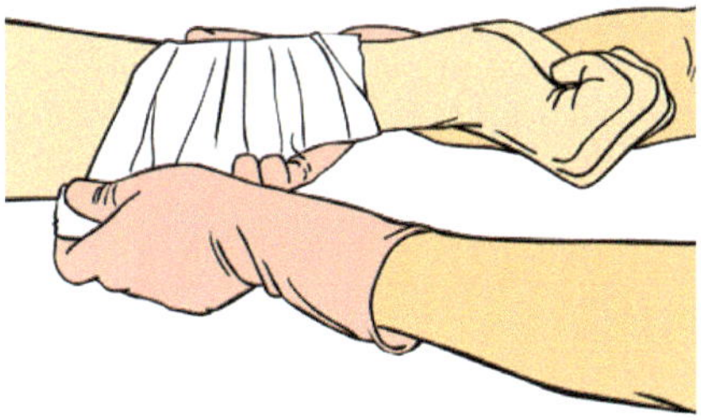

加压包扎止血适用于全身各部位的小动脉、静脉及毛细血管出血。先用敷料或其他洁净的毛巾、手绢、三角巾等覆盖伤口，敷料要超过伤口至少 3cm，如敷料被血浸湿，再加一层敷料。绷带包扎，适当收紧加压包扎止血，检查伤口下端血运情况。

指压止血用于出血多的伤口，用手指压迫伤口近心端的动脉，阻断动脉血运，能有效快速止血。指压止血法常用于颞浅动脉、肱动脉、挠尺动脉、股动脉、头顶部、手指动脉止血。

止血带止血用于四肢有大血管损伤或伤口大、出血量多的伤口止血。使用止血带前，先在上臂的上 1/3 段或大腿的上段垫好衬垫，然后将止血带缠在肢体上，一端穿进口环，拉紧至伤口不出血为度。最后标注使用止血带的时间，每隔 50min 放松 3 ~ 5min；放松止血带期间，用指压法或直接压迫法止血，以减少出血。

加垫屈肢止血用于外伤出血量较大，肢体无骨折损伤的伤员，如前臂（肘窝加垫）、上臂（腋窝加垫）、小腿（腘窝加垫）部分出血时止血。前臂出血时，在肘窝处放置纱布垫或毛巾、衣物等，肘关节屈曲，用绷带或三角巾屈肘位固定。上肢出血，在腋窝加垫，使前臂屈曲于胸前，用绷带或三角巾将上臂固定在胸前。小腿出血，在腘窝加垫，膝关节屈曲，用绷带或三角巾屈膝位固定。大腿出血，在大腿根部加垫，屈曲髋、膝关节，用绷带或三角巾将腿与躯干固定。

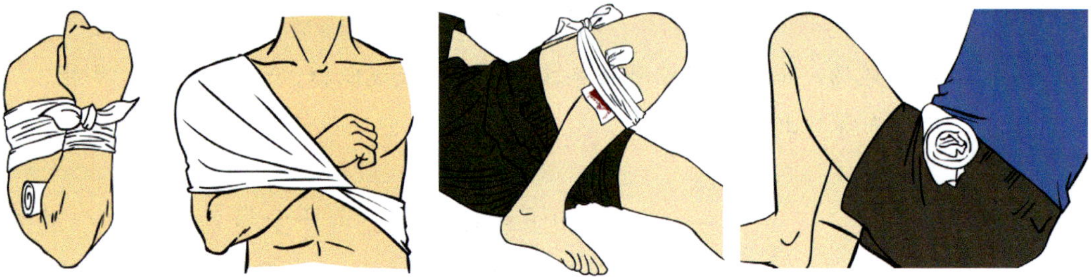

提　示

采取加垫屈肢止血后，注意肢体远端的血液循环，每隔 50min 缓慢松开 3 ~ 5min，防止肢体坏死。

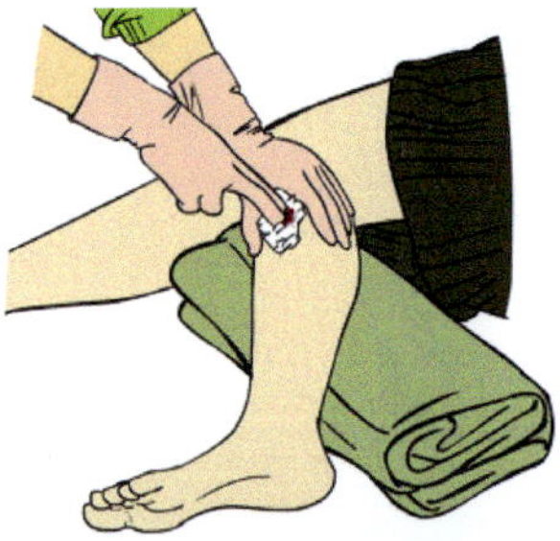

对于伤口较深较大，出血量多，组织损伤严重的现场急救。用消毒纱布、敷料（特殊情况下，可用干净的布料替代）填塞在伤口内，再用加压包扎法包扎。

创伤止血注意事项：

（1）创伤包扎尽可能使用防护用品。

（2）包扎时应脱去或剪开衣裤，暴露伤口，检查出血部位。

（3）根据伤口出血的部位及出血的情况，采用不同的方法止血。

（4）对嵌有异物或骨折断端外露的伤口，不要直接压迫止血。

（5）不要去除血液浸透的敷料，应在其上另加敷料并保持压力。

（6）包扎时，抬高患肢，尽量不使用止血带。

（7）对于出血的伤口，不要使用民间药物外敷止血。

（8）止血过程中要询问患者有无不适，包扎后要检查远端循环，发现过松（伤口继续出血）、过紧（肢体远端缺血）的情况都需要调整。

6. 伤口包扎教学

绷带环行包扎法常用于肢体粗细较均匀处伤口的包扎，包扎时用力要均匀，绷带应绕肢体紧密缠绕。包扎时用无菌敷料覆盖伤口，左手将绷带固定在辅料上，右手将绷带打开一端稍作斜状环绕第 1 圈。将斜出的一角返折后压入环行的圈内，环绕第 2 圈。加压绕肢体环形缠绕 4 ～ 5 圈，每圈要压住前一圈的绷带，缠绕的范围要超出敷料边缘。用胶布粘贴固定，也可将绷带尾部从中间纵形剪开形成两布条，两布条交错打结，然后再绕肢体打结固定。最后检查远端血液循环情况。

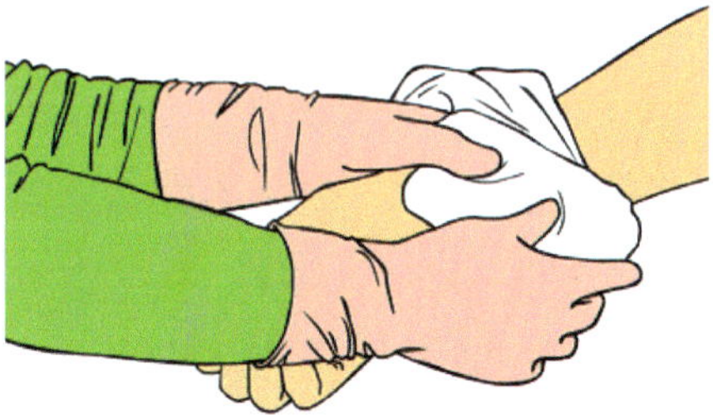

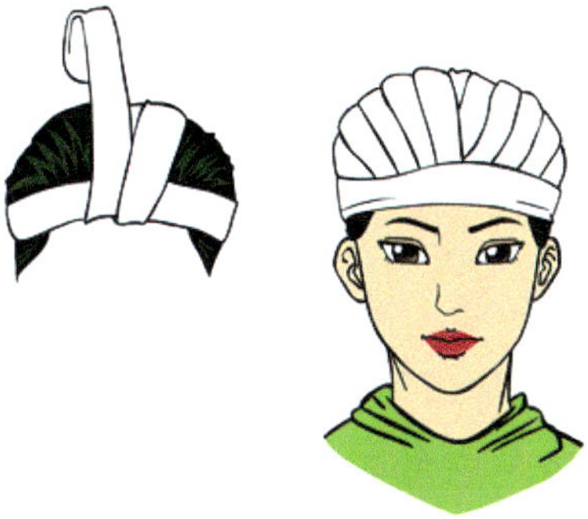

绷带回返包扎法，用于头部或断肢伤口的包扎。包扎时用无菌敷料覆盖伤口，用绷带绕头部或肢体作环形固定 2 圈。左手持绷带一端于头后（断肢）中部，右手持绷带，从头后方（断肢一端）向前到前额（断肢另一端）处将绷带向后反折。前后反复呈反射性反折，直至将敷料完全覆盖。将绷带绕头部或肢体环缠绕两圈，反折绷带端固定。

“8”字绷带包扎法多用于手掌、踝部和其他关节处伤口包扎，也可替代螺旋法和螺旋反折法。手掌包扎，用无菌敷料覆盖伤口，包扎从手掌关节上部

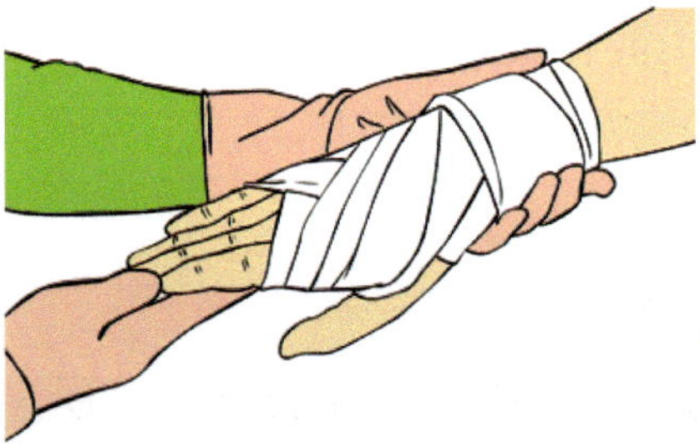

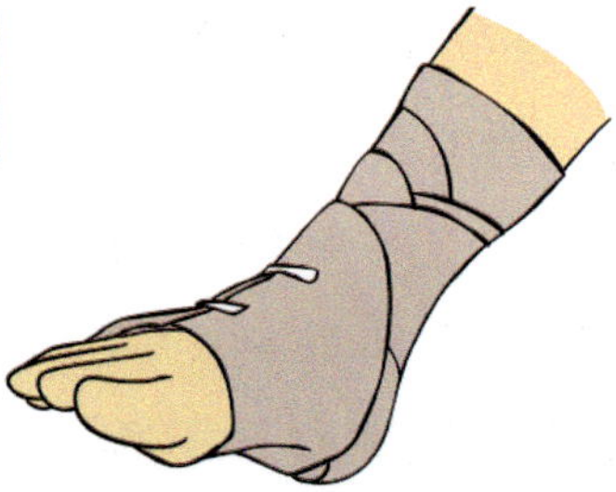

开始，先环形缠绕2圈；经手掌关节向下，依次进行“8”字形缠绕至尾端，在腕部关节上部固定。踝部包扎，用无菌敷料覆盖伤口，包扎从踝部关节上部开始，先环形缠绕2圈；经踝部和关节向下，依次进行“8”字形缠绕至尾端，在踝部关节上部固定。

绷带螺旋包扎法，适用于上下肢粗细不等的部位及躯干伤口包扎。包扎时，用无菌敷料覆盖伤口，用绷带在伤口下端环形缠绕2圈。从第3圈开始，斜行环绕敷料，下一圈绷带压住上一圈绷带的1/2或1/3，将敷料完全覆盖后在缠绕1～2圈，用胶布或绷带扣固定。

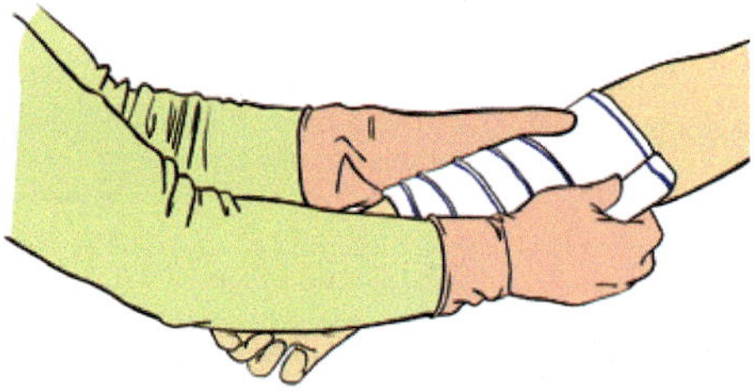

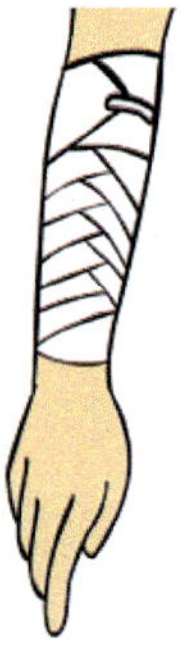

螺旋反折绷带包扎法，适用于上下肢粗细不等的部位伤口包扎，如小腿、前臂等。包扎时，先用无菌敷料覆盖伤口，再用环行法做固定圈。第3圈开始斜行环绕敷料，以后在肢体同一轴线位置反折，用下一圈绷带压住上一圈绷带的1/2或1/3。覆盖住敷料后做环行圈，最后用胶布或绷带扣固定。

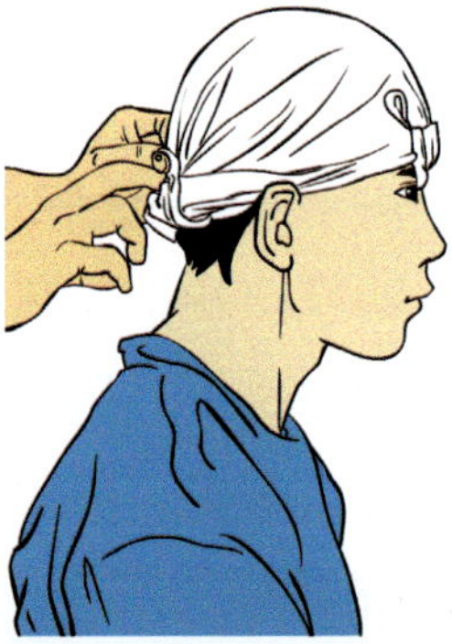

头顶帽式三角巾包扎法，适用于头部伤口包扎。包扎时，先在伤口上加盖敷料，将三角巾底边内折约两指宽，边缘放于伤员前额齐眉处，顶角向后盖于头顶部伤口上，

两底角经两耳上方拉向后。交叉压住顶角缓慢收紧，再绕回前额交汇出打结。最后将顶角拉紧，掖入头后部交叉处内。

肩部三角巾包扎法，适用于肩部伤口包扎。单肩三角巾包扎时，将三角巾折叠成夹角约 90° 的燕尾式，夹角对准侧颈部正中放于肩上，大片放后面压小片。再将燕尾底边两角包绕上臂，在上部打结。拉紧两燕尾角，分别经胸、背部至对侧腋下打结。双肩三角巾包扎时，将三角巾折叠成夹角约 120° 的燕尾式；燕尾披在双肩上，燕尾夹角对准颈后正中部。最后将两侧燕尾角由前向后包住肩部，经腋下在交汇处打结。

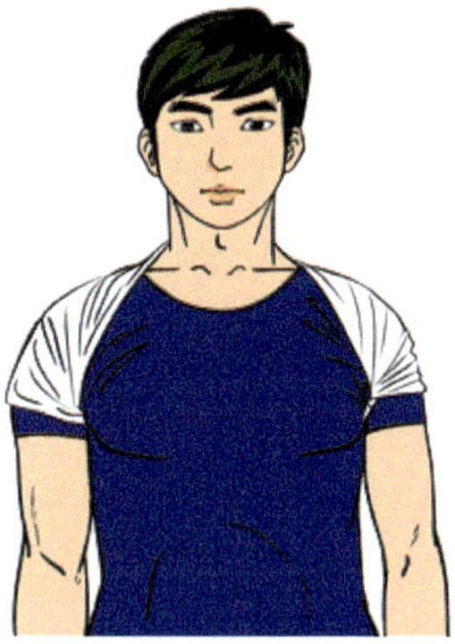

双胸三角巾包扎法，适用于胸背部伤口包扎。包扎时，将三角巾折叠成夹角约 100° 的燕尾式，夹角对准胸骨上凹放在胸前。两燕角过肩于背后，将底边角的系带围绕背后在交汇处打结。另一系带穿过此横带后上提与另一燕尾角打结。

全腹三角巾包扎法，适用于腹部伤口包扎。包扎时，三角巾顶角向下，底边横放于腰部。两底角围绕至腰后打结，顶角由两腿间拉向后穿横结打结。

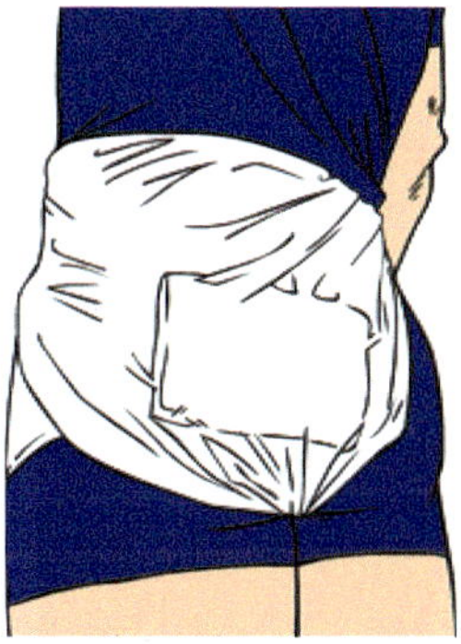

侧臀部三角巾包扎法，适用于臀部伤口包扎。包扎时，将三角巾燕尾夹角约 60° 燕尾式，夹角向下对准外侧裤线。大片向后包绕伤侧臀部并压住向前的小片，在对侧腰部打结。底边围绕伤侧的大腿根打结。

手掌三角巾包扎法，适用于手部伤口包扎。包扎时，将受伤手掌对准三角巾顶角放于三角巾中部，指缝间插入敷料。提起顶角向上盖住手背，两底角向上包绕压住顶角后，在腕部交叉打结。

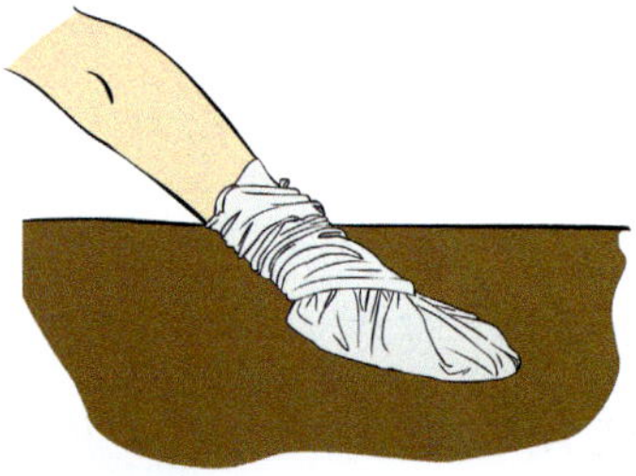

膝部三角巾包扎法，用于膝部伤口包扎。包扎时，将三角巾折叠成适当宽度的带状，中段斜放于伤口上。两端分别压住上下边缘包绕肢体一周打结。

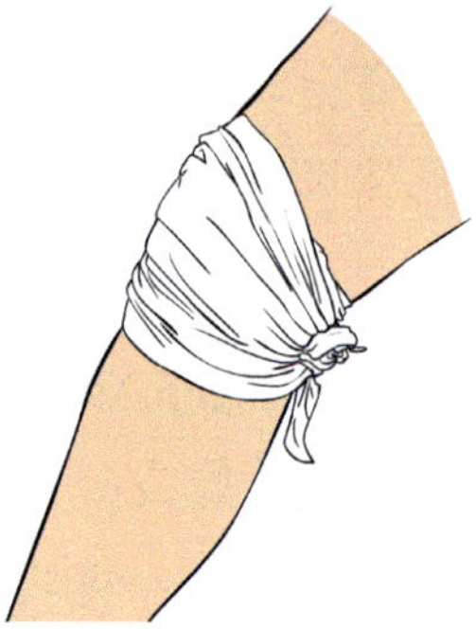

复习思考题

1. 怎样强化对学员安全驾驶知识的传授？
2. 怎样进行学员文明礼让驾驶习惯的养成？
3. 怎样对学员进行驾驶危险性的教育？
4. 怎样进行危险源分析和预测教学？
5. 怎样强化学员风险事故预防教学？
6. 怎样培养学员紧急情况临危处置的意识和能力？
7. 怎样进行事故现场伤员救护急救教学？

模块六

教练员怎样进行规范化教学

一 严格按照教学大纲进行教学

《机动车驾驶员培训教学与考试大纲》（以下简称“大纲”）是指导机动车驾驶培训与考试的重要技术性文件，是驾驶培训机构组织实施教学和考试部门实施考试的重要参考和依据。驾驶培训机构严格按照《大纲》规定的内容和学时组织和实施教学，是落实素质教育、提高培训质量、维护消费者利益的关键，也是培养高素质驾驶员的唯一方法。认真贯彻落实《大纲》，是机动车驾驶培训的一项重要基础工作；是确保培训质量、规范驾驶培训机构教学行为、强化学员安全意识养成的有效途径；是培养安全文明驾驶员的重要前提；是夯实道路交通安全基础的重要保障。

1. 目的和依据

为了加强机动车驾驶培训管理工作，规范驾驶培训教学行为，提高驾驶培训质量，根据《中华人民共和国道路交通安全法》及实施条例、《中华人民共和国道路运输条例》《机动车驾驶员培训管理规定》《机动车驾驶证申领和使用规定》等有关规定，制定《大纲》。《大纲》主要包括：教学大纲、考试大纲和教学日志。

2. 学时安排

车型 / 内容 / 学时	A1、B1	A2	A3	B2	C1	C2	C3	C4、D、E、F	C5	C6
总学时	78	88	144	118	62	58	50	38	62	30
道路交通安全法律、法规和相关知识	10	12	14	14	12	12	12	10	12	4
基础和场地驾驶	32	36	47	50	16	12	14	10	14	16
道路驾驶	20	22	33	32	24	24	16	10	24	4
安全文明驾驶常识	16	18	20	22	10	10	8	8	10	6

（1）每学时为 60 分钟。其中，有效教学时间不得低于 45 分钟。

（2）大纲的学时为各车型基本学时要求。

（3）各省份可结合当地考试实际情况等增加培训内容，并相应调整学时。

（4）每个学员理论培训时间每天不得超过 6 学时，实际操作培训时间每天不得超过 4 学时。

（5）课堂教学不得低于 6 学时，其中，“道路交通安全法律、法规和相关知识”不得低于 4 学时，“安全文明驾驶常识”不得低于 2 学时。

（6）可采用驾驶模拟设备教学的内容，模拟教学学时不得超过 6 学时。

3. 教学要求

（1）教学大纲分为“道路交通安全法律、法规和相关知识”“基础和场地驾驶”“道路驾驶”和“安全文明驾驶常识”四部分内容。每部分内容培训结束后，应对学员的学习进行考核。“基础和场地驾驶”“道路驾驶”两部分考核不合格的，由考核员提出增加复训的内容和学时建议。鼓励机动车驾驶员培训机构聘用二级及以上教练员担任考核员。

（2）“道路交通安全法律、法规和相关知识”和“安全文明驾驶常识”教学可采取多媒体教学、远程网络教学、交通安全体验等多种方式，倡导课堂教学与远程网络教学相结合。课堂教学不得低于 6 学时，其中，“道路交通安全法律、法规和相关知识”不得低于 4 学时，“安全文明驾驶常识”不得低于 2 学时。

（3）“基础和场地驾驶”中“操纵装置的规范操作”和“起步前车辆检查与调整”教学内容，“夜间驾驶”“恶劣条件下的驾驶”“山区道路驾驶”“高速公路驾驶”等内容，可采用驾驶模拟设备教学。模拟教学学时不得超过 6 学时。

（4）“安全文明驾驶常识”应与“道路驾驶”融合教学；“基础驾驶和场地驾驶与道路驾驶”可交叉训练。

4. 其他要求

（1）驾培机构应根据教学大纲制定教学计划，规范填写驾驶培训教学日志，倡导根据学员特点进行差异化教学。

（2）轮式自行机械车（M）、无轨电车（N）、有轨电车（P）三种准驾车型的培训教学大纲，由各省份根据需要和地方特点自行制定，并报交通运输部备案。

（3）各省份应当根据实际对各准驾车型培训里程做出相关要求，除D、E、F和C6外，其余准驾车培训里程最低不得少于260公里。

（4）大型客货车驾驶员职业教育，参考《教学大纲》，按有关规定另行制订人才培养方案。

5. 第一部分教学

《教学大纲》规定，第一部分的教学内容包括：法律、法规和规章、道路交通信号、机动车基本知识。教练员要使用多媒体教学设备，课堂教学与远程网络教学相结合完成全部教训内容。

这一部分的教学，要以让学员掌握知识提高安全意识为目的，千万不要引导学员为应付考试而背题库。要让学员知道理论学习对今后的实际操作训练及整个驾车生涯有着很大的影响，如果没有一定理论知识基础，在接受能力和学习进度上会受到很大的影响。通过参加系统的理论学习，掌握基本理论知识、法律法规、专业知识和规范操作的理论依据，从而为下一步的驾驶学习打下基础。

教练员在进行理论教学时，要注意教学方法和培养学员的记忆技巧，要在让学员认真学习相关内容的基础上，对知识点进行分类归纳，做到举一反三，触类旁通。在理论教学过程中，要让学员梳理出重点和难点。在理解的基础上加深记忆，可起到事半功倍的效果。在教学过程中要提醒学员千万不要相信社会上流传的题库，学习的目的是为了掌握更多的知识，不是为了应付考试。

6. 第二部分教学

《教学大纲》规定，第二部分教学为基础和场地驾驶，内容包括基础驾驶、场地驾驶两部分。基础驾驶要使用模拟设备进行教学，主要是培养基础驾驶技能和安全驾驶行为。驾驶操作训练在训练场内道路进行，有起步前准备、起步、加速、换挡、减速、停车、倒车、行驶位置和行驶路线的选择等。场地驾驶主要是培养学员控制车辆的能力。模拟城市街道驾驶和跟车速度感知，是实际道路驾驶前的准备。

基础动作驾驶操作训练是学习驾驶最基础的教学，在开始进行场地训练前，教练员要在模拟设备上按照操作规程进行系统的讲解、示范基础动作和操作要领，然后由学员进行模仿训练。让学员养成规范的驾驶姿势和动作习惯对后期的学习和进步影响很大，也是为下一步场地驾驶训练打好基础。

学员掌握规范的基础操作动作后，进入场地进行驾驶操作训练。不经过基础动作和基础驾驶作训练，在没有掌握前进和倒车要领和技能，直接进行项目训练，训练难度增大，进步很慢，教学效果差，浪费燃油和训练时间。只有在学员能够熟练完成场地道路驾驶操作的基础上，开始项目驾驶训练，循序渐进，符合学习规律，教学效果明显。

7. 第三部分教学

《教学大纲》规定，第三部分教学为道路驾驶。道路驾驶的内容有上车准备、起步、直线行驶、加减挡位操作、变更车道、通过路口、路口左转弯、路口右转弯、靠边停车、通过人行横道线、通过学校区域、通过公共汽车站、会车、超车、掉头、夜间行驶、模拟驾驶等。第三部分在实际道路上进行，主要是让学员掌握道路驾驶时的安全行车相关知识；掌握一般道路和夜间驾驶方法，能够根据不同的道路交通状况安全驾驶；具备自觉遵守交通法规、有效处置随机交通状况、无意识合理操纵车辆的能力。做到安全、文明、谨慎驾驶。

实际驾驶操作训练是学员安全文明意识和驾驶技能形成的关键阶段，这一阶段的教学中，不要把安全文明常识与实际道路驾驶割裂开进行教学，要把安全文明驾驶常识与实际道路训练紧密结合，在训练中强化学员安全文明驾驶的教育，培养对安全文明常识的感性认识，养成安全文明驾驶习惯，为后期的安全文明常识理论教学打好基础。模拟驾驶部分，可以使用模拟驾驶设备或多媒体完成。

8. 第四部分教学

《教学大纲》规定，第四部分教学为安全文明驾驶常识教学，主要内容包括：安全文明驾驶操作要求、恶劣气象和复杂道路条件下的安全驾驶知识、爆胎等紧急情况下的临危处置方法以及发生交通事故后的处置知识等内容。

安全文明常识、典型事故案例、驾驶行为综合分析与判断，可以采取边训练边学习的方法进行教学，也可以通过后期的集中课堂理论教学进行辅导，有条件的可通过远程网络等形式配合教学，但网络教学不能替代课堂教学。

9.《教学日志》

《教学日志》是驾驶培训教学过程中的重要的环节，可详实的记录学员安全教育和绩效安全考核情况。《教学日志》是加强教学过程管理，规范教学行为，确保《大纲》落实到位的主要手段和载体。《教学日志》根据《教学大纲》规定的各车型或类别的培训学时、教学项目和教学目标的要求编制而成的，是培训教学过程的有效记录，是《教学大纲》的重要组成部分。通过使用《教学日志》，让学员明确所要学习的内容，监督教练员按照《教学大纲》的教学项目和教学要求进行教学，规范自身教学行为，是培训机构负责人全面检查教练员的教学质量和教学效果，系统考核教练员教学工作的依据，也是驾培管理人员监督、检查培训质量，作为签署《培训记录》和考核驾校的重要依据。《教学日志》的主要内容有：培训车型和培训学时、日志编号；培训机构名称和学员姓名、具体训练用车型；教学项目和教学目标；教学过程记录（包括学员签字和教练员评价与签字）；阶段考核意见（包括考核员签字）；培训机构审核意见。教练员填写培训机构名称、学员姓名、训练用车型、每次教学或训练的时间、教学或训练项目、所用学时、教练员的评价及签字，学员对每一次学习进行签字确认；考核人填写阶段考核意见及签字，对考核不合格者，确定复训内容和学时；培训机构负责人签署审核意见并盖章。

驾驶培训教学日志

车型：××
基本学时：××

驾培机构名称：××××××	学员姓名：×××	学员编号：××××

道路交通安全法律、法规和相关知识理论 基本学时：××	教学项目：1. 法律、法规及道路交通信号；2. 机动车基本知识；3. 道路货物运输相关知识（仅 A2、B2 车型）；4. 综合复习及考核。									
次数 / 日期（月 / 日）	1/	2/	3/	4/	5/	6/	7/	8/	9/	……/
教学项目序号										
学时										
学员签字										
教练员评价及签字										

考　核			
次数 / 考核日期	1/　月　日	2/　月　日	……/　月　日
考核意见	□合格　□不合格 建议：	□合格　□不合格 建议：	□合格　□不合格 建议：
考核员签字			

基础和场地驾驶 基本学时：××	教学项目：1. 基础驾驶；2. 场地驾驶；3. 综合驾驶及考核。

次数 / 日期（月 / 日）	1/	2/	3/	4/	5/	6/	/7	8/	9/	10/
教学项目序号										
学时										
学员签字										
教练员评价及签字										
次数 / 日期（月 / 日）	11/	12/	13/	14/	15/	16/	17/	18/	19/	……/
教学项目序号										
学时										
学员签字										
教练员评价及签字										

考　　核			
次数 / 考核日期	1/　月　日	2/　月　日	……/　月　日
考核意见	□合格　□不合格 建议：	□合格　□不合格 建议：	□合格　□不合格 建议：
考核员签字			

增加培训学时					
次数	日期（月 / 日）	教学内容	所用学时	学员签字	教练员评价及签字
1	/				
2	/				
……	/				

道路驾驶 基本学时：××	教学项目：1. 跟车行驶；2. 变更车道；3. 靠边停车；4. 掉头……

次数 / 日期（月 / 日）	1/	2/	3/	4/	5/	6/	/7	8/	9/	10/
教学项目序号										
学时										
学员签字										
教练员评价及签字										
次数 / 日期（月 / 日）	11/	12/	13/	14/	15/	16/	17/	18/	19/	……/
教学项目序号										
学时										
学员签字										

考　　核			
次数 / 考核日期	1/　月　日	2/　月　日	……/　月　日
考核意见	□合格　□不合格 建议：	□合格　□不合格 建议：	□合格　□不合格 建议：
考核员签字			

增加培训学时					
次数	日期（月 / 日）	教学内容	所用学时	学员签字	教练员评价及签字
1	/				
……	/				

安全文明驾驶常识 基本学时：××	教学项目：1. 安全、文明驾驶知识；2. 危险源辨识与防御性驾驶知识……

次数 / 日期（月 / 日）	1/	2/	3/	4/	5/	6/	7/	8/	9/	……/
教学项目序号										
学时										
学员签字										
教练员评价及签字										

考　　核			
次数 / 考核日期	1/　月　日	2/　月　日	……/　月　日
考核意见	□合格　□不合格 建议：	□合格　□不合格 建议：	□合格　□不合格 建议：
考核员签字			

结 业 意 见			
学员姓名		身份证号	
驾培机构审核盖章	该学员各部分考核均合格，准予结业。 （驾培机构章） 年　月　日		

驾驶培训电子教学日志（样式）

驾培机构名称：××××××	学员姓名：××× 学员编号：××××	车型：××

××××（如道路驾驶） 基本学时：××	教学项目：××××××××××××××××××××××××××××××××××。

<table>
<tr><td>培训日期</td><td>××××年×月×日</td><td rowspan="3">训练照片 1</td><td rowspan="3">训练照片 2</td></tr>
<tr><td>培训时段</td><td>hh:mm–hh:mm（24 小时制）</td></tr>
<tr><td>教练员</td><td>×××</td></tr>
<tr><td>教练车号牌</td><td>××××学</td><td>总累计学时</td><td>××××
（单位：min）</td></tr>
<tr><td>本次培训教学项目</td><td>××××××××××××</td><td>法律法规和相关知识
累计学时</td><td>××××
（单位：min）</td></tr>
<tr><td>本次培训学时</td><td>××××（单位：min）</td><td>基础和场地驾驶
累计学时</td><td>××××
（单位：min）</td></tr>
<tr><td>本次培训行驶里程</td><td>××××（单位：km）</td><td>道路驾驶
累计学时</td><td>××××
（单位：min）</td></tr>
<tr><td>本次培训平均速度</td><td>××××（单位：km/h）</td><td>安全文明驾驶常识
累计学时</td><td>××××
（单位：min）</td></tr>
<tr><td>教练员评价</td><td colspan="3"></td></tr>
<tr><td>教练员签字</td><td></td><td>学员签字</td><td></td></tr>
</table>

备注：1. 本表中所列为电子教学日志中必备内容，驾培机构可根据此表样式，结合计时培训管理需求，自行设计使用此日志。

2. 电子教学日志与纸质教学日志具有同等效力。

二 用好规范的培训教材

驾驶培训统编教材，是根据教学大纲的要求，系统地阐述驾驶课程内容的教学用书，是阐述驾驶培训教学内容的专用书籍，是驾驶培训教学内容的主要依据，是学员获取知识的源泉。教练员“教”和学员“学”主要凭借教材的内容，让学员获得系统知识、培养安全意识，是掌握安全驾驶技能的重要工具。驾驶培训教材中既有科学研究的成果，也有前人经验的积累和血的教训总结。教材的价值就是让学员通过学习书本里知识，间接地汲取经验教训，增加知识量，少犯错误，少走弯路。因此，教练员要正确理解教材，准确把握教材，创造性地使用教材。

1. 教材的作用

驾驶培训教材是教练员的好帮手。驾驶教学中的主要内容有哪些？怎样突出讲述重点？怎样分散解决难点？怎样让学员通过自己的探究获得真知？教材都系统地进行了阐述，为教练员的教学和学员的学习提供了第一手资料。教学中不使用教材，仅靠教练员的讲解是无法满足学员对知识的需要的，大量的知识还要从教材中获取。根据认知过程的普遍规律和教学过程中学员的认知特点，学员系统掌握知识，一般是从对教材的感知开始，感知越丰富，观念越清晰，形成概念和理解知识就越容易，同时教材使学员在学习过程中获得的知识更加系统化、规范化，有助于对教材讲解的理解和掌握，并便于学生自习、复习和进行作业。

2. 使用规范的教材

驾驶培训素质教育教材《安全驾驶从这里开始》，是驾驶员培训的规范教材。教材全面贯彻了《教学大纲》的理念和内容，系统地讲解了驾驶员必须掌握的知识，把安全意识教育贯穿到整个教材的始终，强调了很多不为公众所熟知的、但又非常重要的安全知识。教练员要结合教学实际认真阅读教材的内容，掌握教材的理念，学好、用好教材。

驾驶教学中，教练员要结合教材进行备课、讲授，使教材的内容与实际驾驶培训紧密结合，特别要注意安全知识的讲授。让学员养成自觉学习教材，从教材中找答案的好习惯，通过学习教材掌握在实际操作训练中无法完成的教学内容，真正学到驾驶车辆所需的知识。

3. 认真学习教材

教练员的教学具有一定的局限性，地域和环境决定了驾驶教学不具备传授知识和技能全面性的条件。掌握机动车基本知识、法律法规及交通信号、安全文明驾驶常识，需要学习教材；一些专业知识、特殊环境的驾驶、临危应急处置方法、案例教学等，不可能让学员亲身体验，也要靠学习教材。教练员要在自己熟读教材的基础上，督促学员认真学习教材，从教材中学习知识和驾驶经验，培养安全意识，更全面的掌握驾驶技术。

4. 把握教材的知识、技能要点

教练员分析知识、技能的要点或知识点，是认识和理解教材的关键环节，也是实施教学设计和落实教学目标的前提之一。教练员要结合教学大纲规定的教学目标和教学要求认真分析教材的内容，仔细区别哪些是学员必须掌握的知识和驾驶技能，哪些是为了让学员掌握这些知识、技能而安排的背景材料、例证或过渡性练习，准确地找出教材内容的要点和知识点。

5. 结合教材确定教学目标、重点与难点

教练员在认真分析教材体系和知识之间内在联系的基础上，根据教学要求和教材特点，并结合学员实际，分析研究教材的重点、难点和关键，以便科学地组织教学内容，设计教学过程，做到在教学中抓住关键，突出重点，突破难点，

带动全面，有效地提高教学效率。确定教学目标、教学重点与难点，是分析研究教材的关键步骤。

三 制定详细的培训教学计划

驾培机构在培训前，要制定详细的培训计划，内容包括培训目标、培训对象、课程设置和顺序、培训方式、培训方法、培训时间与学时分配、阶段考核等。

1. 培训教学计划

培训教学计划是驾驶培训课程设置的整体规划，教练员在教学中要根据教学计划开展教学活动。教练员要根据教学大纲的要求，分解培训总计划，制定出不同教学阶段的教学计划。在实施训练教学时，教练员要按照教学计划和教学要求，完成规定科目的教学，达到教学大纲的培训目标。驾驶培训教学计划包括培养目标、课程设置与要求、学时分配、教学计划表等。

链接

驾驶培训教学计划

一、培养目标

通过驾驶培训，使学员掌握道路交通安全法律、法规及道路交通信号的规定；掌握安全文明驾驶知识，具备对车辆综合控制能力；具备独立操作技能、遵纪守法、具有良好的职业道德、达到安全文明驾驶的水平。

1. 第一部分教学目标

让学员掌握法律、法规和规章中与道路交通安全有关的相关规定；掌握各类道路条件下的通行规则；掌握道路交通信号的含义和作用；掌握地方性法规的重点内容；了解机动车基本知识，掌握机动车主要仪表、指示灯和操纵装置、安全装置的基本知识。

2. 第二部分教学目标

让学员掌握基础驾驶和场地驾驶理论知识；掌握基础的驾驶操作要领，具备对车辆控制的基本能力；掌握基础操作和场内驾驶的基本方法，具备合理使用车辆操纵机件、正确控制车辆运动空间位置的能力，能够准确地控制车辆的行驶位置、速度和路线。

3. 第三部分教学目标

让学员掌握道路驾驶时的安全行车相关知识；掌握一般道路和夜间驾驶方法，能够根据不同的道路交通状况安全驾驶；具备自觉遵守交通法规、有效处置随机交通状况、无意识合理操纵车辆的能力，做到安全、文明、谨慎驾驶。

4. 第四部分教学目标

掌握各种道路条件、气象环境下的安全文明驾驶知识；掌握正确辨识各类道路交通信号的知识；掌握危险源辨识与防御性驾驶知识；掌握紧急情况下的临危处置知识；掌握发生交通事故后现场处置方法；熟知伤员自救常识；了解常见危险化学品名称、特性等常识；正确分析各类典型事故案例。

二、课程设置与要求

1. 第一部分

讲授交通安全相关法律法规、道路交通信号、机动车基本知识。使学员掌握道路交通安全法律、法规及道路交通信号的规定，了解机动车基本知识。

2. 第二部分

进行基础驾驶、场地驾驶训练。使学员掌握基础的驾驶操作要领；熟练掌握场地驾驶的基本方法。

3. 第三部分

进行起步、直线行驶、换挡、跟车、变更车道、靠边停车、通过路口、通过人行横道、通过学校区域、通过公共汽车站、会车、超车、掉头、夜间驾驶、行驶路线选择、模拟驾驶训练。使学员具备对车辆综合控制能力；熟练掌握一般道路和夜间驾驶方法，能够根据不同的道路交通状况安全驾驶；形成自觉遵守交通法规、有效处置随机交通状况、无意识合理操纵车辆的能力。

4. 第四部分

讲授安全文明驾驶常识、恶劣气象和复杂道路条件下的安全驾驶、紧急情况下的临危处置、发生交通事故后的处置、危险化学品知识、典型事故案例等知识。使学员掌握安全文明驾驶知识；了解行人、非机动车的动态特点及险情的预测和分析方法；熟练掌握一般道路和夜间驾驶方法。

三、学时分配

遵守《教学大纲》对不同车型每个阶段的学时规定。无论采取何种培训方式，必须达到《教学大纲》规定学时。培训时间按学时计算，每学时为 1 小时。理论培训时间每天不超过 4 个学时，实际操作培训时间每天不超过 4 个学时。

学时分配表

内容 \ 车型 \ 学时	A1、B1	A2	A3	B2	C1	C2	C3	C4、D、E、F	C5	C6
总学时	78	88	114	118	62	58	50	38	60	30
第一部分	10	12	14	14	12	12	12	10	12	4
第二部分	32	36	47	50	16	12	14	10	14	16
第三部分	20	22	33	32	24	24	16	10	24	4
第四部分	16	18	20	22	10	10	8	8	10	6

四、教学计划

教学计划表

教学阶段	课程类别	课程 \ 学时 \ 车型	A1、B1	A2	A3	B2	C1	C2	C3	C5	C4、D、E、F	C6
一	理论课	法律、法规及道路交通信号	6	6	9	8	8	8	8	9	8	4
		机动车基本知识	4	6	5	6	4	4	4	3	2	—
	考核	综合复习	—	—	—	—	—	—	—	—	—	—

续上表

教学阶段	课程类别	课程 \ 学时 \ 车型	A1、B1	A2	A3	B2	C1	C2	C3	C5	C4、D、E、F	C6
二	驾驶课	模拟驾驶	2	2	2	2	2	2	2	2	1	—
		基础驾驶	8	8	9	10	4	2	2	4	2	—
		场地驾驶	20	24	34	34	8	6	6	6	5	12
	考核	综合驾驶	2	2	2	2	2	2	2	2	2	4
三	驾驶课	起步	1	1	1	1	1	1	1	1	1	1
	驾驶课	直线行驶										
	驾驶课	换挡	4	4	4	4	4	*	2	*	1	1
	驾驶课	跟车						4		4		
	驾驶课	变更车道										
	驾驶课	靠边停车	1	1	1	1	1	1	1	1	*	—
	驾驶课	通过路口	4	4	13	13	8	8	4	8	4	1
	驾驶课	通过人行横道										
	驾驶课	通过学校区域										
	驾驶课	通过公共汽车站										
	驾驶课	会车										
	驾驶课	超车										
	驾驶课	掉头	1	1	1	1	1	1	1	1	*	1
	驾驶课	夜间驾驶	2	4	4	4	2	2	2	2	1	—
	驾驶课	行驶路线选择	1	1	2	2	1	1	1	1	1	—
	驾驶课	模拟驾驶	4	4	5	4	4	4	3	4	2	—
	考核	综合驾驶	2	2	2	2	2	2	1	2	—	1
四	理论课	安全、文明驾驶	6	4	8	8	4	4	4	4	4	4
	理论课	恶劣气象和复杂道路条件下的安全驾驶	4	4	4	4	2	2	1	2	1	—
	理论课	紧急情况下的临危处置	2	2	4	6	2	2	1	2	1	—
	理论课	发生交通事故后的处置	2	2	2	2	1	1	1	1	1	—
	理论课	危险化学品知识					*	*	*	*	*	—
	理论课	典型事故案例	2	2	2	2	1	1	1	1	1	—
总计			78	88	114	118	62	58	50	60	38	30

注：标注“*”部分为本车型不要求的教学项目和内容；“—”部分表示 不计学时。

2. 第一阶段教学计划

第一阶段为理论知识学习，主要设计了3个教学项目：法律法规及道路交通信号、机动车基本知识、综合复习及考核。教学重点是让学员在理解的基础上掌握机动车驾驶证申领与使用、道路通行规则、驾驶行为要求、交通事故处理、车辆操纵机构、车辆主要安全装置等知识。教练员应结合本阶段的教学项目、内容和目标，根据“了解、熟悉、掌握”等不同学习要求对教学内容进行分类，采取集中授课与学员自学相结合的方式，合理制定教学计划和安排课时。

链接

第一阶段驾驶培训教学计划

一、培养目标

培养学员懂得技术理论、掌握路交通安全法律法规及道路交通信号规定，在技术和法律法规理论方面，达到第一阶段教学教学目标的水平。

具体要求是：

1. 法律、法规及道路交通信号

（1）掌握机动车驾驶证申领与使用的规定、考试标准、记分标准。

（2）掌握道路交通信号的种类、识别和作用。

（3）掌握各类道路条件下的通行规则。

（4）掌握变更车道、跟车与限制超车驾驶、会车规定、避让行人和非机动车、掉头与倒车的规定。

（5）掌握正确驾驶的行为要求；掌握主要交通安全违法行为情形、法律责任的基本知识、驾驶机动车禁止行为。

（6）掌握机动车登记的有关规定；了解道路交通事故现场处置方法。

2. 机动车基本知识

（1）了解车辆的基本构成，熟悉各主要安全装置的配置。

（2）掌握仪表、报警灯、安全头枕、安全带、安全气囊、灯光、喇叭、防抱死制动系统的作用。

（3）掌握转向盘、加速操纵装置、制动操纵装置、离合器踏板、变速器操纵杆、驻车制动操纵装置及其他操纵装置的作用。

（4）了解车辆性能与安全行车的关系及制动性能对行车安全的影响。

（5）掌握日常检查和维护的基本内容，了解燃油、润滑油、冷却液、风窗玻璃清洗液等运行材料的使用常识。

（6）了解客车行车制动装置、缓行器和驻车制动装置、客车乘客门、安全出口、客车外推式安全窗的结构特点。

（7）了解公交车行车制动装置、驻车制动装置、乘客门的结构特点。

（8）了解汽车列车制动系统的结构特点、汽车列车连接与分离装置的结构。

二、课程设置与要求

1. 法律、法规相关知识

讲授机动车驾驶证申领与使用、道路通行规则、违法行为处罚、机动车登记、交通事故处理等相关法律法规。让学员掌握道路交通安全法律、法规及其他法律、法规和规章中与道路交通安全有关的主要规定。

2. 道路交通信号

讲授道路交通信号灯、道路交通标志、道路交通标线、交通警察手势的识别和作用。使学员熟练掌握各类道路交通信号的种类及作用。

3. 车辆结构常识

讲授车辆结构常识、主要安全装置、驾驶操纵机构、车辆性能、车辆检查和维护、车辆运行材料、客车制动系统及车门、公交车制动系统及车门、汽车列车制动系统、连接与分离装置等知识。使学员了解机动车基本知识，掌握机动车主要仪表、指示灯和操纵、安全装置的基本知识。

4. 驾驶行为知识

讲授驾驶员的行为要求和有关规定及法律法规、禁止的交通安全违法行为。让学员熟练掌握正确驾驶的行为要领、主要交通安全违法行为情形、法律责任的基本知识、驾驶机动车禁止行为。

三、学时分配

遵守《教学大纲》对不同车型第一阶段的学时规定，必须达到《教学大纲》规定学时。理论知识应当采用课堂多媒体教学，授课时间按学时计算，每学时为 1 小时，每天授课时间不超过 6 个学时。

第一阶段学时分配表（C1 车型）

时间 学时 项目	第一天	第二天	第三天	第四天	总学时
法律、法规及道路交通信号	3	4	1	—	8
机动车基本知识	1	—	3	—	4
综合复习	—	—	—	1	1
结业考核	—	—	—	1	1
合计学时	4	4	4	2	14

四、教学计划

第一阶段教学计划表（C1 车型）

<table>
<tr><th>课程类别</th><th>课程项目</th><th>时间 学时 课程内容</th><th>第一天</th><th>第二天</th><th>第三天</th><th>总学时</th></tr>
<tr><td rowspan="13">理论课</td><td rowspan="7">法律、法规及道路交通信号</td><td>机动车驾驶证申领与使用</td><td>1</td><td>—</td><td>—</td><td>1</td></tr>
<tr><td>道路交通信号</td><td>1</td><td>—</td><td>—</td><td>1</td></tr>
<tr><td>道路通行规则</td><td>1</td><td>2</td><td>—</td><td>3</td></tr>
<tr><td>违法行为处罚</td><td>—</td><td>1</td><td>—</td><td>1</td></tr>
<tr><td>机动车登记</td><td>—</td><td>1</td><td>—</td><td rowspan="2">1</td></tr>
<tr><td>交通事故处理</td><td>—</td><td>—</td><td>—</td></tr>
<tr><td>驾驶行为</td><td>—</td><td>—</td><td>1</td><td>1</td></tr>
<tr><td rowspan="6">机动车基本知识</td><td>车辆结构常识</td><td>—</td><td>—</td><td>1</td><td>1</td></tr>
<tr><td>主要安全装置</td><td>—</td><td>—</td><td>—</td><td>—</td></tr>
<tr><td>驾驶操纵机构</td><td>—</td><td>—</td><td>1</td><td>1</td></tr>
<tr><td>车辆性能</td><td rowspan="3">1</td><td>—</td><td rowspan="3">1</td><td rowspan="3">2</td></tr>
<tr><td>车辆检查和维护</td><td>—</td></tr>
<tr><td>车辆运行材料</td><td>—</td></tr>
<tr><td colspan="3">合计学时</td><td>4</td><td>4</td><td>4</td><td>12</td></tr>
</table>

3. 第二阶段教学计划

第二部分的驾驶教学设计为基础驾驶和场地驾驶训练。教学的重点是让学员掌握基本的车辆操控要领、基础驾驶方法、场地驾驶技能，使学员具有准确控制车辆的行驶位置、速度和路线的能力，能够在场内道路独立驾驶。

第二部分实际操作部分是结合驾驶技能形成规律及驾驶考试的要求完成训练教学。教练员要根据不同学员的学习特点编制训练计划，合理安排训练内容，充分运用讲解、示范等教学方法。在培训过程中，教练员需要注意对学员安全意识和良好驾驶操作习惯的培养。

第二阶段驾驶培训教学计划

一、培养目标

通过第二阶段驾驶培训教学，培养学员掌握基础的驾驶操作要领，具备对车辆控制的基本能力；熟练掌握场内道路和场地项目驾驶的基本方法，具备合理使用车辆操纵机件、正确控制车辆运动空间位置的能力，能够准确地控制车辆的行驶位置、速度和路线。

具体要求：

1. 基础驾驶

（1）掌握基础驾驶操作的要领。

（2）掌握正确的驾驶姿势要领、驾驶操纵装置的正确操作方法、行车前车辆检查与调整。

2. 场地驾驶

（1）掌握场地驾驶方法和要领。

（2）合理使用操作机件，正确控制车辆运动空间位置，准确控制行驶位置、速度和路线。

二、课程设置与要求

1. 基础驾驶操作

讲授基础驾驶操作规范和基础驾驶操作的要求、作用，进行驾驶姿势、操纵装置的操作、行车前车辆检查与调整训练。使学员掌握规范的基础驾驶动作、正确的驾驶姿势和驾驶操纵机件的使用方法；掌握行车前的检查与调整的内容和方法。

2. 场地驾驶

讲授场地驾驶知识，进行场内道路、场地项目、场地模拟项目的训练。让学员熟知速度控制、转向控制、空间位置控制对安全行车的影响。掌握上下车观察、上下车动作、起步、停车、变速、换挡、倒车、行驶位置和路线安全操作方法。

三、学时分配

遵守《教学大纲》对不同车型第二阶段的学时规定。无论何种培训方式，都必须达到《教学大纲》规定学时。训练时间按学时计算，每学时为 1 小时，每天训练时间不超过 4 个学时。

第二阶段学时分配表（C1 车型）

时间 / 学时 / 项目	第一天	第二天	第三天	第四天	总学时
基础驾驶训练	4	2	—	—	6
场地驾驶训练	—	2	4	2	8
结业考核	—	—	—	2	2
合计学时	4	4	4	4	16

四、教学计划

第二段教学计划表（C1 车型）

课程类别	课程项目	时间 学时 课程内容	第一天	第二天	第三天	第四天	总学时
实际操作	基础驾驶	行车前车辆检查与调整	2	—	—	—	2
		驾驶姿势		—	—	—	
		行车前车辆检查与调整	2	2	—	—	4
		操纵装置的操作			—	—	
实际操作	场地驾驶	上、下车动作	—	1	—	—	1
		上车前的观察	—		—	—	
		下车前的观察	—		—	—	
		起步、停车	—		—	—	
		变速、换挡、倒车	—		2	—	
		行驶位置和路线	—	1		—	1
		曲线行驶	—	—	1	—	1
		直角转弯	—	—		1	1
		侧方停车	—	—	3	—	3
		倒车入库	—	—	—	1	1
		坡道定点停车和起步	—	—	—	1	1
		模拟城市街道驾驶	—	—	—		—
		跟车速度感知	—	—	—		—
		独立驾驶	—	—	—		—
		综合驾驶及考核	—	—	—	1	1
合计学时			4	4	4	4	16

4. 第三阶段教学计划

第三部分教学的目的是培养学员的车辆综合控制能力，掌握一般道路和夜间驾驶方法，能够根据不同的道路交通状况安全驾驶。使学员形成自觉遵守交通法规、有效处置随机交通状况、无意识合理操纵车辆的能力。

实际操作训练与安全文明驾驶常识要结合在一起进行教学，教练员要根据不同学员的学习特点编制训练计划，合理安排训练内容，充分运用讲解、示范等教学方法。在培训过程中，教练员需要注意对学员安全意识和良好驾驶操作习惯的培养，让学员掌握道路驾驶技能，完成独立驾驶前的全部学习，达到安全合格的驾驶员标准。

链接

第三阶段驾驶培训教学计划

一、培养目标

培养学员掌握道路驾驶时的安全行车相关知识，掌握一般道路和夜间驾驶方法，能够根据不同的道路交通状况安全驾驶；具备自觉遵守交通法规、有效处置随机交通状况、无意识合理操纵车辆的能力，做到安全、文明、谨慎驾驶。

具体要求：

（1）掌握起步、直线行驶、换挡、跟车、变更车道、靠边停车、通过路口、通过人行横道、通过学校区域、通过公共汽车站、会车、超车、掉头驾驶方法。

（2）掌握一般道路和夜间安全驾驶方法。

（3）能按照自行选择的行驶路线，在一般道路上独立地安全驾驶

二、课程设置与要求

1. 跟车行驶

训练跟车时合理控制跟车速度、保持跟车距离知识，掌握跟车行驶的安全驾驶方法。

2. 变更车道

训练变更车道时观察、判断安全距离，控制行驶速度知识，掌握使用灯光信号，合理选择变更车道时机、平稳变更车道的安全驾驶方法。

3. 靠边停车

训练靠边停车时正确使用灯光信号，观察后方和两侧交通状况知识，掌握靠路边顺位停车、倒入路边车位的驾驶方法。

4. 掉头

训练掉头时降低车速，观察交通状况知识，掌握正确选择掉头地点和时机安全掉头的驾驶方法。

5. 通过路口

（1）直行通过路口要掌握路口合理观察交通状况知识，掌握减速或停车瞭望，直行通过路口的安全驾驶方法；

（2）路口左转弯或路口右转弯要熟悉路口合理观察交通状况及视野盲区知识，掌握减速或停车瞭望，正确使用灯光信号，左、右转弯通过路口的安全驾驶方法。

6. 通过人行横道

训练在人行横道前观察两侧交通状况、提前减速、礼让行人知识，掌握安全通过的驾驶方法。

7. 通过学校区域

训练通过学校区域时，提前减速观察，文明礼让，避让学生和校车知识，掌握安全通过的驾驶方法。

8. 通过公共汽车站

训练通过公共汽车站提前减速，观察公共汽车进、出站动态和上下车乘客动态及预防行人横穿道路知识，掌握安全通过的驾驶方法。

9. 会车

训练正确判断会车地点、会车时机及与对方车辆保持安全间距知识，掌握安全会车驾驶方法。

10. 超车

训练超车前观察被超越车辆动态，合理选择超车时机，超车中保持与被超越车辆安全间距和超车后驶回原车道知识，掌握安全超车驾驶方法。

11. 夜间驾驶

训练夜间起步、会车、超车、通过急弯、通过坡路、通过拱桥、通过人行横道或者在没有交通信号灯控制的路口正确使用灯光知识，掌握夜间安全驾驶方法。

三、学时分配

遵守《教学大纲》对不同车型第三阶段的学时规定。无论何种培训方式，都必须达到《教学大纲》规定学时。训练时间按学时计算，每学时为 1 小时，每天训练时间不超过 4 个学时。

第三部分学时分配表（C1 车型）

项目 \ 学时 \ 时间	第一天	第二天	第三天	第四天	第五天	第六天	总学时
起步、直线行驶、换挡	2	—	—	—	—	—	2
会车	—	1	—	—	—	—	1
跟车、变更车道	2	1	—	—	—	—	3
超车	—	1	1	—	—	—	2
靠边停车	—	1	—	—	—	—	1
通过路口	—	—	2	—	—	—	2
通过人行横道	—	—	1	—	—	—	1
通过学校区域	—	—	—	1	—	—	1
通过公共汽车站	—	—	—	1	—	—	1
掉头	—	—	—	1	—	—	1
夜间驾驶	—	—	—	1	1	—	2
行驶路线选择	—	—	—	—	1	—	1
模拟驾驶	—	—	—	—	2	2	4
综合驾驶及考核	—	—	—	—	—	2	2
合计学时	4	4	4	4	4	4	24

第三部分教学计划表（C1 车型）

<table>
<tr><th>课程项目</th><th>时间
学时
课程内容</th><th>第一天</th><th>第二天</th><th>第三天</th><th>第四天</th><th>第五天</th><th>第六天</th><th>总学时</th></tr>
<tr><td>起步</td><td>起步操作</td><td rowspan="6">2</td><td>—</td><td>—</td><td>—</td><td>—</td><td>—</td><td rowspan="6">2</td></tr>
<tr><td rowspan="3">直线行驶</td><td>直线行驶控制</td><td>—</td><td>—</td><td>—</td><td>—</td><td>—</td></tr>
<tr><td>行驶速度控制</td><td>—</td><td>—</td><td>—</td><td>—</td><td>—</td></tr>
<tr><td>安全距离控制</td><td>—</td><td>—</td><td>—</td><td>—</td><td>—</td></tr>
<tr><td rowspan="2">换挡</td><td>加挡操作</td><td rowspan="2">—</td><td>—</td><td>—</td><td>—</td><td>—</td></tr>
<tr><td>减挡操作</td><td>—</td><td>—</td><td>—</td><td>—</td></tr>
<tr><td>会车</td><td>安全会车</td><td>1</td><td>—</td><td>—</td><td>—</td><td>—</td><td>—</td><td>1</td></tr>
<tr><td rowspan="2">跟车</td><td>跟车距离控制</td><td rowspan="3">1</td><td rowspan="3">2</td><td>—</td><td>—</td><td>—</td><td>—</td><td rowspan="3">3</td></tr>
<tr><td>跟车速度控制</td><td>—</td><td>—</td><td>—</td><td>—</td></tr>
<tr><td>变更车道</td><td>安全变更车道</td><td>—</td><td>—</td><td>—</td><td>—</td></tr>
<tr><td rowspan="2">超车</td><td>同向超车</td><td>—</td><td rowspan="2">2</td><td>—</td><td>—</td><td>—</td><td>—</td><td rowspan="2">2</td></tr>
<tr><td>借道超车</td><td>—</td><td>—</td><td>—</td><td>—</td><td>—</td></tr>
<tr><td rowspan="3">靠边停车</td><td>顺位停车</td><td>—</td><td>—</td><td rowspan="3">1</td><td>—</td><td>—</td><td>—</td><td rowspan="3">1</td></tr>
<tr><td>S 形倒车入位</td><td>—</td><td>—</td><td>—</td><td>—</td><td>—</td></tr>
<tr><td>L 形倒车入位</td><td>—</td><td>—</td><td>—</td><td>—</td><td>—</td></tr>
<tr><td rowspan="3">通过路口</td><td>直行通过路口</td><td>—</td><td>—</td><td rowspan="3">2</td><td>—</td><td>—</td><td>—</td><td rowspan="3">2</td></tr>
<tr><td>路口左转弯</td><td>—</td><td>—</td><td>—</td><td>—</td><td>—</td></tr>
<tr><td>路口右转弯</td><td>—</td><td>—</td><td>—</td><td>—</td><td>—</td></tr>
<tr><td>通过人行横道</td><td>安全通过人行横道</td><td>—</td><td>—</td><td>1</td><td>—</td><td>—</td><td>—</td><td>1</td></tr>
<tr><td>通过学校区域</td><td>安全通过学校区域</td><td>—</td><td>—</td><td>—</td><td>1</td><td>—</td><td>—</td><td>1</td></tr>
<tr><td>通过公共汽车站</td><td>安全通过公共汽车站</td><td>—</td><td>—</td><td>—</td><td>1</td><td>—</td><td>—</td><td>1</td></tr>
<tr><td>掉头</td><td>安全掉头</td><td>—</td><td>—</td><td>—</td><td>1</td><td>—</td><td>—</td><td>1</td></tr>
<tr><td>夜间驾驶</td><td>夜间安全驾驶与灯光的使用</td><td>—</td><td>—</td><td>—</td><td>1</td><td>1</td><td>—</td><td>2</td></tr>
<tr><td>行驶路线选择</td><td>自行选择行驶路线</td><td>—</td><td>—</td><td>—</td><td>—</td><td>1</td><td>—</td><td>1</td></tr>
</table>

续上表

课程项目	时间 学时 课程内容	第一天	第二天	第三天	第四天	第五天	第六天	总学时
模拟驾驶	驾驶行为综合分析与判断	—	—	—	—	2	—	2
	恶劣条件下的驾驶	—	—	—	—	—	1	1
	山区道路驾驶	—	—	—	—	—		
	高速公路驾驶	—	—	—	—	—	1	1
考核	综合驾驶	—	—	—	—	—	2	2
合计学时		4	4	4	4	4	4	24

5. 第四部分教学计划

第四部分教学的目的是为了让学员掌握各种道路条件、气象环境下的安全文明驾驶知识；掌握正确辨识各类道路交通信号的知识；掌握危险源辨识知识；掌握紧急情况下的临危处置知识；了解发生交通事故后现场处置、伤员自救常识和常见危险化学品名称、特性等常识；正确分析各类典型事故案例。

第四部分教学，教练员应根据“了解、熟悉、掌握”等不同学习要求对教学内容进行分类，在技能训练结束后，采取集中授课与学员远程网络自学相结合的方式，合理制定教学计划和安排课时。

第四部分驾驶培训教学计划

一、培养目标

培养学员掌握各种道路条件、气象环境下的安全文明驾驶知识；掌握正确辨识各类道路交通信号的知识；掌握危险源辨识知识；掌握紧急情况下的临危处置知识；了解发生交通事故后现场处置、伤员自救常识和常见危险化学品名称、特性等常识；正确分析各类典型事故案例。

具体要求：

（1）掌握文明礼让的道德意识，具备辨识、遵守各类道路交通信号的能力。

（2）掌握恶劣气象和复杂道路条件下安全驾驶方法。

（3）了解和收悉紧急情况下的临危处置方法和高速公路紧急避险原则和方法。

（4）了解发生交通事故后的处置方法。

（5）掌握事故现场伤员救护方法。

（6）了解常见危险化学品的特性及运输中特殊情况的处理方法。

（7）分析道路交通典型事故案例，判断事故发生原因。

二、课程设置与要求

1. 安全、文明驾驶

（1）掌握不良生理心理状态对安全驾驶的危害、影响及相应预防知识，养成自觉杜绝违法驾驶行为和避免在不良生理心理状态下驾驶的习惯。

（2）掌握车辆安全检查与调整方法，养成行车前对车辆进行安全检查与调整的驾驶习惯。

（3）掌握车内安全装置的正确使用方法，养成使用安全带、安全头枕、儿童安全座椅等主要安全装置的习惯。

（4）掌握起步、汇入车流、跟车行驶、变更车道、会车、超车、让超车、停车、掉头、倒车及通过弯道、路口、人行横道、学校区域、居民小区、公交车站的安全驾驶方法，养成安全行车的驾驶习惯。

（5）培养优先通行权与安全礼让行人（尤其儿童）、非机动车和其他车辆（尤其校车）等其他交通参与者的道德意识，杜绝常见违法行为和不文明行为，养成文明礼让的驾驶习惯。

（6）能正确辨识交通信号灯、交通标志标线和交通警察手势等，养成自觉遵守道路交通信号的驾驶习惯。

2. 危险源辨识知识

（1）掌握危险源辨识基本知识，养成提前预判风险的习惯；

（2）掌握动视力和视野盲区对安全行车的影响；

（3）掌握跟车、会车、超车、变更车道、转弯、倒车、掉头等不同行驶状态下驾驶险情的预测与分析方法；

（4）掌握山区道路、桥梁、隧道等典型道路环境和雨天、雪天、雾（霾）天、风沙等恶劣气象条件下驾驶险情的预测与分析方法；

（5）掌握高速公路驾驶险情的预测与分析方法；

（6）掌握夜间驾驶险情的预测与分析方法。

3. 恶劣气象和复杂道路条件下的安全驾驶

掌握雨天、冰雪道路、雾（霾）天、大风天气、泥泞道路、涉水、施工道路、通过铁路道口、山区道路、通过桥梁、通过隧道的安全驾驶方法。

4. 紧急情况下的临危处置

掌握紧急情况临危处置、高速公路驾驶紧急避险、发生交通事故后的处置原则和方法。

5. 典型事故案例

正确分析道路交通典型事故案例，判断事故发生的主要原因。

三、学识分配

第四部分学时分配表（C1 车型）

<table>
<tr><th>时间
学时
项目</th><th>第一天</th><th>第二天</th><th>第三天</th><th>总学时</th></tr>
<tr><td>安全、文明驾驶</td><td>3</td><td>—</td><td>—</td><td>3</td></tr>
<tr><td>危险源辨识知识</td><td>1</td><td>—</td><td>—</td><td>—</td></tr>
<tr><td>恶劣气象和复杂道路条件下的安全驾驶</td><td>—</td><td>2</td><td>—</td><td>2</td></tr>
<tr><td>紧急情况下的临危处置</td><td>—</td><td>—</td><td>—</td><td>2</td></tr>
<tr><td>发生交通事故后的处置</td><td>—</td><td>—</td><td rowspan="2">2</td><td rowspan="2">2</td></tr>
<tr><td>典型事故案例</td><td>—</td><td>—</td></tr>
<tr><td>合计学时</td><td>4</td><td>4</td><td>2</td><td>10</td></tr>
</table>

第四部分教学计划表（C1 车型）

课程项目	时间 学时 项目	第一天	第二天	第三天	总学时
安全、文明驾驶	安全驾驶	1	—	—	1
	文明礼让	1	—	—	1
	常见交通标志、标线和交警手势辨识	1	—	—	1
恶劣气象和复杂道路条件下的安全驾驶	雨天驾驶	1	—	—	1
	冰雪道路驾驶		—	—	
	雾天驾驶		—	—	
	大风天气驾驶		—	—	
	泥泞道路驾驶		—	—	
	涉水驾驶		—	—	
	施工道路驾驶		—	—	
	通过铁路道口		—	—	
	山区道路驾驶	—	2	—	2
	通过桥梁	—		—	
	通过隧道	—		—	
	夜间驾驶	—		—	
	高速公路驾驶	—		—	
紧急情况下的临危处置	险情的预测与分析	—	2	—	2
	紧急情况避险知识	—		—	
	高速公路驾驶紧急避险	—		—	
发生交通事故后的处置	事故处置原则	—	—	1	1
典型事故案例	违法行为综合判断与案例分析	—	—	1	1
合计学时		4	4	2	10

四 编写具体的驾驶培训教案

编写教案，也就是通常说的备课，是教练员教学的基本功，是保证教学质量的一项重要工作，编写教案的过程是教练员对教学内容进行消化加工提炼的过程。通过编写教案，教练员以自己的主观认知能力来理解教材的客观知识，并按照学员的理解与接受规律重新进行组合、表达，在此基础上理清思路，去粗取精、去伪存真、由此及彼、由表及里，将内容加工升华成易于传授的信息。驾驶培训教案是教练员备课过程的反映，也是教练员讲课的依据，更是保证教学活动有序、有效进行的工具。一份优秀的教案，是教练员教育思想、智慧、动机、经验、个性和教学艺术的综合体现。

1. 编写教案的原则

（1）内容针对性原则。驾驶培训教学在进行课程设计时都有一定的主题、目的、内容和要求。备课的内容必需依纲扣本、有针对性，按教材的内在规律，结合学员实际来确定教学目标、重点、难点、设计教学过程，避免出现知识性错误。教练员不能远离大纲、脱离教材，随心所欲的编写教案。

（2）思维的发散性原则。教练员讲课不应局限于教材内容，要有一定的开放性、发散性。发散性思维，是指教练员在积累众多材料的基础上广泛思考，挖掘各种材料之间的内在联系并进行跳跃联想的能力。教练员编写教案时，要在钻研教材的基础上，广泛涉猎多种参考资料，向有经验的老教练员请教，对别人的经验在思考的基础上消化、吸收，结合个人的体会，巧妙构思，精心安排，写出水平和个性。

（3）过程的提炼性原则。学员的学习目标，除了知识的拓宽加深和技能的熟练掌握外，理论学习以学会记住为主，场地训练在掌握车辆空间位置和控制速度方面学会思考，实际道路训练要结合道路驾驶中存在的问题研讨改进教学的方法。教练员编写教案，不能照本宣科，一定要从实际需要出发，要充分考虑教案的可行性和操作性，将教材的知识经过自己的加工提炼，去伪存真、去粗取精。好的教案文字简练，从中能看出教练员理解教材和挖掘教材的深度，教学思路要十分清晰，能力训练要层次分明，文字要简明扼要，有提示性。

（4）语言的逻辑性原则。语言的逻辑性反映为讲课的条理性和教学语言的简洁流畅上。教练员的讲授语言，在很大程度上决定着学员理解和接受知识的效率。教练员在编写教案时，要精心准备教学语言，按照中心突出、主次分明、脉络清晰、由浅入深的要求准备讲课内容，按照叙述严谨、言简意赅、干脆利落的要求准备课堂用语，特别应注意推敲衔接的语言，以使知识自然过渡。语言设计要准确科学、标准规范、逻辑严密、生动感人、有启发性、针对性，采用层进式或者并列式结构，精心选择说明与说理的顺序。根据学员年龄的差异、知识水平的差异、理解和接受能力的差异、教学内容的差异、教学环境的差异等，选用易于理解又有助于提高表达水平的语言，使学员享受美的愉悦中学到知识，受到教育。

（5）表达的艺术性原则。讲课不单是简单语言的表达和信息的传递，需要让学员准确地接受并掌握信息的意义。教练员编写教案的艺术性就是构思巧妙，能让学员在听课时不仅学到知识，而且得到艺术的欣赏和快乐的体验，尤其是要设计好开头、结尾，首尾呼应，层层递进、扣人心弦，达到立体效果，教练员的说、谈、问、讲等授课语言都要经过设计，字斟句酌，该说的一个字不少说，不该说的一个字也不多说，该什么时候说，用什么语调说等都应经过精心安排。教学艺术就是教练员在课堂上遵照教学法则和美学尺度的要求，灵活运用语言、表情、动作、心理活动、图象组织、调控等手段，充分发挥教学情感的功能，取得最佳教学效果。

（6）方法的多样性原则。驾驶培训的最大特点是互动式手段的广泛使用，除了传统的授课和提问法以外，还有讨论法、案例分析法、情景模拟法、专题研讨法等教学方法。教练员编写教案时，要根据具体的教学内容、要求，充分考虑实际教学的需要，对所教授的教学内容要有一个教学设计，确定用什么教学法来完成教学。采用的教学方法不同，编写教案的风格也不同。

2. 理论教案编写

理论教学主要在教学第一部分和第四部分，第一部分的理论教学内容是机动车基本知识、道路交通安全法律法规及道路交通信号等知识，第四部分的理论教学内容是安全常识教学。《教学大纲》规定理论知识应当采用课堂多媒体教学，第四部分的理论教学有条件的可通过网络等形式配合教学。

理论教案要紧扣《教学大纲》规定的教学内容和教学要求，遵守教案的编写规范，按照教案编写原则、格式和教学规律进行编写。编写理论教案，重点要突出、针对性强，在涵盖考试大纲的考试要点的同时，拓宽教学的知识面，始终将守法教育和安全意识教育贯穿始终，满足学员安全驾驶知识的需要。

示范教案

教学科目	主要安全装置	教学学时	1
教学目的	正确认识安全装置的作用，培养安全驾驶的意识		
教学要求	熟悉各主要安全装置的配置；掌握各主要安全装置的作用		
教学内容	一、安全头枕 1. 安全头枕的作用 汽车座椅上安全头枕的主要作用是汽车在被追尾时，能有效保护驾驶员和乘车人的颈部不受伤害 2. 安全头枕的调整方法 调整安全头枕高度时，保持头枕中心与后脑中心平齐，才能发挥保护作用 3. 安全头枕使用注意事项 如果行车前驾驶人不根据自己身高调整头枕高度，头枕就不能发挥保护作用，一旦发生追尾事故，存在被严重伤害的危险		
	二、安全带 1. 安全带的形式和结构 安全带有两点式、三点式和全背式三种形式。安全带主要由织带、带扣锁、导向件及卷收器等组成		

续上表

教学内容	2. 安全带的作用 （1）安全带是一种极有效的防护装置，一旦车辆发生碰撞或使用紧急制动，预紧装置就会瞬间收束，绷紧佩带松弛的安全带，将乘员牢牢地拴在座椅上，以防止意外 （2）安全带的缓冲作用还能吸收大量动能，可有效地防止二次碰撞，减轻对人的伤害程度 3. 三点式安全带的系法 （1）右手缓慢平顺拉出安全带，从肩部与颈部之间通过胸部适当位置，安全带下端同横在骨盆和胸腔之上，将搭扣插头插入插座 （2）由左手握住安全带上端，向前用力拉，检查锁止机构是否有效 4. 安全带使用注意事项 （1）经常检查安全带的技术状态，发现有损坏应及时更换 （2）三点式安全带，腰带应系得尽可能低些，系在髋部，不要系在腰部；肩部安全带不要放在胳膊下面，应斜挎胸前 （3）不能让安全带压在坚硬的或易碎的物体上，如衣服里的眼镜、钢笔和钥匙等 （4）一个安全带只能一个人使用，严禁双人共用。不要将安全带扭曲使用 （5）不能让安全带与锋利的刀刃摩擦，以免损伤安全带；不能让座椅靠背过于倾斜，否则安全带将不能正确地伸长和收卷 （6）座椅上无人时，要将安全带送回卷收器中，将安全带扣置于收藏位置，以免在紧急制动时安全带扣撞击到其他物体上 （7）不能给儿童使用成人的安全带，而应使用特别安装的儿童汽车安全座椅
	三、安全气囊 1. 安全气囊的位置 安全气囊是辅助安全系统，简称 SRS。驾驶员气囊安装在转向盘中间罩盖下，乘员气囊安装在小储藏箱内，很多车辆还装备了侧气囊 2. 安全气囊的作用 车辆发生碰撞时，气囊在极短的时间内迅速膨胀，可以防止驾乘人员撞击转向盘、风窗玻璃或车辆侧门窗 3. 安全气囊使用注意事项 （1）安全气囊必须与安全带配合使用，当安全气囊在汽车发生剧烈碰撞迅速打开时，有安全带的束缚，驾乘人员前冲的距离受到限制，力量就会减缓，气囊对人身的伤害也会降低 （2）儿童勿坐前排。由于气囊的安装位置及打开的力度都是按照成人来设计的，气囊打开后的位置正好在人的头胸之间，这样才能对成人起到最大的保护作用。如果儿童坐在前排，气囊打开后的位置就到了头部，强大的冲击力会造成儿童颈椎骨折甚至死亡 （3）由于气囊打开时的力度很大，驾乘人员应保持正确的坐姿，与气囊保持一定的安全距离，胸部离方向盘至少 10cm 以上，以免被打开的气囊伤害 （4）不要在气囊罩盖上放香水、小摆设之类的装饰，以免气囊迅速打开时，驾乘人员受到四处飞溅的物体的伤害 （5）尽量不要戴眼镜，气囊迅速打开时，眼镜在气囊的冲击下会造成驾乘车人面部损伤

续上表

重点难点	安全头枕、安全带、安全气囊对驾乘人员的安全保护作用的关系
教学方法	理论教练员讲解
教学工具	多媒体课件

理论教学的教学过程设计：

（1）导入新课。设计新颖活泼的形式，引出新课内容，激发学员学习兴趣和动机。

（2）讲授新课。针对不同教学内容，选择不同的教学方法、详细步骤安排、分配时间。

（3）总结练习。对讲授的知识进行归纳、总结，设定问题，提问或解答问题。

（4）作业安排。结合考点布置复习内容，要考虑知识拓展性。

3. 实际操作教案编写

实际操作教学主要在教学第二部分和第三部分，第二部分的实际操作教学内容是基础驾驶、场内道路驾驶、场地项目驾驶、模拟驾驶、跟车行驶与速度感知。第三部分的实际操作教学内容是起步、直线行驶、换挡、跟车、变更车道、靠边停车、通过路口、通过人行横道、通过学校区域、通过公交站、会车、超车、公路掉头、夜间驾驶、行车路线选择、模拟驾驶。《教学大纲》规定第二部分的实际操作项目基础驾驶应当采用驾驶模拟器教学，第三部分的摸拟驾驶部分内容可采用驾驶模拟器教学。

实际操作教案要紧扣《教学大纲》规定的教学内容和教学要求，遵守教案的编写规范，按照教案编写原则、格式和教学规律进行编写。编写实际操作教案，重点要突出、针对性强，在涵盖考试大纲的考试要点的同时，拓宽教学的知识面，将安全常识与实际道路驾驶训练紧密结合，始终将守法教育、安全意识教育贯穿始终，满足学员安全驾驶的需要。

示范教案 1

教学科目	模拟城市街道驾驶	教学学时	2
教学目的	在城市街路安全驾驶车辆的能力		
教学要求	掌握通过城市道路典型路段安全驾驶的操作要领		
教学内容	1. 通过人行横道 （1）看到人行横道警告标志、标线时，要提前减速 （2）通过人行横道时，将车速控制在能随时停车的范围内 （3）仔细观察左右两侧及人行道上的情况 （4）有行人、非机动车横过时要停车让行		
	2. 通过交叉路口 （1）看到交叉路口警告标志时，要减速行驶，提前选择行驶车道 （2）驶入交叉路口前，降低速度或停车瞭望，注意观察交通标志和标线 （3）按选择方向的车道行驶，按交通信号灯指示通行 （4）遇其他车辆通行时，正确判断道路优先通行权，礼让通行		
	3. 通过环形路口 （1）看到环形路口警告标志时，提前减速慢行 （2）驶近环岛时，注意观察已在环岛内车辆的动态 （3）在不影响环岛内正常车辆行驶的情况下，适时汇入车流 （4）驶出环岛前，开启右转向灯，逐渐变更至外侧车道，注意观察右侧车辆动态，适时缓慢驶出环岛		
	4. 通过学校区域 （1）看到注意儿童警告标志、校车停靠站点标志或前方有学校提示标志时，提前减速 （2）通过学校区域时，遵守交通标志标线行驶，同时要注意观察两侧情况，遇学生横过道路时，要停车让行		
	5. 通过居民小区 （1）看到限速警告标志或居民小区提示标志时，将速度降到限速以下缓慢行驶 （2）通过居民区域时，注意观察各出入口处的行人和非机动车动态，及时礼让过往的居民		

续上表

教学内容	6. 通过公交车站 （1）看到公交线路专用车道标线、公交车站提示标志时，提前变更车道，避开公交车专用车道 （2）通过公交车站时，低速行驶，与停在车站内的公交车保持足够的横向间距，随时准备停车。不得占用公交车道、车站行驶
	7. 通过医院、商店 （1）看到医院、急救站、商店标志时，提前减速行驶 （2）通过医院、急救站、商店区域时，注意观察两侧情况， 做好随时停车准备 （3）遇到救护车驶出或行人横过人行道、街道，及时减速避 让或停车让行
	8. 通过铁路道口 （1）看到有人看守、无人看守铁路道口警告标志时，根据标志提示的距离控制速度 （2）驶近铁路道口时，要减速行驶。通过道口时，要在道口 停止线外停车观察，做到，一停、二看、三通过。不得在铁路道口内停车、换挡
重点难点	（1）对城市街道情况的观察和判断 （2）通过城市街道时的车速控制 （3）城市街道危险因素的预测
教学方法	讲解、教练员指导
教学工具	教练车

示范教案 2

教学科目	夜间安全驾驶	教学学时	2
教学目的	培养夜间在实际道路行驶中根据照明情况和道路情况正确使用灯光的能力		
教学要求	掌握夜间起步、会车、超车、通过急弯、通过坡路、通过拱桥、通过人行横道或者没有交通信号灯控制的路口时正确使用灯光的驾驶方法		

续上表

教学内容	1. 夜间灯光的使用 （1）夜间驾驶机动车起步前、通过照明条件良好的路段、尾随前车行驶、在窄路或者窄桥遇自行车交会，使用近光灯 （2）夜间在照明条件差的道路上，车速在 30 公里 / 小时以上使用远光灯，车速在 30 公里 / 小时以下使用近光灯 （3）夜间通过没有交通信号灯控制的路口时，减速并交替使用远、近光灯示意 （4）超车时，连续地变换远、近光灯向前车示意 （5）会车时，距对方来车 150 米以外改用近光灯 （6）通过在风、雪、雨、雾天气夜间行车，使用防雾灯或近光灯 （7）夜间通过人行横道、坡路、拱桥，提前交替使用远、近光灯示意
	2. 夜间路面的识别、判断 （1）灯光照射离开路面，前方可能出现急转弯、大坑或车辆上坡已行驶到坡顶 （2）灯光照射由远变近，前方可能驶近或驶上坡道、驶近急转弯或到达坡道低谷 （3）灯光照射由路中移到路侧，前方可能出现弯道
	3. 夜间驾驶注意事项 （1）夜间行车，要尽量避免超车，确需超车时，在确认前车让速让路后，方可超越 （2）夜间会车遇对方车辆不关闭远光灯时，要及时减速靠右侧行驶或停车让行 （3）会车时，不要直视对面车辆灯光，将视线右移避开对方车辆灯光，并减速行驶 （4）遇对方车辆不关闭远光灯，要预防两车灯光交织处（视线盲区）有行人通过 （5）跟车行驶时，注意观察前车信号灯的变化，随时做好减速或停车的准备 （6）夜间发生故障时要选择安全区域停车，开启危险报警闪光灯、开启示廓灯和后位灯，按规定设置警告标志，以确保安全
重点难点	（1）正确使用灯光和信号装置 （2）对路面的识别和判断
教学方法	教练员随车讲解、指导
教学工具	教练车

实操教学的教学过程设计：

（1）讲解动作要领。说明教学项目、目标、技术要求、训练安排等。驾驶动作分解和细化讲解（方向、力量、速度、幅度、用力部位等）。

（2）示范动作。分解动作和连贯配合动作的示范，正确和错误动作对比示范；注意边示范边讲解，保证示范规范的动作。

（3）指导练习。练习的时间和次数安排，提醒学员练习时的注意事项，练习的方式和安排，提出实操动作的练习要点。

（4）训练讲评。讲评内容和重点，说明本节课的训练项目。

五 遵循规范化教程实施教学

机动车驾驶培训规范化教学，是教练员在教学过程中必须遵守的，有固定形式和职业特点的特定教学方法。教练员规范教学方法是驾驶员培训教学中一个重要的环节，规范化教学是融技能、意识、安全为一体的教学模式。因此，教练员应严格按照规范化教程的要求实施教学，以确保教学质量。

1. 规范化教学的原则

规范化教学，是驾驶培训教学中一个重要的环节。驾驶教学程序、教学步骤、教案编写、操作规范和规范教学手势与口令，是教练员教学过程中使用的方法和手段。规范化教学应遵循以下原则：

（1）遵循教学的阶段性，有计划、有步骤进行。

（2）理论联系实际，理论培训与实操训练相结合。

（3）按照统一教学程序、教学步骤开展教学活动。

（4）规范教案编写、讲解要领、示范动作、教学手势和教学口令。

（5）合理安排训练的次数、时间和训练的方式。

（6）正确掌握的训练进度和训练的质量要求。

（7）充分发挥教练员的监督和检查作用。

（8）让学员知道每次训练的结果。

2. 规范化教学的模式

理论规范化教学，是根据驾驶培训规范化教学教程中设置的理论教学程序、规范和规定的教学内容，按照教学设计和要求，进行的教学活动。

理论教学模式：

（1）导入新课。教练员为讲解新的教学内容作铺垫，激发学员的学习兴趣，建立学习动机。

（2）讲解内容。教练员根据理论知识教学的内容，结合教材，通过应用各种教学技巧，激发学员的学习主动性，引导学员牢固掌握所学知识。

（3）总结练习。教练员在一节课结束前对当堂课讲授的内容进行归纳总结、练习和巩固，让学员对当堂课的内容做到当堂理解、掌握，并通过实际应用加深记忆，为后续的教学做准备。

（4）布置作业。教练员设计一些与本次课程内容相关的习题，也可以就科目一和科目三考试的相关试题让学员去思考和回答，引导学员的学习自觉性和主动性。

实际操作规范化教学，是根据驾驶培训规范教学教程中设置的实际操作教学程序规范和规定的教学内容，按照教学设计和要求，进行的教学活动。

实际操作教学模式：

（1）讲解动作要领。教练员要向学员说明训练的项目、内容、基本要求、训练的难点和训练的安排，并对复杂动作进行合理的分解，帮助学员了解训练的内容和应达到的目标，领会动作要领，建立正确的操作技术概念。

（2）动作示范。教练员在给学员讲解清楚动作要领后，规范、正确地示范动作，是培养学员掌握驾驶技能的重要环节。

（3）指导练习。学员通过教练员的动作讲解、示范演示，听觉和视觉获得了大量的动作信息，开始模仿练习，教练员随车进行练习指导。

（4）训练讲评。教练员在结束当堂操作技能训练前，对学员的训练情况及时总结和分析，包括学员对动作的掌握情况、训练中存在的问题、需要从哪些方面来加强训练等，帮助学员了解自己训练的效果，及时发现不足，争取在下次训练中加以改进。

模拟驾驶规范化教学，是根据驾驶员培训规范教学教程中设置的模拟驾驶教学程序规范和规定的教学内容，按照教学设计和要求，进行的教学活动。

模拟驾驶教学模式：

（1）教学准备。教练员按照《教学大纲》的要求，从教学目标、教学内容的特点、学员状况等实际出发，制定科目教学计划，确定模拟教学内容，准备教学设备，并在课前进行预演，以确保教学的正常进行。

（2）讲解动作要领。教练员在开始模拟操作前，向学员说明设备的使用方法、训练项目、内容和注意事项，介绍驾驶动作的操作要领、操作要点和操作规范，提示在操作过程中容易犯的错误动作，使学员建立感性认识。

（3）动作示范。教练员按照规范化教程的要求，正确规范地向学员演示示范动作，让学员对动作有更深刻的理解和认识。

（4）指导练习。教练员按照实车训练要求，从学员的实际情况出发，确定教学模拟程序，并尽量做到和实际操作训练的教学过程相一致。

（5）训练讲评。教练员在结束模拟教学训练后，对学员模拟训练情况的及时总结和分析，包括学员在训练中普遍存在的问题、还需加强哪些方面的练习等，从而帮助学员了解自己训练的效果，及时改进不足。

3. 汽车日常维护操作的规范教学

汽车日常维护的中心内容是清洁、补给和安全检视，是由驾驶员负责执行的车辆维护作业。要让学员掌握每日出车前、行车中和收车后的车辆检查项目和要求，能够按操作规范进行具体的操作。

日常维护具体作业内容

维护时段	检查项目	要求
出车前	各部润滑油（脂）、燃油、冷却液、制动液及液压油等各种工作介质和轮胎气压等情况	进行检查补给；保证行车前汽车油液充足、清洁和性能良好，轮胎气压符合要求
	制动、转向、传动、悬架、连接、灯光信号等安全部位和装置以及发动机运转状态	进行检查、调整、紧固，确保行车安全

续上表

维护时段	检查项目	要求
行车中	仪表灯光工作情况 轮胎、表面磨损情况和车轮花纹间有无镶嵌物	确保工作正常 及时进行清理、剔除杂物
	炎热天气，检查车轮轮毂温度	若温度过高，应将车停在阴凉通风处自然降温
	检查挂车连接装置	连接牢固可靠
收车后	对车辆进行清洁 对车辆进行检查，记录车辆行驶的情况	保持车容和发动机外表整洁 如有故障，应详细记录车辆故障状况，为车辆维修提供资料

4. 驾驶基本动作操作规范教学

（1）学员上车前，要逆时针绕车辆转一圈，检查车辆外表、号牌、轮胎及车辆周围有无影响起步的障碍；绕至左车门前，持立正姿势向教练员“报告”，经教练员允许后，按照规范动作上车。

（2）进入驾驶室后，学员按自己的身高调整座椅，使后腰能紧靠座椅后背上，双膝自然分开；外后视镜调整至能看到的车体占镜子横向的1/4，车外场景占镜子横向的3/4，地平线位于中间；内后视镜调至能看到后视窗外的场景。

（3）学员对操纵机构进行检查，变速器操纵杆应在空挡位置，转向盘自由行程符合要求、无松旷现象，驻车制动器操纵杆在制动有效位置，制动、加速踏板的间隙和回位灵活。

（4）启动发动机，保持怠速运转，注意听察发动机运转情况，确认无异常响动；注意观察仪表指示和报警装置指示灯，无异常现象。

（5）调整安全带的高度，右手缓慢将安全带向下拉，使安全带位于肩和颈根之间，并通过胸部的适当位置，再将安全带扣插入带扣锁。

（6）保持正确的驾驶姿势，身体对正转向盘，上身直立，两眼平视前方；膝盖略微弯曲；两手握在转向盘左右两侧，两肘保持舒适自然的微曲伸展。

（7）下车前，通过后视镜或从左侧车窗转头观察车辆左后侧，确认安全后，按照规范动作沿左侧下车，并关好车门。

5. 转向盘的操作规范教学

让学员两手分别握转向盘左右两侧，左手在九、十点钟的位置，右手在三、四点钟的位置，拇指顺压在转向盘边缘上，其余四指由外向里自然握住转向盘；操纵转向盘以左手为主，右手为辅；连续转动转向盘时，要两手交替转动转向盘。操纵转向盘时用力要轻柔，避免左右摇晃，尽量避免原地转动，行车中禁止双手同时离开转向盘驾驶车辆。

转向盘正确握法

两手交替转动转向盘

6. 变速器操纵杆的操作规范教学

让学员用右手掌心轻贴在变速器操纵杆球头上，五指握向手心，自然的握住球头，握力不可太紧；换挡操作以手腕和肘关节力量为主，肩关节为辅，随着推、拉方向的变化，掌心贴球头的方向可适当变化。换挡时，两眼要注视前方，禁止低头看挡位，不得强推硬拉操纵杆。加减挡原则上要逐级进行，但在速度突然大幅下降时可视下降情况越级减挡，挂倒挡要解除倒挡锁止装置后再挂。

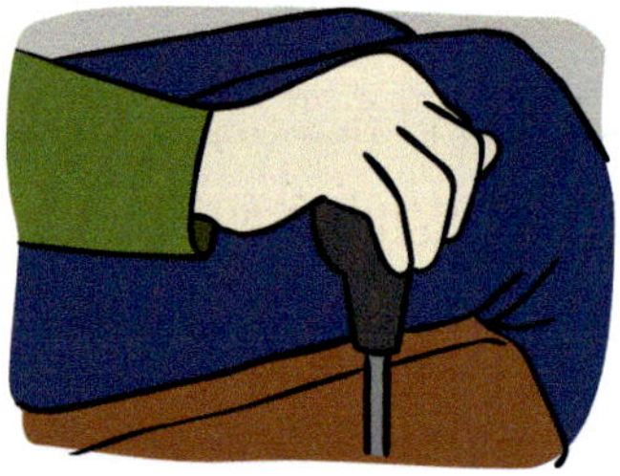

7. 离合器踏板的操作规范教学

让学员用左脚前掌踏在离合器踏板上，以膝关节和踝关节的伸屈动作踏下或放松。踏下离合器踏板的动作要迅速，一踏到底，使离合器分离彻底。抬离合器踏板时，要做到：快—慢—停—慢—快。即：自由行程阶段抬的快一点，到达联动点前慢抬，抬至半联动点时略停，然后缓慢抬起，感到离合器结合后可快抬。离合器半联动不能长时间使用，不要把左脚长时间放在离合器踏板上。

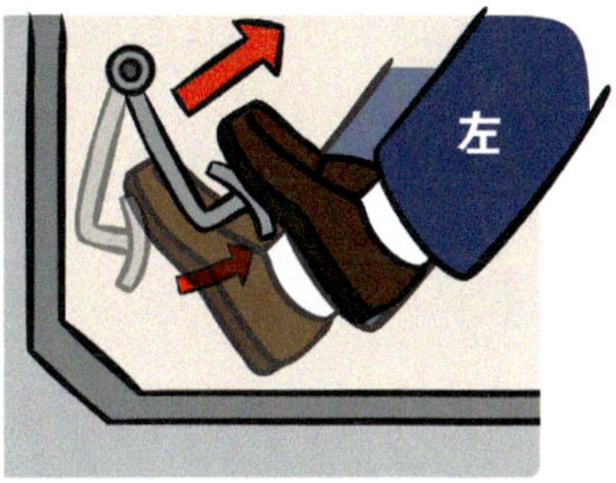

松抬

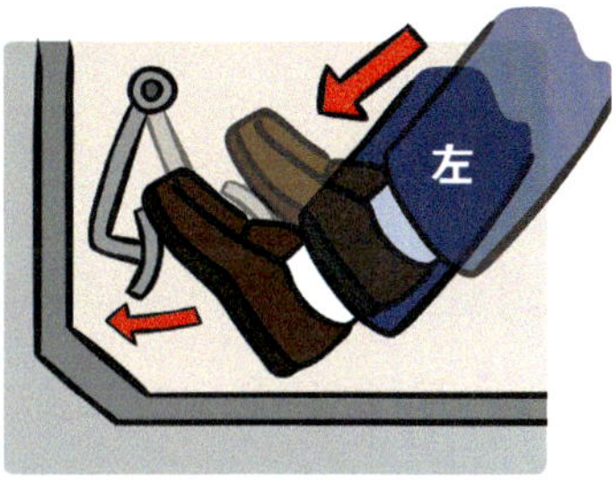

快踏

8. 加速踏板的操作规范教学

让学员用右脚跟抵在驾驶室底板上做支点，脚前掌踏在加速踏板上，用踝关节的伸屈动作踏下或放松踏板，操纵加速踏板要做到“轻踏，缓抬”，即加速时轻轻踏下，抬踏板时要缓慢。不能急踏或急抬、忽抬忽踏、连续抖动加速踏板。

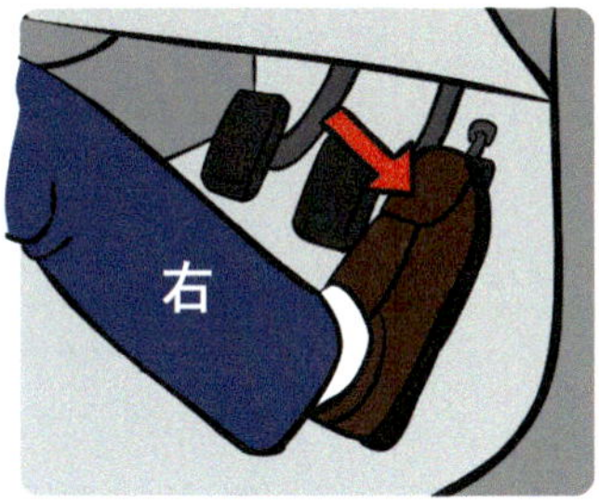

轻踏

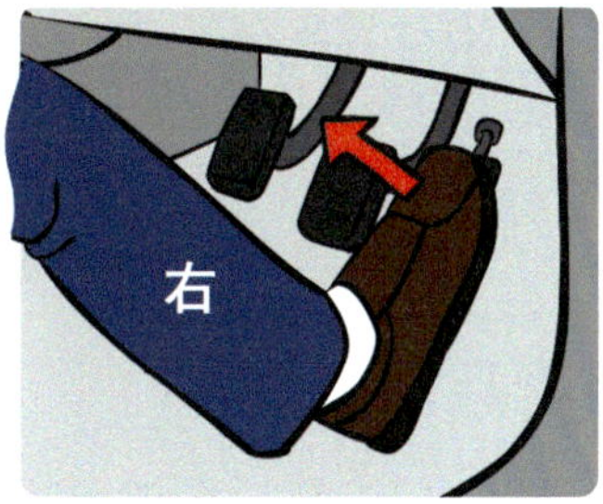

缓抬

9. 制动踏板的操作规范教学

让学员用右脚前掌踏在制动踏板上，以膝关节和踝关节的伸屈踏下或放松制动踏板；操纵液压制动时，脚跟不要抵在驾驶室底板上；操纵气压制动时，脚跟部可以抵在驾驶室底板上。没有 ABS 装置的车辆要尽量避免急踏加速踏板，有 ABS 装置的车辆急踏制动踏板会出现正常的振颤。

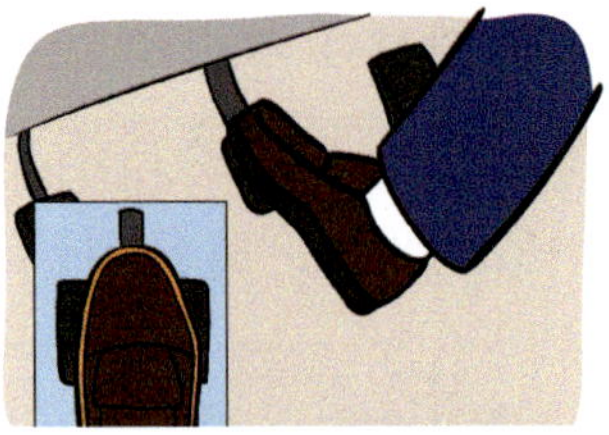

正确的踩踏方法

两种错误的踩踏方法

10. 驻车制动器操纵杆的规范操作教学

让学员将右手四指并拢，虎口向上，拇指虚按在操纵杆按钮上，拉操纵杆不要按下按钮，即可制动；放松操纵杆，要先向后拉操纵杆，拇指将按下按钮后向下放松，制动解除。停车时，要先拉紧驻车制动器操纵杆，再松抬踏板制动。

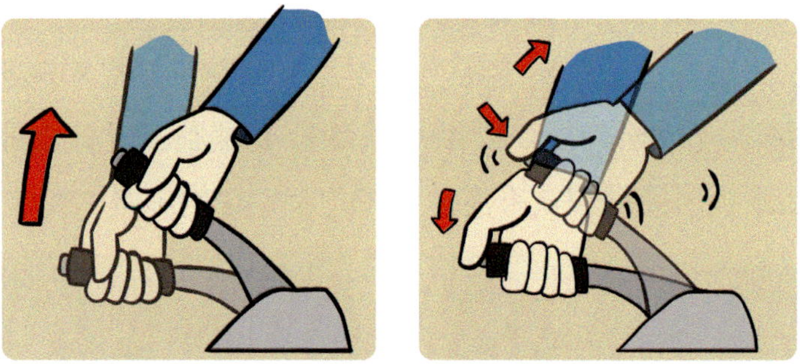

驻车制动器操作杆操作方法

11. 规范化教学手势与口令

规范教学手势与口令，是教练员教学过程中必须使用的方法和手段。教练员要按照规范化教学程序进行驾驶操作教学，做到姿势规范、教学过程规范、操作动作规范。教练员实施教学中，向学员传授技能，通常有两种表达方式，一种是语言也可称为术语（专业性的用语）；另一种是通过手形的变换姿势代替语言指导，称为手势。教练员靠简短的口令和手势指导学员，使用规范的统一口令和手势，可帮助学员正确的理解教练员的意图，提高教学质量。

教练员坐在右侧驾驶座上，两眼目视前方，用余光注视学员的动作，右（左）

脚放在副制动踏板上或副制动踏板左（右）下侧，随时做好应付紧急情况的准备。

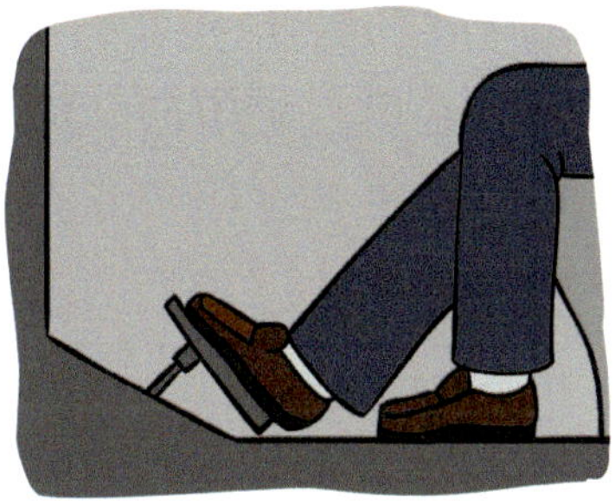

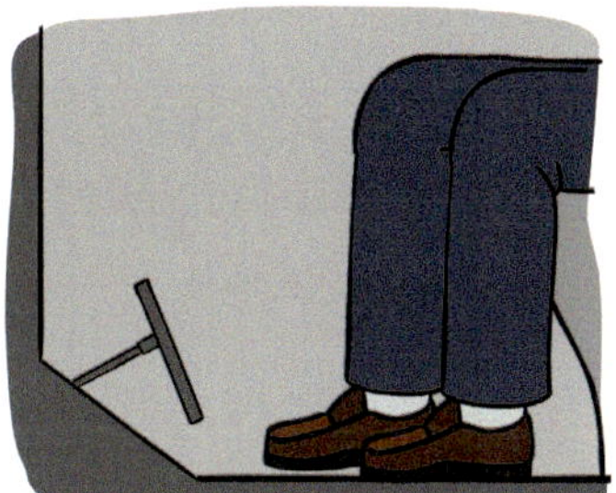

起步：左手五指并拢，曲臂向前平伸，手指向下，掌心向后，向前缓缓挥动1～2次，同时发出“起步！”口令。学员检查仪表完毕向教练员汇报并请示起步时，教练员确认学员操作无误后，发出“起步！”口令和手势。

加速：左手五指并拢，曲臂向前平伸，掌心向下，向前方急挥2～3次，同时发出“加速！”口令。用于必须加速的路段，教练员根据道路和交通情况，认为确需加速而学员无加速意识时，发出“加速！”口令和手势。

慢行：左手五指并拢，手臂向前平伸，掌心向下，上下缓缓浮动数次，同时发出“慢！”口令。用于前方视线不清，情况不明，确需减速慢行而学员无减速意识时，教练员发出“慢！”口令和手势。

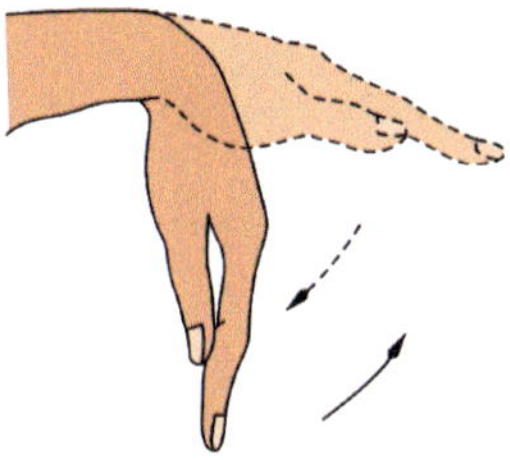

起步手势

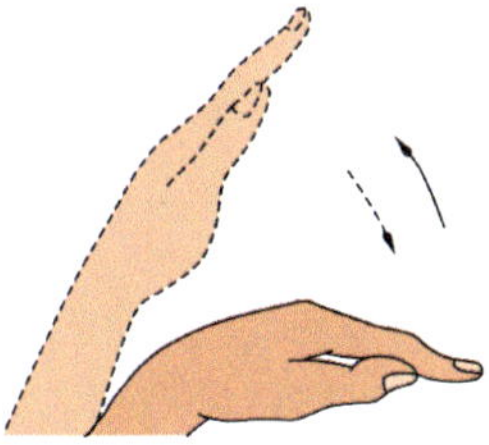

加速手势

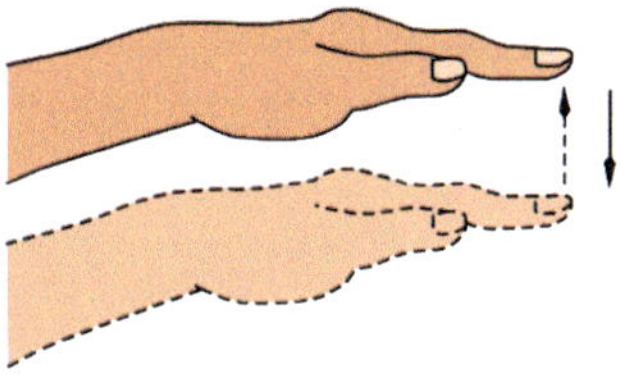

慢行手势

向右行：左手五指并拢，曲臂向前竖伸，掌心向右，向右摆动数次，同时发出“向右！”口令。用于前方道路情况需向右行驶或变更车道，而学员无向右行的意识，需提醒其向右行驶时，教练员发出“向右！”口令和手势。

向左行：左手翻手曲臂向前竖伸，五指并拢，拇指向下，掌心向左，向左摆动数次，同时发出“向左！”口令。用于前方道路情况或变更车道需向左行驶，而学员无向左行的意识，需提醒其向左行驶时，教练员发出“向左！”口令和手势。

向左转弯：左手曲臂向前，用食指指向左侧，由小臂带动手指沿着向左方进行圆弧划动，指示车辆向左转弯，同时发出“左转弯！”口令。用于在各种路口教练员指示学员向左转弯。

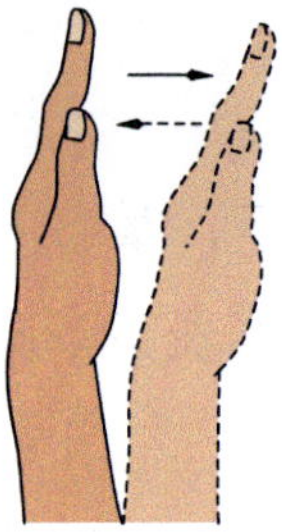
向右行手势

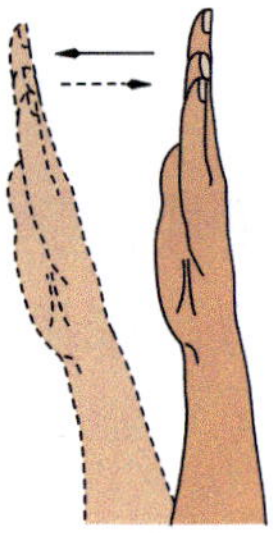
向左行手势

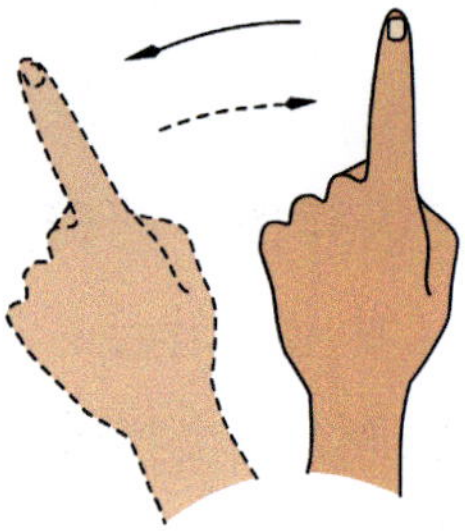
向左转弯手势

向右转弯：左手曲臂向前，用食指指向右侧，由小臂带动手指沿着向右方进行圆弧划动，指示车辆向右转弯，同时发出“右转弯！”口令。用于在各种路口教练员指示学员向右转弯。

按喇叭：左手曲臂向前，手心向右握拳，拇指翘起，拇指上下按动2～3次，同时发出“喇叭！”口令。用于教练员提醒学员鸣喇叭。

注意：用左手食指指向障碍物，以示警告，同时发出“注意！”口令。用于教练员提醒学员注意前方障碍，做好随时采取相应措施的准备。

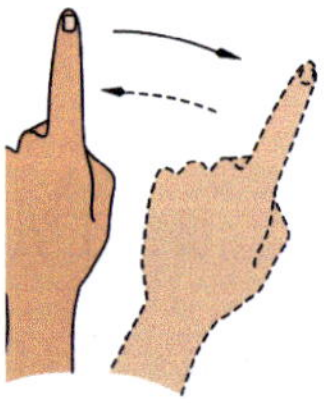
向右转弯手势

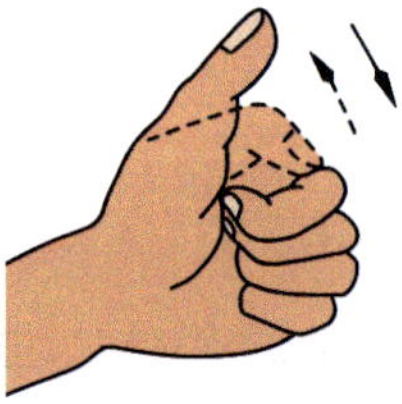
按喇叭手势

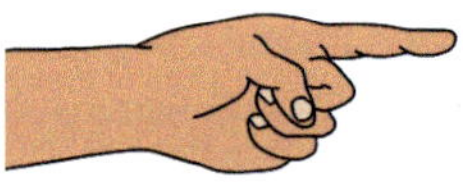
注意手势

打开转向灯：左手五指尖向上并拢，一张一捏2～3次，同时发出“转向灯！”口令。用于教练员提醒学员在变更车道和转弯前打开转向灯。

关闭转向灯：左手五指尖向下并拢，一张一捏2～3次，同时发出“转向灯！”口令。用于教练员提醒学员在变更车道和转弯后关闭转向灯。

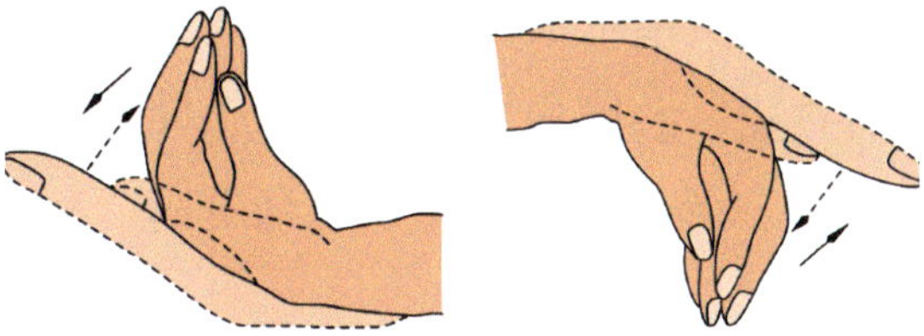

打开转向灯手势　　关闭转向灯手势

减速向右停车：左手五指并拢，曲臂向前平伸，掌心向下，上下摆动2～3次以示减速；然后立即将手臂竖伸，手掌向右摆动1次，再变掌心向下摆动1次，并停顿片刻，以示停车；同时发出“减速停车！”口令。用于教练员指示学员向右侧减速停车。

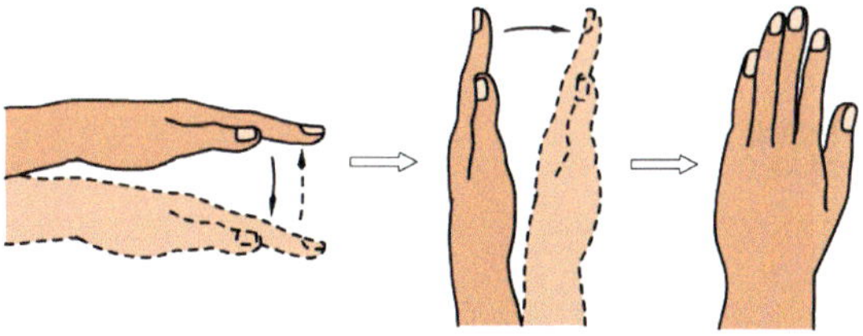

减速向右停车手势

选择地点停车：用左手食指，指向右侧固定目标，以示定点停车位置；然后立即变掌心向右摆动1次，再变掌心向下摆动1次，并停顿片刻，以示停车；同时发出“在××位置停车！”口令。用于教练员指示学员在指定位置定点停车（客车应以中门为参照）。

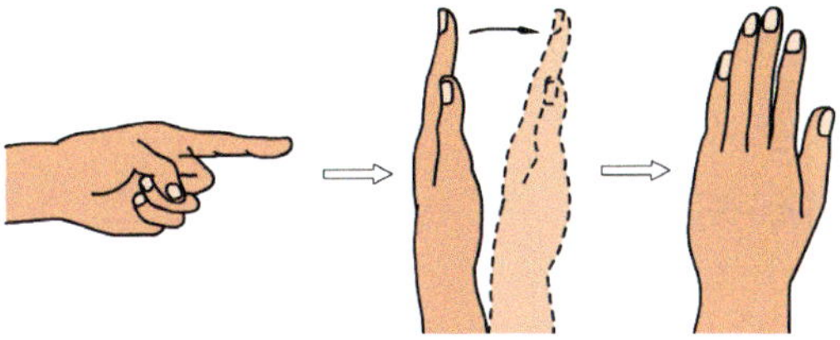

选择地点停车手势

靠边停车：左手五指并拢，曲臂向前竖伸，先将掌心向右摆动 2 ~ 3 次，以示靠边；然后立即变掌心向下摆动，并停顿片刻，以示停车；同时发出“靠边停车！”口令。用于教练员指示学员靠边停车。

快停车：左手五指并拢，曲臂向前平伸，掌心向下，上下快速浮动数次，同时发出“快停！”口令。用于前方出现紧急情况时，教练员提醒学员立即采取紧急停车措施。

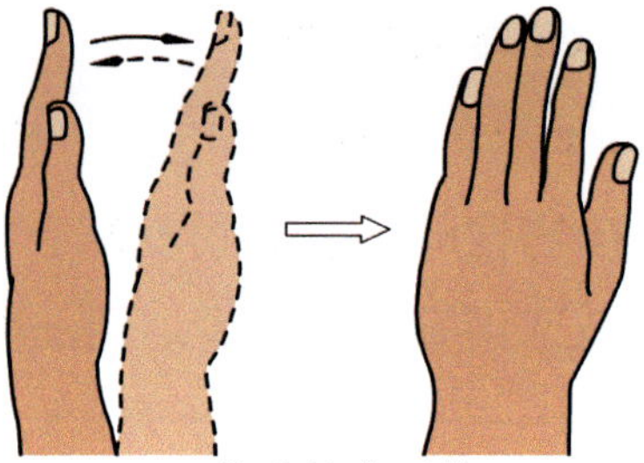
靠边停车手势

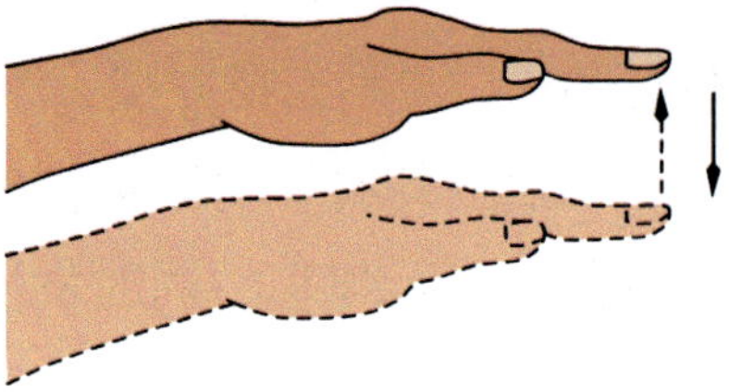
快停车手势

复习思考题

1. 怎样理解《教学大纲》的重要性？
2.《教学大纲》有哪些特点？
3.《教学大纲》的理念是什么？
4.《教学大纲》的教学内容和要求是什么？
5. 怎样进行三个阶段的教学？
6. 怎样使用和填写《教学日志》？
7. 怎样使用好规范的培训教材？
8. 怎样制定三个阶段的教学计划？
9. 怎样编写驾驶培训教案？

模块七

驾驶培训常用的培训模式

一 “先学后付、计时收费”培训模式

“先学后付、计时收费”模式，是实操训练阶段计时付费的方法。这种方法采用一人一车，由学员自主选择训练时间，自由选择教练员，先培训后付费。同时实行教练专职化、教练车专用化、管理信息化的培训与考试相衔接的新模式。

具体做法：

（1）“计时收费”包括模拟教学“分段收费”和场内道路、场外道路实操训练“按时收费”二种方式。通过配备计时收费设备，学员、教练员和驾校三方的相互监督制约，体现培训收费公开、公正、公平。

（2）“先学后付”是学员与驾校签订合同，学员可在网上或直接到驾校预约学习时间；每一天学习结束后，由学员对教练员进行评议，学员对教学过程满意后，根据学时安排和学时收费标准交费。

（3）教练车集中停放，定点始发。在始发点对每辆教练车的教练员和学员同时进行签到和签退，计算机同时生成教学日志。

（4）场内、场外教练车分类管理。根据场内、场外教学时间，按照比例，将教练车分为场内训练教练车和场外训练教练车。

1. 教练员实行专职化管理

对场地训练教练员、道路驾驶训练教练员进行专职化配置。教练员可根据自己的特长，选择任教科目。每次教学结束、每个科目训练结束后，学员要对教练员进行评议。每个阶段教学中，以学员满意度评判作为教练员考核的主要依据，实行教练员考核排名制度，每月对教练员排行榜进行公示。

通过专职化管理，对教练员实行绩效工资制度。教练员获得学员自主通过互联网投票的满意票越多，质量化收入就越高；教练员被学员选择的教学学时越多，数量化收入就越高。基于这套薪酬体系设计，教练员的收入主要由学员决定，充分体现多劳多得、干好多得的原则。

××驾校20××年×月教练员排名榜

排名	场内教练员	排名	场外教练员
1	×××	1	×××
2	×××	2	×××
3	×××	3	×××
…	……	…	……
排名依据：●满意度 ●招生数 ●合格率 ●带教学时 ●行车安全 ●统一带教 ●教学日志 ●教研活动 ●入职年限			

2. 教练车专用化管理

根据《教学大纲》规定的教学时间分配，按照比例，将教练车分为场地训练教练车和驾驶道路训练教练车，实行教练车专用化管理。

教练车实行集中管理、集中停教、定点始发。在始发点对每辆教练车的教练员和学员同时进行签到和签退。签退后，管理系统自动生成教学日志。

××驾校×月×日教练车工作实时状况

车牌号	8:00	9:00	10:00	11:00	12:00	……	21:00	类别
×A×××1学			×××	×××	×××	×××	×××	场内
×A×××2学			×××	×××		×××	×××	场内
…	…	…	…	…	…	…	…	…
×A×××8学			×××	×××	×××	×××		场外
×A×××9学			×××	×××	×××	×××		场外
…	…	…	…	…	…	…	…	…

已过预约时间　正在训练　已预约　尚未预约

3. 全过程管理的信息化

“先学后付、计时收费”模式依靠科技化、信息化手段使整个培训过程做到“五个计”，即计培训学时、计培训里程、计培训项目、计培训效果、计培训费用。

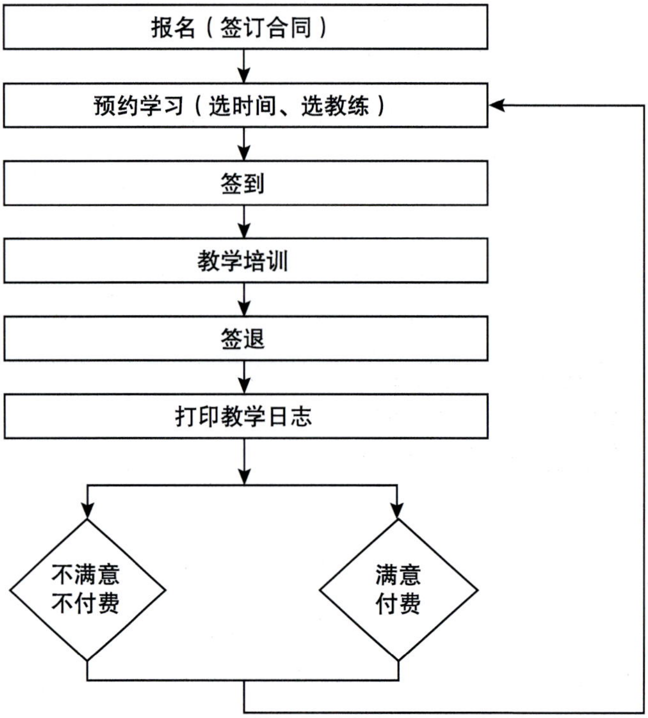

学员培训基本流程

学员与驾校签订合同，可在网上或直接到驾校预约学习时间。学员按照预约的时间签到后，自己选定好教练员，进行上车学习。学习结束后，学员和教练员到服务大厅签退，并自动打印教学日志。

教练员可通过教学日志掌握即将带教的新学员训练进度。学员可通过查看实时打印的教学日志及时了解自己的训练状况。同时，学员对教练员进行评议。如学员对教学过程满意，当场签字确认后，根据学时安排和学时收费标准交费。

通过指纹签到、签退及系统控制，每个学员需参加完上一阶段规定时间的学习，经考核合格后，方可进入到下一阶段的学习。如学员不完成上一课程的学习或考核不合格，管理系统将自动拒绝学员进入下一阶段的培训。学员完成一阶段的学习后，经考核合格，方可预约参加考试。

4. 教学对象的针对性

在“先学后付、计时收费”模式中，为不同学员进行有针对性的教学创造了条件。驾校可以根据学员不同年龄、性别，依据《教学大纲》要求，结合分段计时教学模式特点，针对不同群体制定相对统一的培训计划。学员可以根据自身学习的特点，选择适合自己的培训教学计划，并可以根据各个项目学习的情况，随时对各项目学时进行调整。

教练员教学学时实行市场化，由学员自由选择。教学质量好、服务水平高的教练员。学员可在同一阶段选择不同的教练员，对教练员的教学提出了更高的要求。教练员要注重提高自己的服务水平和教学质量，有针对性的开展教学研究，进一步提高教学的规范化程度，提升自身运用现代信息技术施教的能力。

二　互联网远程教学

互联网远程教学是“基于网络技术、统一数据中心、全面过程监控”的实时、互动的现代远程教育模式，是课堂教学的补充模式。

1. 互联网远程教学的优势

互联网远程教学可提供丰富的视频内容、电子课件、电子教材等多种资源，更能培养学生获取信息、加工、分析、创新、利用、交流的能力。互联网远程教学，可实现学员在不同的终端上随时随地学习，不受空间、时间等因素约束，能够培养学生良好的信息素养，把信息技术作为支持终身学习和合作学习的手段，为适应信息社会的学习、工作和生活打下基础。

机动车驾驶培训互联网远程理论教学主要优势：

（1）表现形式更丰富。互联网教学采用文字、图片、漫画、声音、示意动画、Flash 动画、3D 动画、视频等八大形式，成功将交通安全知识形象生动的表现出来。鲜活的画面、恰当的声效可以加深学员对交通安全知识的认识、理解和记忆，丰富教学课程安排，为学员提供生动直观、丰富多彩的学习方式。能让学员体会到安全文明驾驶具体操作方法的重要性，帮助学员树立安全文明驾驶意识，提高驾驶员的整体素质。

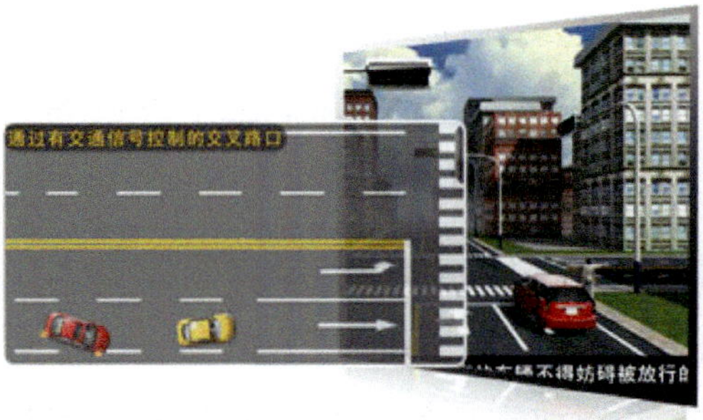

（2）教学方法更全面。互联网教学可以使用目标教学法、板书标示教学法、激励教学法、反馈教学法、单元教学法、讲授法、道尔顿教学法、串讲教学法、情景模拟法、案例教学法、归谬法、故事创作法、比较教学法等教学方法，突破传统教育的时空壁垒，教学资源共享、教学对象多元化，便于理解、便于记忆、直观生动、寓教于乐。

（3）学习不受时空限制。学员可以根据自己的时间，自主选择学习地点安排学习，只要有互联网的地方，学员就可以随时进行学习，给学员带来了极大的方便。还可以根据自己的接受能力，反复观看、重复学习。

（4）提供信息沟通的平台。行业管理部门、驾校培机构可以通过互联网教学平台发布相关行业资讯、通知公告等信息，实现行业管理部门的信息公开、透明，方便学员及时了解行业动态。驾校可以实现在线预约报名、在线理论模拟预约、学时信息即时查询等功能，方便学员轻松掌握整个学习驾驶流程和进度。

（5）实现学习增值服务。互联网远程教学平台分版块提供安全教育、驾驶相关知识、车辆维护知识、特殊情况下的驾驶注意事项等。这些知识方便学员拿到驾驶证后继续巩固学习，是驾驶学习的增值服务，可以为驾驶员安全驾驶提供良好的基础和保障。

2. 互联网远程教学的使用

学员到驾校报名后，通过报名号、IC 卡编号或扫描有网络课程服务的教材的二维码进入互联网远程教学，在网站注册登录后，进行选课，选好课程后进行学习。一般的教学网站还提供模拟考试、相关知识浏览等功能，学员可选择进行使用和学习。

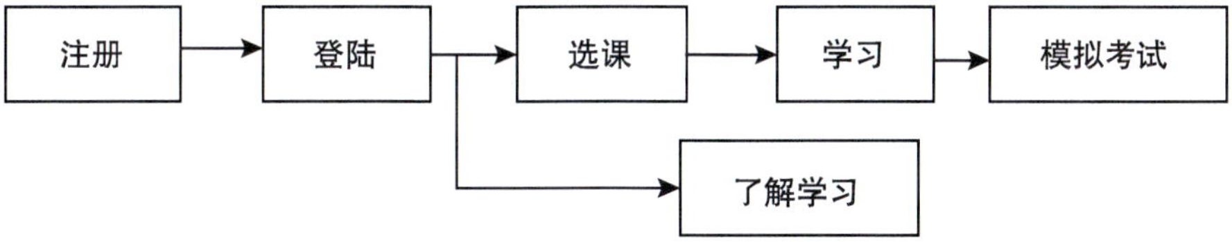

三　模拟驾驶教学

汽车驾驶模拟器是一种驾驶训练的教学设备。学员通过模拟器的操作部件与虚拟的环境进行交互，能够消除驾驶初学者的恐惧心理，适时规范学员的操作，为驾校驾驶培训的有力帮手。驾驶模拟器座舱由驾驶舱座、视景计算机、视屏、操作传感器、数据采集卡、耳机和话筒等组成。座舱包含与真实车辆相同的“五大”操纵机构：转向盘、离合器踏板，制动踏板，加速踏板和驻车制动操纵装置；与实车完全一样的灯光信号操纵装置：左转向灯、右转向灯、危险报警闪光灯、喇叭、点火开关、总电开关、安全带、车门、雨刷器、远光灯、近光灯。座舱既可以进行联网训练，也可以进行单机训练。

1. 驾驶模拟器的分类

驾驶培训模拟器可分为被动型(非互动型)、主动型(互动型)和动感型三类。

被动型（非互动型）驾驶培训模拟器，视景显示不随模拟驾驶操作而变动的驾驶培训模拟器；具有座舱和独立显示用于引导汽车驾驶操作的视景系统，操纵机件的相对位置与所模拟的车型一致，操纵机件的操纵力度接近所模拟的车型，性能可靠、操作灵活、低噪声。

被动型汽车驾驶电子教练室

主动型（互动型）驾驶培训模拟器，视景显示跟随模拟驾驶操作而变动的驾驶培训模拟器；具有座舱和互动的视景系统，并具有教学辅助功能，操纵机件的相对位置与所模拟的车型一致，操纵机件的操纵力度接近所模拟的车型，操纵机件性能可靠、操作灵活、低噪声。

主动型汽车驾驶电子教练机

动感型驾驶培训模拟器，视景显示跟随模拟驾驶操作而变动的同时，且座舱能实时进行动感模拟的驾驶培训模拟器。具有动感模拟功能的座舱和互动的视景系统，并具有教学辅助功能，操纵机件的相对位置与所模拟的车型一致，操纵机件的操纵力度接近所模拟的车型，操纵机件性能可靠、操作灵活、低噪声。

动感型汽车驾驶电子学习室

2. 模拟训练的作用

（1）有助于安全驾驶意识的养成。模拟培训可以为受训者提供交通事故经典案例的驾驶环境再现，通过案例式教学中的事故预防经验学习、事故案例感知、案例事故规避训练等，从而强化安全驾驶意识。

（2）有助于节能减排降低培训成本。通过模拟器进行训练，可以将基础驾驶操作认知等内容在模拟器上完成，从而可以降低实车的磨损及油耗。

（3）实现实车训练无法组织实施的教学活动。模拟培训系统可以提供城市道路、村镇道路、山区道路、雨天道路、冰雪道路、雾天道路、高速公路等10余种道路气候条件的3D驾驶环境，以及很多交通事故经典案例和可自由编辑案例的工具，同时系统还可以测量学员的驾驶技能缺陷，自动生成个性化的培训计划，从而使学员可以跨越时间空间地完成驾驶经验积累，使驾驶教学活动更加丰富灵活和更具人性化。

（4）完成安全驾驶水平的测评。通过驾驶员在驾驶模拟器上驾驶所设计的综合道路，收集驾驶员的操作绩效等各项与驾驶安全相关的指标，可以综合测评驾驶员的驾驶水平，对安全驾驶有重要的指导作用和参考价值。

附录一　机动车驾驶培训教学大纲

为了加强机动车驾驶培训管理工作，规范驾驶培训教学行为，提高驾驶培训质量，制定本大纲。

一、制定依据

根据《中华人民共和国道路交通安全法》及实施条例、《中华人民共和国道路运输条例》《机动车驾驶员培训管理规定》《机动车驾驶证申领和使用规定》等有关规定制定本大纲。

二、学时安排

1. 机动车驾驶培训教学的学时安排见下表：

学时安排表

内容＼学时＼车型	A1、B1	A2	A3	B2	C1	C2	C3	C4、D、E、F	C5	C6
总学时	78	88	114	118	62	58	50	38	60	30
道路交通安全法律、法规和相关知识	10	12	14	14	12	12	12	10	12	4
基础和场地驾驶	32	36	47	50	16	12	14	10	14	16
道路驾驶	20	22	33	32	24	24	16	10	24	4
安全文明驾驶常识	16	18	20	22	10	10	8	8	10	6

备注：每学时为 60 分钟。其中，有效教学时间不得低于 45 分钟。

2. 本大纲的学时为各车型基本学时要求（对于已持有机动车驾驶证，增加 C1、C2、C3、C4、D、E、F 准驾车型以及变更为 C5 准驾车型的，各省份可根据实际情况适当调整理论培训内容和学时要求，其中，“道路交通安全法律、法规和相关知识”不得低于4学时，“安全文明驾驶常识”不得低于6学时）。

3. 各省份可结合当地考试实际情况等增加培训内容，并相应调整学时。

4. 对每个学员理论培训时间每天不得超过6学时，实际操作培训时间每天不得超过4学时。

三、教学要求

1. 本大纲分为“道路交通安全法律、法规和相关知识”“基础和场地驾驶”“道路驾驶”和“安全文明驾驶常识”四部分内容。每部分内容培训结束后，应对学员的学习进行考核。“基础和场地驾驶”“道路驾驶”两部分考核不合格的，由考核员提出增加复训的内容和学时建议。鼓励机动车驾驶员培训机构（以下简称驾培机构）聘用二级及以上教练员担任考核员。

2. “道路交通安全法律、法规和相关知识”和“安全文明驾驶常识”教学可采取多媒体教学、远程网络教学、交通安全体验等多种方式，倡导课堂教学与远程网络教学相结合。课堂教学不得低于6学时，其中，“道路交通安全法律、法规和相关知识”不得低于4学时，“安全文明驾驶常识”不得低于2学时。

3. “基础和场地驾驶”中“操纵装置的规范操作”和“起步前车辆检查与调整”教学内容，“道路驾驶”中“夜间驾驶”“恶劣条件下的驾驶”“山区道路驾驶”“高速公路驾驶”等内容，可采用驾驶模拟设备教学，模拟教学学时不得超过6学时。

4. “安全文明驾驶常识”应与“道路驾驶”融合教学；“基础和场地驾驶”与“道路驾驶”可交叉训练。

四、其他

1. 驾培机构应根据本大纲制定教学计划，规范填写驾驶培训教学日志，倡导根据学员特点进行差异化教学。

2. 轮式专用机械车（M）、无轨电车（N）、有轨电车（P）三种准驾车型的培训教学大纲，由各省份根据需要和地方特点自行制定，并报交通运输部备案。

3. 各省份应当根据实际对各准驾车型培训里程做出相关要求，除 D、E、F 和 C6 外，其余准驾车型培训里程最低不得少于 260 公里。

4. 大型客货车驾驶员职业教育，参考本大纲，按有关规定另行制订人才培养方案。

五、培训教学大纲

第一部分　道路交通安全法律、法规和相关知识

教学目标：掌握法律、法规和规章中与道路交通安全有关的相关规定；掌握各类道路条件下的通行规则；掌握道路交通信号的含义和作用；掌握地方性法规的重点内容；了解机动车基本知识，掌握机动车主要仪表、指示灯和操纵装置、安全装置的基本知识。

<table>
<tr><th>教学项目</th><th>教学内容</th><th>教学目标</th><th>适用车型</th></tr>
<tr><td rowspan="5">1. 法律、法规及道路交通信号</td><td>机动车驾驶证申领与使用</td><td>掌握机动车驾驶证申领与使用的相关规定</td><td>A1、A2、A3、B1、B2、C1、C2、C3、C4、C5、D、E、F</td></tr>
<tr><td>道路交通信号</td><td>掌握道路交通信号灯、道路交通标志、道路交通标线、交通警察手势的含义和作用</td><td rowspan="3">A1、A2、A3、B1、B2、C1、C2、C3、C4、C5、C6、D、E、F</td></tr>
<tr><td>道路通行规则</td><td>掌握各类道路条件下的通行规则；
掌握变更车道、跟车、超车与限制超车、会车、避让行人和非机动车、掉头与倒车、停车、高速公路通行等规定</td></tr>
<tr><td>驾驶行为</td><td>掌握法律法规中有关驾驶行为的规定和要求</td></tr>
<tr><td>交通违法行为及处罚</td><td>了解道路交通违法行为记分规定；
掌握交通安全违法行为情形和驾驶机动车的禁止行为；
掌握交通肇事罪和危险驾驶罪的含义；
了解交通事故责任承担原则及交通违法行为的处罚措施</td><td>A1、A2、A3、B1、B2、C1、C2、C3、C4、C5、D、E、F</td></tr>
</table>

教学项目	教学内容	教学目标	适用车型
1. 法律、法规及道路交通信号	机动车登记和使用	了解机动车登记和使用的有关规定	A1、A2、A3、B1、B2、C1、C2、C3、C4、C5、D、E、F
	交通事故处理	掌握道路交通事故快速处置方法，事故现场保护、事故报警与求助	
	道路货物运输从业资格证申领、从业及经营要求	掌握从业资格申请程序、条件、证件使用的相关规定； 掌握法律法规中有关从业行为的规定和要求； 掌握超限运输、货物装载有关要求； 熟知道路货物运输违法行为情形； 掌握道路货物运输驾驶员考核、继续教育的有关规定； 掌握道路货物运输驾驶员在运输经营、安全生产、应对恐怖事件等方面的权利和义务； 掌握货物运输经营的有关规定； 掌握大件运输相关规定； 了解道路危险货物运输的从业资格要求	A2、B2
	地方性法规	掌握地方性法规的重点内容	A1、A2、A3、B1、B2、C1、C2、C3、C4、C5、D、E、F
2. 机动车基本知识	车辆结构常识	了解车辆的基本构成及各组成部分的基本功能	A1、A2、A3、B1、B2、C1、C2、C3、C4、C5、C6、D、E、F
	车辆主要安全装置	掌握安全头枕、安全带、安全头盔、安全气囊、灯光、喇叭、后视镜、逃生出口、仪表、指示灯、报警灯、防抱死制动系统、儿童安全座椅等的作用； 掌握三角警告牌、灭火器等安全设备的作用	
	驾驶操纵装置的作用	掌握转向、加速、变速、行车制动和驻车制动等操纵装置的作用； 了解汽车辅助驾驶装置及功能	
		掌握离合器操纵装置的作用	A1、A2、A3、B1、B2、C1、C3、C4、D、E、F

教学项目	教学内容	教学目标	适用车型
2. 机动车基本知识	车辆性能	了解车辆性能与安全行车的关系	A1、A2、A3、B1、B2、C1、C2、C3、C4、C5、D、E、F
	车辆检查和维护	掌握车辆日常检查和维护的基本知识	
	车辆运行材料	了解轮胎、燃油、润滑油、冷却液、风窗玻璃清洗液等运行材料的使用常识	
	道路货物运输车辆相关知识	了解道路货物运输车辆改装相关知识； 掌握道路货物运输车辆的安全防护装置知识； 了解轮胎使用寿命的影响因素； 熟知货车制动系统特点和使用要求； 熟知紧急切断阀、汽车尾板等专用装置的作用及使用要求	A2、B2
	新能源汽车使用知识	了解新能源汽车技术及使用常识	A1、A2、A3、B1、B2、C1、C2、C3、C4、C5
	客车制动与安全装置	熟知客车行车制动装置、缓速器、驻车制动装置及客车乘客门、应急（安全）出口、安全锤等的作用	A1、B1
	公交车制动与安全装置	熟知公交车行车制动装置、驻车制动装置及公交车乘客门、应急（安全）出口、安全锤等的作用	A3
	汽车列车制动系统、连接与分离装置	熟知汽车列车制动系统的结构特点及作用； 熟知汽车列车连接与分离装置的结构	A2、C6
3. 道路货物运输相关知识	道路货物运输基本知识	了解货物运输的特点及分类； 了解货物运输车辆主要类型与技术特点； 熟知货物运输基本环节与运输质量要求； 掌握危险货物道路运输禁止、限定、豁免等相关知识； 掌握禁运物品查验要求； 了解货运合同与保险、保价相关知识	A2、B2
	货物装载知识	熟知货物装载质量、顺序及拼装配载要求； 掌握常见货物捆扎、固定等方法及货物包装储运图示标志； 掌握运输途中货物装载检查方法	
4. 综合复习及考核	道路交通安全法律、法规和相关知识	掌握道路交通安全法律、法规、道路交通信号等相关知识； 掌握车辆的主要安全装置及作用	A1、A2、A3、B1、B2、C1、C2、C3、C4、C5、C6、D、E、F

第二部分　基础和场地驾驶

教学目标：掌握基础驾驶和场地驾驶理论知识；掌握基础的驾驶操作要领，具备对车辆控制的基本能力；掌握基础操作和场内驾驶的基本方法，具备合理使用车辆操纵机件、正确控制车辆运动空间位置的能力，能够准确地控制车辆的行驶位置、速度和路线。

教学项目	教学内容	教学目标	适用车型
1. 基础驾驶	基础驾驶操作理论知识	掌握基础驾驶操作的要求及作用	A1、A2、A3、B1、B2、C1、C2、C3、C4、C5、C6、D、E、F
	驾驶姿势	掌握正确的驾驶姿势，规范使用安全带、安全头盔	
	操纵装置的规范操作	掌握转向装置、变速器操纵装置、驻车制动装置、行车制动装置、加速操纵装置的正确操作方法； 掌握灯光信号、喇叭及其他操纵装置的正确操作方法	
		掌握离合器操纵装置的正确操作方法	A1、A2、A3、B1、B2、C1、C3、C4、D、E、F
		掌握转向盘、制动和加速迁延控制手柄的正确操作方法； 掌握制动和加速迁延控制踏板的正确操作方法； 掌握灯光信号、喇叭及其他操纵装置的正确操作方法	C5
		掌握转向盘、转向盘控制辅助手柄、制动和加速迁延控制手柄、转向信号灯迁延开关的正确操作方法； 掌握驻车制动辅助手柄、灯光信号、喇叭及其他操纵装置的正确操作方法	C5
		掌握转向盘、变速器操纵杆迁延控制装置或专用装置的正确操作方法； 掌握灯光信号、喇叭及其他操纵装置的正确操作方法	C5

教学项目	教学内容	教学目标	适用车型
1. 基础驾驶	车辆安全检视	掌握出车前车辆外观、发动机舱的正确检视方法； 掌握行车中、收车后车辆安全检视的内容和方法	A1、A2、A3、B1、B2、C1、C2、C3、C4、C5、C6、D、E、F
	起步前车辆检查与调整	掌握调整座椅、头枕、后视镜，以及系、松安全带的正确方法； 掌握检查操纵装置、起动发动机、检查仪表、停熄发动机的正确方法	A3、B2、C1、C2、C3、C4、C5
		掌握调整后视镜的正确方法； 掌握佩戴安全头盔的正确方法； 掌握检查操纵装置、起动发动机、检查仪表、停熄发动机的正确方法	D、E、F
	牵引车与挂车的连接与分离	掌握牵引车与挂车的连接与分离的正确操作方法和注意事项	A2、C6
	轮胎更换	掌握车辆后轮外侧轮胎的拆卸、安装方法； 掌握千斤顶的使用方法	A2、B2
	上车、下车动作	掌握正确的上车、下车动作	A3、B2、C1、C2、C3、C4、D、E、F
	车上轮椅（拐杖）的放置	掌握轮椅（拐杖）的安全放置方法	C5
	上车前的观察	掌握上车前观察，确认安全的正确方法	A1、A2、A3、B1、B2、C1、C2、C3、C5、C6
	下车前的观察	掌握下车打开车门前观察，确认安全的正确方法	
	起步、停车	掌握起步、停车前观察后方、侧方交通情况，安全平稳起步、停车的正确操作方法	A1、A2、A3、B1、B2、C1、C2、C3、C4、C5、C6、D、E、F
	变速、换挡、倒车	掌握加速、减速、换挡和倒车的正确操作方法	
	行驶位置和路线	掌握根据道路情况合理控制车速，保持车辆沿正确位置和路线行驶的正确操作方法，养成良好的车感和空间感	

教学项目	教学内容	教学目标	适用车型
2. 场地驾驶	场地驾驶理论知识	掌握速度控制、转向控制、空间位置对安全行车的影响	A1、A2、A3、B1、B2、C1、C2、C3、C4、C5、C6、D、E、F
	倒车入库	掌握参照地面目标，合理操纵车辆从两侧倒入和驶出车库的正确操作方法	C1、C2、C3、C5
	坡道定点停车和起步	掌握操纵车辆定点停车和坡道平稳起步的正确操作方法	A1、A2、A3、B1、B2、C1、C2、C3、C4、C5、D、E、F
	侧方停车	掌握操纵车辆顺向停入道路右侧车位（库）的正确操作方法	A1、A2、A3、B1、B2、C1、C2、C3、C5
	曲线行驶	掌握操纵转向盘，控制车辆进行曲线行驶的正确操作方法	A1、A2、A3、B1、B2、C1、C2、C3、C5、C6
	直角转弯	掌握在急转弯路段正确操纵转向盘，准确判断内外轮差的方法	
	通过单边桥	掌握准确运用转向装置，正确判断车轮直线行驶轨迹，顺利通过单边桥的方法	A1、A2、A3、B1、B2、C4、D、E、F
	侧方移位、倒车进库	掌握准确判断车辆行驶空间位置，操纵车辆进行倒车进库、移位和出库的方法	A1、A2、A3、B1、B2、C6
	通过限宽门	掌握在一定车速下准确判断车身空间位置，顺利通过限宽门的正确操作方法	A1、A2、A3、B1、B2
	窄路掉头	掌握操纵车辆三进二退完成掉头的方法	
	模拟高速公路驾驶	掌握操纵车辆在模拟高速公路完成驶入（出）高速公路收费口、观察判断交通信号和交通状况、调整行车速度、匝道入主道、变更车道、驶离高速公路及应急停车的方法	

教学项目	教学内容	教学目标	适用车型
2. 场地驾驶	模拟连续急弯山区路驾驶	掌握操纵车辆在模拟急弯山区路完成减速、鸣喇叭（非禁鸣区）、靠右行驶、通过弯道的方法	A1、A2、A3、B1、B2
	模拟隧道驾驶	掌握操纵车辆在模拟隧道根据交通信号完成减速、开启（关闭）灯光、鸣喇叭（非禁鸣区）、按规定车道行驶的方法	
	模拟雨（雾）天驾驶	掌握操纵车辆在模拟雨（雾）天气路段完成减速、选择刮水器挡位、开启灯光的方法	
	模拟湿滑路驾驶	掌握操纵车辆在模拟湿滑路完成减速、以低速挡匀速行驶的方法	
	模拟紧急情况处置	掌握操纵车辆模拟在紧急情况出现时，完成方向控制、制动、停车、开启危险报警闪光灯、摆放三角警告牌、撤离车内人员及报警的正确方法	
	模拟城市街道驾驶	掌握通过人行横道、路口、学校区域、居民小区、公交车站、医院、商店、铁路道口等的驾驶要领	C1、C2、C5
	跟车行驶	掌握 50km/h 或 70km/h 跟车行驶的方法	A3、B2、C1、C2、C5
	绕桩驾驶	掌握从起点绕桩前进驶出，再绕桩反向驶回的方法	C4、D、E、F
	停靠货台	掌握倒车尾靠货台、倒车侧靠货台、前进侧靠货台，准确停靠到位的方法	A2、B2
	停靠站台	掌握倒车侧靠站台、前进侧靠站台，准确停靠到位的方法	A1、A3、B1
	独立驾驶	能独立在场内安全驾驶车辆	A1、A2、A3、B1、B2、C1、C2、C3、C4、C5、C6、D、E、F
3. 综合驾驶及考核	基础和场地驾驶	综合运用所学内容，熟练完成基础驾驶和场地驾驶	A1、A2、A3、B1、B2、C1、C2、C3、C4、C5、C6、D、E、F

第三部分　道路驾驶

教学目标：掌握道路驾驶时的安全行车相关知识；掌握一般道路和夜间驾驶方法，能够根据不同的道路交通状况安全驾驶；具备自觉遵守交通法规、有效处置随机交通状况、无意识合理操纵车辆的能力，做到安全、文明、谨慎驾驶。

教学项目	教学内容	教学目标	适用车型
1. 跟车行驶	跟车距离和跟车速度控制	熟知跟车时合理控制跟车速度、保持跟车距离知识，掌握跟车行驶的安全驾驶方法	A1、A2、A3、B1、B2、C1、C2、C3、C4、C5、C6、D、E、F
2. 变更车道	安全变更车道	熟知变更车道时观察、判断安全距离，控制行驶速度知识，掌握使用灯光信号、合理选择变更车道时机、平稳变更车道的安全驾驶方法	
3. 靠边停车	顺位停车 S形倒车入位 L形倒车入位	熟知靠边停车时正确使用灯光信号，观察后方和两侧交通状况知识，掌握靠路边顺位停车、倒入路边车位（S形倒车入位）、倒入车库（L形倒车入位）的驾驶方法	A1、A2、A3、B1、B2、C1、C2、C3、C5、C6
4. 掉头	安全掉头	熟知掉头时降低车速、观察交通状况知识，掌握正确选择掉头地点和时机、安全掉头的驾驶方法	A1、A2、A3、B1、B2、C1、C2、C3、C4、C5、C6、D、E、F
5. 通过路口	直行通过路口	熟知路口合理观察交通状况知识，掌握减速或停车瞭望，直行通过路口的安全驾驶方法	
	路口左转弯、路口右转弯	熟知路口合理观察交通状况及视野盲区知识，掌握减速或停车瞭望，正确使用灯光信号，左、右转弯通过路口的安全驾驶方法	
6. 通过人行横道	安全通过人行横道	熟知在人行横道前观察两侧交通状况、提前减速、礼让行人知识，掌握安全通过的驾驶方法	
7. 通过学校区域	安全通过学校区域	熟知通过学校区域时提前减速观察，文明礼让，避让学生和校车知识，掌握安全通过的驾驶方法	

<table>
<tr><th>教学项目</th><th>教学内容</th><th>教学目标</th><th>适用车型</th></tr>
<tr><td>8. 通过公共汽车站</td><td>安全通过公共汽车站</td><td>熟知通过公共汽车站提前减速，观察公共汽车进、出站动态和上下车乘客动态及预防行人横穿道路知识，掌握安全通过的驾驶方法</td><td></td></tr>
<tr><td>9. 会车</td><td>安全会车</td><td>熟知正确判断会车地点、会车时机及与对方车辆保持安全间距知识，掌握安全会车驾驶方法</td><td></td></tr>
<tr><td>10. 超车</td><td>安全超车</td><td>熟知超车前观察被超越车辆动态，合理选择超车时机，超车中保持与被超越车辆安全间距和超车后驶回原车道知识，掌握安全超车驾驶方法</td><td></td></tr>
<tr><td>11. 夜间驾驶</td><td>正确使用灯光与夜间安全驾驶</td><td>熟知夜间起步、会车、超车、通过急弯、通过坡路、通过拱桥、通过人行横道或者在没有交通信号灯控制的路口正确使用灯光知识，掌握夜间安全驾驶方法</td><td rowspan="3">A1、A2、A3、B1、B2、C1、C2、C3、C4、C5、D、E、F</td></tr>
<tr><td>12. 恶劣条件下的驾驶</td><td>恶劣条件下的安全驾驶</td><td>熟知雨天、雾（霾）天、冰雪路面、泥泞道路、涉水等恶劣条件下的安全驾驶要领和方法</td></tr>
<tr><td>13. 山区道路驾驶</td><td>山区道路安全驾驶</td><td>熟知山区道路的安全驾驶要领和方法</td></tr>
<tr><td>14. 高速公路驾驶</td><td>模拟高速公路安全驾驶</td><td>熟知高速公路的安全驾驶要领和方法</td><td>A1、A2、A3、B1、B2、C1、C2、C3、C5</td></tr>
<tr><td>15. 行驶路线选择</td><td>自行选择行驶路线的安全驾驶</td><td>能够按照自行选择的行驶路线安全驾驶</td><td>A1、A2、A3、B1、B2、C1、C2、C3、C4、C5、C6、D、E、F</td></tr>
<tr><td>16. 综合驾驶及考核</td><td>道路安全驾驶</td><td>综合运用所学内容，能够在道路上安全驾驶</td><td>A1、A2、A3、B1、B2、C1、C2、C3、C4、C5、C6、D、E、F</td></tr>
</table>

第四部分　安全文明驾驶常识

教学目标：掌握各种道路条件、气象环境下的安全文明驾驶知识；掌握正确辨识各类道路交通信号的知识；掌握危险源辨识与防御性驾驶知识；掌握紧急情况下的临危处置知识；掌握发生交通事故后的现场处置方法；熟知伤员自救常识；了解常见危险化学品名称、特性等常识；正确分析各类典型事故案例。

<table>
<tr><th>教学项目</th><th>教学内容</th><th>教学目标</th><th>适用车型</th></tr>
<tr><td rowspan="4">1. 安全、文明驾驶知识</td><td rowspan="2">安全驾驶生理心理状态</td><td>掌握酒精、毒品、药物及疲劳驾驶、不集中注意力、不良情绪等不良生理心理状态对安全驾驶的危害、影响及相应预防知识，养成自觉杜绝违法驾驶行为和避免在不良生理心理状态下驾驶的习惯</td><td>A1、A2、A3、B1、B2、C1、C2、C3、C4、C5、C6、D、E、F</td></tr>
<tr><td>掌握道路货物运输驾驶员的职业道德要求；
了解道路货物运输驾驶员心理健康与调节知识；
了解道路货物运输驾驶员生理健康与职业病预防知识；
了解道路货物运输驾驶员反应时间对安全驾驶的影响</td><td>A2、B2</td></tr>
<tr><td>安全驾驶</td><td>掌握车辆安全检查与调整方法，养成行车前对车辆进行安全检查与调整的驾驶习惯；
掌握车内安全装置的正确使用方法，熟知乘车人的安全保护方法，养成规范使用安全带、安全头盔、安全头枕、儿童安全座椅等主要安全装置的习惯；
掌握起步、汇入车流、跟车行驶、变更车道、会车、超车、让超车、停车和开车门、掉头、倒车及通过弯道、路口、人行横道、学校区域、居民小区、医院、公交车站、停车场（库）、城乡接合部的安全驾驶方法，养成安全行车的驾驶习惯；
掌握与大型车辆共行的相关知识</td><td rowspan="2">A1、A2、A3、B1、B2、C1、C2、C3、C4、C5、C6、D、E、F</td></tr>
<tr><td>文明礼让</td><td>了解汽车语言和驾驶人手势的含义；
掌握让行规则，培养安全礼让行人（尤其儿童）、非机动车和其他车辆（尤其校车）等其他交通参与者的道德意识，杜绝常见违法行为和不文明行为，养成文明礼让的驾驶习惯</td></tr>
</table>

教学项目	教学内容	教学目标	适用车型
1. 安全、文明驾驶知识	常见道路交通信号辨识	能正确辨识交通信号灯、交通标志、交通标线和交通警察手势等，养成自觉遵守道路交通信号的驾驶习惯	A1、A2、A3、B1、B2、C1、C2、C3、C4、C5、C6、D、E、F
2. 危险源辨识与防御性驾驶知识	险情预测与分析及防御性驾驶	掌握危险源辨识基本知识，养成提前预判风险的习惯； 掌握动视力、行车视距、视野盲区和内轮差对安全行车的影响； 掌握跟车、会车、超车、变更车道、转弯、倒车、掉头等不同行驶状态下驾驶险情的预测与分析及防御性驾驶方法； 掌握山区道路、桥梁、隧道等典型道路环境下驾驶险情的预测与分析及防御性驾驶方法； 掌握雨天、雪天、雾（霾）天、风沙等恶劣气象条件下驾驶险情的预测与分析及防御性驾驶方法； 掌握高速公路驾驶险情的预测与分析及防御性驾驶方法； 掌握夜间驾驶险情的预测与分析及防御性驾驶方法	A1、A2、A3、B1、B2、C1、C2、C3、C4、C5、C6、D、E、F
3. 夜间和高速公路安全驾驶知识	夜间驾驶	掌握夜间正确使用灯光、路面的识别与判断、会车、跟车、超车、让超车及通过交叉路口、人行横道、坡道、弯道的安全驾驶方法； 掌握夜间车辆发生故障时的处置方法	A1、A2、A3、B1、B2、C1、C2、C3、C4、C5、C6、D、E、F
	高速公路驾驶	掌握驶入驶出高速公路收费口、通过匝道、汇入车流、加速车道行驶、行车道的选择、变更车道、跟车、速度控制、通过隧道、通过桥梁、减速车道行驶、驶离高速公路的安全驾驶方法	
4. 恶劣气象和复杂道路条件下的安全驾驶知识	雨天驾驶	掌握雨天正确使用灯光和刮水器、选择行驶路面、控制行驶速度、跟车、会车、制动、停车的安全驾驶方法	A1、A2、A3、B1、B2、C1、C2、C3、C4、C5、C6、D、E、F
	冰雪道路驾驶	掌握雪天正确使用灯光、选择行驶路面、控制行驶速度、跟车、会车、制动、停车的安全驾驶方法； 掌握结冰路面安全驾驶方法及防滑链的使用知识	
	雾（霾）天驾驶	掌握雾（霾）天正确使用灯光、选择行驶路面、控制行驶速度、跟车、会车、制动、停车的安全驾驶方法	

教学项目	教学内容	教学目标	适用车型
4. 恶劣气象和复杂道路条件下的安全驾驶知识	大风、沙尘天气驾驶	掌握大风、沙尘天气正确使用灯光、选择行驶路面、控制行驶速度、跟车、会车、制动、停车的安全驾驶方法	A1、A2、A3、B1、B2、C1、C2、C3、C4、C5、C6、D、E、F
	泥泞道路驾驶	掌握泥泞道路的路面选择、速度控制、方向控制方法； 了解侧滑、驱动轮空转的处置方法	
	涉水驾驶	熟知通过漫水桥、漫水路、城市内涝及其他涉水情况的安全驾驶方法	
	施工道路驾驶	掌握通过施工路段的安全驾驶方法	
	通过铁路道口	掌握通过铁路道口的安全驾驶方法	
	山区道路驾驶	掌握山区道路跟车、超车、会车、停车、坡道和弯道行驶的安全驾驶方法	
	通过桥梁	掌握通过立交桥、公路跨线桥、山区跨涧公路大桥及跨江、河、海大桥及简易桥梁的安全驾驶方法	
	通过隧道	熟知通过隧道的明暗适应知识； 掌握通过隧道时正确使用灯光、控制速度的方法及隧道行车禁止行为； 掌握防范隧道事故的方法； 熟知隧道内安全设施的标志及使用方法； 掌握隧道中发生事故后应急处置、逃生原则与方法	
5. 紧急情况应急处置知识	紧急情况临危处置	掌握紧急情况临危处置原则； 熟知车辆轮胎漏气、突然爆胎、转向突然失控、制动突然失效、发动机突然熄火或断电、侧滑、碰撞、连续倾翻、着火、落水、紧急情况停车、突然出现障碍物、行人及动物突然横穿、遇险时处置及对乘员的保护等临危应急处置方法； 掌握灭火器、安全锤、三角警告牌等的正确使用方法	A1、A2、A3、B1、B2、C1、C2、C3、C4、C5、C6、D、E、F
		掌握发生火灾、爆炸等情况的应急处置方法； 掌握突遇自然灾害的应急处置方法	A2、B2

教学项目	教学内容	教学目标	适用车型
5. 紧急情况应急处置知识	高速公路驾驶紧急避险	掌握高速公路紧急避险的原则； 熟知高速公路行驶发生“水滑”、雾（霾）天遇事故、意外碰撞护栏、遇到横风、紧急情况停车的应急避险方法； 了解高速公路避险车道使用知识	A1、A2、A3、B1、B2、C1、C2、C3、C4、C5、C6、D、E、F
	发生交通事故后的处置	掌握交通事故逃生、现场处置原则和次生事故防范方法； 掌握装载常见危险化学品的车辆发生事故后的处置与个人防护； 熟知伤员急救原则及昏迷不醒、失血、烧伤、中毒、骨折伤员自救、急救的基本要求和方法； 了解常用的伤员止血方法	
6. 危险化学品知识	常见危险化学品知识	了解常见危险化学品和放射性物品的种类、危害及运输中特殊情况的处理原则	A1、A2、A3、B1、B2
7. 典型事故案例分析	违法行为综合判断与案例分析	能够正确分析道路交通典型事故案例，判断事故中存在的违法行为及事故发生的主要原因	A1、A2、A3、B1、B2、C1、C2、C3、C4、C5、C6、D、E、F
8. 综合复习及考核	安全文明驾驶知识	掌握实际驾驶中的安全文明驾驶常识	A1、A2、A3、B1、B2、C1、C2、C3、C4、C5、C6、D、E、F

六、教学日志

车型：× ×
基本学时：× ×

驾驶培训教学日志（样式）

驾培机构名称：× × × × × ×	学员姓名：× × ×	学员编号：× × × ×

道路交通安全法律、法规和相关知识 基本学时：× ×	教学项目：1. 法律、法规及道路交通信号；2. 机动车基本知识；3. 道路货物运输相关知识（仅 A2、B2 车型）；4. 综合复习及考核。

次数 / 日期（月 / 日）	1 /	2 /	3 /	4 /	5 /	6 /	7 /	8 /	9 /	…… /
教学项目序号										
学时										
学员签字										
教练员评价及签字										

考　核			
次数 / 考核日期	1/　月　日	2/　月　日	……/　月　日
考核意见	□合格　□不合格 建议：	□合格　□不合格 建议：	□合格　□不合格 建议：
考核员签字			

基础和场地驾驶 基本学时：××	教学项目：1. 基础驾驶；2. 场地驾驶；3. 综合驾驶及考核。

次数 / 日期（月 / 日）	1 /	2 /	3 /	4 /	5 /	6 /	7 /	8 /	9 /	10 /
教学项目序号										
学时										
学员签字										
教练员评价 及签字										
次数 / 日期（月 / 日）	11 /	12 /	13 /	14 /	15 /	16 /	17 /	18 /	19 /	…… /
教学项目序号										
学时										
学员签字										
教练员评价 及签字										

考　核			
次数 / 考核日期	1/　月　日	2/　月　日	……/　月　日
考核意见	□合格　□不合格 建议：	□合格　□不合格 建议：	□合格　□不合格 建议：
考核员签字			

增加培训学时					
次数	日期（月 / 日）	教学内容	所用学时	学员签字	教练员评价及签字
1	/				
2	/				
……	/				

道路驾驶 基本学时：××	教学项目：1. 跟车行驶；2. 变更车道；3. 靠边停车；4. 掉头……

次数 / 日期（月 / 日）	1 /	2 /	3 /	4 /	5 /	6 /	7 /	8 /	9 /	10 /
教学项目序号										
学时										
学员签字										
教练员评价 及签字										
次数 / 日期（月 / 日）	11 /	12 /	13 /	14 /	15 /	16 /	17 /	18 /	19 /	…… /
教学项目序号										
学时										
学员签字										
教练员评价 及签字										

考核			
次数 / 考核日期	1/ 月 日	2/ 月 日	……/ 月 日
考核意见	□合格 □不合格 建议：	□合格 □不合格 建议：	□合格 □不合格 建议：
考核员签字			

增加培训学时					
次数	日期（月 / 日）	教学内容	所用学时	学员签字	教练员评价及签字
1	/				
2	/				
……	/				

安全文明驾驶常识 基本学时：××	教学项目：1. 安全、文明驾驶知识；2. 危险源辨识与防御性驾驶知识……

次数 / 日期（月 / 日）	1 /	2 /	3 /	4 /	5 /	6 /	7 /	8 /	9 /	…… /
教学项目序号										
学时										
学员签字										
教练员评价及签字										

考　核			
次数 / 考核日期	1/　月　日	2/　月　日	……/　月　日
考核意见	□合格　□不合格 建议：	□合格　□不合格 建议：	□合格　□不合格 建议：
考核员签字			

结 业 意 见			
学员姓名		身份证号	
驾培机构审核盖章	该学员各部分考核均合格，准予结业。 （驾培机构章） 年　月　日		

驾驶培训电子教学日志（样式）

驾培机构名称：××××××	学员姓名：××× 学员编号：××××	车型：××

××××（如道路驾驶） 基本学时：××	教 学 项 目：××××××××××××××××××××××××××××××××××。

培训日期	××××年×月×日	训练照片1	训练照片2
培训时段	hh:mm–hh:mm（24小时制）		
教练员	×××		
教练车号牌	××××学	总累计学时	××××（单位：min）
本次培训教学项目	×××××××××××××	法律法规和相关知识累计学时	××××（单位：min）
本次培训学时	××××（单位：min）	基础和场地驾驶累计学时	××××（单位：min）
本次培训行驶里程	××××（单位：km）	道路驾驶累计学时	××××（单位：min）
本次培训平均速度	××××（单位：km/h）	安全文明驾驶常识累计学时	××××（单位：min）
教练员评价			
教练员签字		学员签字	

备注：1. 本表中所列为电子教学日志中必备内容，驾培机构可根据此表样式，结合计时培训管理需求，自行设计使用此日志。
2. 电子教学日志与纸质教学日志具有同等效力。

附录二　机动车驾驶人考试大纲

为规范机动车驾驶人考试工作，明确考试内容，提高考试科学水平，制定本大纲。

一、制定依据

根据《中华人民共和国道路交通安全法》及其实施条例、《机动车驾驶证申领和使用规定》《机动车登记规定》《道路交通安全违法行为处理程序规定》《道路交通事故处理程序规定》《道路交通安全违法行为记分管理办法》等有关规定制定。

二、考试目标

根据规定，符合国务院公安部门规定的驾驶许可条件的人员，可申请参加机动车驾驶人考试。机动车驾驶人考试执行全国统一的考试内容和合格标准，考核应考人员是否了解和掌握道路交通安全法律法规知识、安全文明驾驶常识和驾驶技能，是否具备驾驶规则意识、安全意识和文明意识。对通过规定科目考试的人员，公安机关交通管理部门核发机动车驾驶证。

三、考试内容

1. 本大纲分为“科目一　道路交通安全法律、法规和相关知识考试”、“科目二　场地驾驶技能考试”、“科目三　道路驾驶技能和安全文明驾驶常识考试”。

2.“科目一　道路交通安全法律、法规和相关知识考试”内容包括驾驶证和机动车管理规定、道路通行条件及通行规定、道路交通安全违法行为及处罚、道路交通事故处理相关规定、机动车基础知识以及其他道路交通安全法律、法规和规章等六部分内容。

3.“科目二　场地驾驶技能考试”内容和“科目三　道路驾驶技能考试”内容按照《机动车驾驶证申领和使用规定》中关于不同准驾车型规定的相应考试项目进行设置。

4.“科目三　安全文明驾驶常识考试”内容包括安全行车常识、文明行车常识、道路交通信号在交通场景中的综合应用、恶劣气象和复杂道路条件下安全驾驶知识、紧急情况下避险常识、防范次生事故处置与伤员急救知识、典型事故案例分析以及地方试题等八部分内容。

四、考试要求

1. 对考试内容的考核要求按照由低到高分为三个层次，分别是“了解”、“熟知”和“掌握”，高一层次的考试要求包括低一层次的考试要求。

——了解，要求应考人员清楚考点的概念、作用，能够在简单交通环境中进行识别和应用。

——熟知，要求应考人员全面了解考点知识，能够理解知识要点内涵，清楚操作要领，并能够分析、解释原因。

——掌握，要求应考人员能够深入理解考点知识、技能及有关原理，能够在复杂交通环境中综合运用相关知识，熟练驾驶车辆。

2. 考试大纲科目一考试和科目三安全文明驾驶常识考试的考试要点分为通用考试要点和专用考试要点。通用考试要点适用于所有准驾车型考试。专用考试要点适用于大型客车、重型牵引挂车、城市公交车、中型客车、大型货车准驾车型考试，大纲考试要点中带有“※”符号的为专用考试要点。

3. 轮式专用机械车（M）、无轨电车（N）、有轨电车（P）三种准驾车型的考试大纲，由各省级公安机关交通管理部门根据需要和地方特点自行制定，并报公安部交通管理局备案。

五、考试要点

科目一　道路交通安全法律、法规和相关知识考试

考试项目	考试内容	考试要点	考试目标
1. 驾驶证和机动车管理规定	驾驶证申领和使用	机动车驾驶许可； 准驾车型和机动车驾驶证有效期； 机动车驾驶证申请条件； 驾驶人考试内容和合格标准； 学习驾驶证明使用规定； 驾驶证实习期； 有效期满、转入、变更换证； 驾驶证遗失补证； 驾驶证审验； 驾驶证注销情形； 驾驶证电子版申领和使用； 违规申领、考试、审验的法律责任； 申请增加准驾车型的条件； 大中型客货车驾驶证日常管理要求 ※	考核是否掌握驾驶证申领和使用相关知识；是否了解交通违法记分管理制度；是否了解机动车登记和使用的相关知识
	交通违法行为记分管理	记分分值； 记分执行； 满分处理； 记分减免； 法律责任	
	机动车登记和使用	机动车注册、变更、转移、抵押、注销登记； 机动车登记证书、号牌、行驶证灭失、丢失或损毁； 机动车上路行驶条件； 机动车安全技术检验； 机动车交通事故责任强制保险； 机动车强制报废 ※	
2. 道路通行条件及通行规定	道路交通信号	道路交通信号灯的分类、含义、识别和作用； 道路交通标志的分类、含义、识别和作用； 道路交通标线的分类、含义、识别和作用； 交通警察指挥手势的分类、含义、识别和作用	考核是否掌握道路通行条件以及道路通行规定相关知识

考试项目	考试内容	考试要点	考试目标
2. 道路通行条件及通行规定	道路通行规定	右侧通行； 灯光、喇叭的使用； 有划分车道、无划分车道的道路通行； 超车规定； 跟车距离的保持要求； 交叉路口通行； 变更车道规定； 限速通行； 会车规定； 掉头规定； 倒车规定； 铁路道口及渡口通行； 缓行、拥堵路段或路口通行； 漫水路、漫水桥通行； 避让行人和非机动车； 避让执行紧急任务的特种车辆、道路养护作业车辆； 遇校车通行规定； 专用车道的使用要求； 载物规定； 载人规定； 驾驶机动车禁止行为； 停车规定； 牵引挂车规定； 故障处置； 牵引故障机动车	考核是否掌握道路通行条件以及道路通行规定相关知识
	高速公路通行特殊规定	高速公路禁行要求； 高速公路限速规定； 进出高速公路； 跟车距离要求； 低能见度等恶劣环境下的通行规定； 应急车道使用规定； 高速公路禁止行为； 高速公路机动车故障处置	
3. 道路交通安全违法行为及处罚	道路交通安全违法行政强制措施	扣留机动车的情形； 扣留机动车驾驶证的情形； 拖移机动车的情形； 强制检验体内违禁饮（用）品含量的情形	考核是否掌握涉及道路交通安全的违法行为；是否了解相关行政强制措施、行政处罚、刑事处罚的知识

<table>
<tr><th>考试项目</th><th>考试内容</th><th>考试要点</th><th>考试目标</th></tr>
<tr><td rowspan="2">3. 道路交通安全违法行为及处罚</td><td>道路交通安全违法行政处罚</td><td>道路交通安全违法的行政处罚种类；
违反道路通行规定的处罚；
饮酒、醉酒驾车的处罚；
涉及登记证书、号牌、证件、标志违法的处罚；
未投保交强险的处罚；
违法停车的处罚；
超速、疲劳驾驶、分心驾驶等其他违法行为的处罚；
超载、超员的处罚 ※</td><td rowspan="2">考核是否掌握涉及道路交通安全的违法行为；是否了解相关行政强制措施、行政处罚、刑事处罚的知识</td></tr>
<tr><td>道路交通安全违法刑事处罚</td><td>交通肇事罪；
危险驾驶罪；
伪造、变造、买卖驾驶证；
使用伪造、变造的或者盗用他人驾驶证；
其他涉牌涉证、涉考涉驾等犯罪行为的刑事处罚</td></tr>
<tr><td>4. 道路交通事故处理相关规定</td><td>道路交通事故处理</td><td>事故报警；
事故现场处置；
高速公路事故现场处置；
自行协商、简易程序；
事故现场的强制撤离</td><td>考核是否掌握道路交通事故处理的相关知识</td></tr>
<tr><td>5. 机动车基础知识</td><td>车辆结构与车辆性能常识</td><td>车辆的基本构成；
车辆制动性、通过性对行车安全影响的相关知识；
新能源汽车基础知识；
车辆轮胎、燃油、润滑油、冷却液、风窗玻璃清洗液等运行材料的作用和使用要求 ※</td><td>考核是否了解车辆基本构成和车辆性能常识；是否了解机动车主要仪表、指示灯、报警灯的作用；是否掌握常见操纵装置、安全装置作用及使用要求等知识；是否熟知大中型客货车制动系统及安全装置相关知识</td></tr>
</table>

考试项目	考试内容	考试要点	考试目标
5. 机动车基础知识	常见操纵装置	转向盘的作用； 机动车踏板的分类和作用； 变速器操纵杆的作用； 驻车制动器的作用； 各类开关的辨识和作用； 辅助驾驶功能	考核是否了解车辆基本构成和车辆性能常识；是否了解机动车主要仪表、指示灯、报警灯的作用；是否掌握常见操纵装置、安全装置作用及使用要求等知识；是否熟知大中型客货车制动系统及安全装置相关知识
	常见安全装置	仪表、指示灯、报警灯的辨识和作用； 安全头枕的作用及使用要求； 安全带的作用及使用要求； 安全气囊的作用及使用要求； 儿童安全座椅的作用及使用要求； 防抱死制动装置等其他常见安全装置的作用	
	大中型客货车制动系统及安全装置 ※	客车、城市公交车行车制动装置、辅助制动装置、驻车制动装置的作用和使用要求； 客车、城市公交车车门、应急（安全）出口、安全锤、灭火器等安全装置的使用要求； 货车制动系统的特点和使用要求； 汽车列车连接与分离装置的使用要求； 紧急切断阀、汽车尾板等专用装置的作用和使用要求	
6. 地方性法规	根据地方性法规选定的重点内容		考核地方性法规的重点内容

科目二　场地驾驶技能考试

考试项目	考试要点	考试车型	考试目标
1. 桩考	正确判断车身行驶空间位置，在规定时间内操控车辆完成倒车或前进通过空间限位障碍	A1、A2、A3、B1、B2、C4、C6、D、E、F	考核是否掌握车辆机件操纵方法；是否具备正确控制车辆运动空间位置的能力以及准确地控制车辆的行驶位置、速度和路线的能力
2. 倒车入库	准确判断车身位置，在规定时间内参照地面标线操纵车辆从两侧正确倒入和驶出车库	C1、C2、C3、C5	

考试项目	考试要点	考试车型	考试目标
3. 坡道定点停车和起步	准确控制停车位置，协调运用加速踏板、驻车制动器和离合器，平稳起步	A1、A2、A3、B1、B2、C1、C3、C4、D、E、F	考核是否掌握车辆机件操纵方法；是否具备正确控制车辆运动空间位置的能力以及准确地控制车辆的行驶位置、速度和路线的能力
4. 侧方停车	在规定时间内正确操纵车辆顺向准确停入道路右侧车位	A1、A2、A3、B1、B2、C1、C2、C3、C5	
5. 通过单边桥	在行驶中操纵转向装置，控制车轮保持直线行驶，通过单边桥	A1、A2、A3、B1、B2、C4、D、E、F	
6. 曲线行驶	在行驶中操纵转向装置，准确判断车轮位置，控制车辆曲线行驶	A1、A2、A3、B1、B2、C1、C2、C3、C5、C6	
7. 直角转弯	在行驶中操纵转向装置，控制内轮差通过转弯区域	A1、A2、A3、B1、B2、C1、C2、C3、C5、C6	
8. 通过限宽门	在行驶中准确判断车身空间位置，控制车辆以一定车速通过限宽门	A1、A2、A3、B1、B2	
9. 窄路掉头	在规定时间内不超过三进二退掉头后靠右停车	A1、A2、A3、B1、B2	
10. 模拟高速公路驾驶	驶入驶出高速公路、观察判断交通信号和交通状况、合理选择行车道、调整行车速度、遵守行车规定以及高速公路应急停车	A1、A2、A3、B1、B2	
11. 模拟连续急弯山区路驾驶	通过模拟急弯山区路能够做到减速、鸣喇叭、靠右行，控制车辆在本方车道内行驶	A1、A2、A3、B1、B2	
12. 模拟隧道驾驶	进入隧道前根据交通信号，完成减速、开灯、鸣喇叭（非禁鸣情况下）操作，驶出隧道前鸣喇叭，驶出隧道后关闭前照灯	A1、A2、A3、B1、B2	
13. 模拟雨（雾）天驾驶	在模拟雨雾天气中完成减速、选择刮水器挡位、开启灯光等操作	A1、A2、A3、B1、B2	
14. 模拟湿滑路驾驶	在模拟湿滑路中正确操控车辆，使用低速挡平稳通过	A1、A2、A3、B1、B2	
15. 模拟紧急情况处置	在模拟紧急情况出现时，合理完成制动、停车、开启危险报警闪光灯、正确摆放警告标志、撤离车内人员、报警等操作	A1、A2、A3、B1、B2	
16. 省级公安机关交通管理部门增加的考试内容	省级公安机关交通管理部门可以根据实际增加考试内容，并确定轮式专用机械车、无轨电车、有轨电车的考试内容	A1、A2、A3、B1、B2、C1、C2、C3、C5、M、N、P	

科目三　道路驾驶技能考试

考试项目	考试要点	考试车型	考试目标
1. 上车准备	上车前观察车辆周围及车底是否存在安全隐患，检查轮胎及车辆外观，车牌和后视镜有无污损、遮挡，确认安全，上车动作规范	A1、A2、A3、B1、B2、C1、C2、C3、C5	考核是否掌握道路上的安全驾驶方法；是否具备准确判断不同道路情景中的潜在危险以及正确有效处置随机出现的交通状况的能力；是否具备无意识合理操纵车辆的能力；是否具备安全、谨慎驾驶意识
2. 起步	起步前调整和检查车内设施，系好安全带，正确使用转向灯，观察后方、侧方交通情况，起步过程规范、平稳	A1、A2、A3、B1、B2、C1、C2、C3、C5	
3. 直线行驶	根据道路情况合理控制车速、车距，正确使用挡位，保持直线行驶	A1、A2、A3、B1、B2、C1、C2、C3、C5	
4. 加减挡位操作	根据道路交通状况和车速，合理加减挡，换挡及时、平顺	A1、A2、A3、B1、B2、C1、C2、C3、C5	
5. 变更车道	变更车道过程中正确使用转向灯，观察、判断侧后方交通情况，保持车辆安全间距，控制行驶速度，合理选择变道时机，变道过程平顺	A1、A2、A3、B1、B2、C1、C2、C3、C5	
6. 靠边停车	观察后方和右侧的交通情况，提前开启转向灯，减速向右、平稳停车	A1、A2、A3、B1、B2、C1、C2、C3、C5	
7. 直行通过路口	观察路口交通情况，减速或停车瞭望，直行安全通过路口	A1、A2、A3、B1、B2、C1、C2、C3、C5	
8. 路口左转弯	观察路口交通情况，提前开启转向灯，驶入相应车道，减速或停车瞭望，偏头查看左前车窗立柱盲区，左转弯安全通过路口	A1、A2、A3、B1、B2、C1、C2、C3、C5	
9. 路口右转弯	观察路口交通情况，提前开启转向灯，驶入相应车道，减速或停车瞭望，观察右侧内轮差行驶区域，右转弯安全通过路口	A1、A2、A3、B1、B2、C1、C2、C3、C5	

考试项目	考试要点	考试车型	考试目标
10. 通过人行横道	提前减速，观察两侧交通情况，确认安全后，合理控制车速通过，遇行人停车让行	A1、A2、A3、B1、B2、C1、C2、C3、C5	考核是否掌握道路上的安全驾驶方法；是否具备准确判断不同道路情景中的潜在危险以及正确有效处置随机出现的交通状况的能力；是否具备无意识合理操纵车辆的能力；是否具备安全、谨慎驾驶意识
11. 通过学校区域	提前减速观察交通情况，文明礼让，确保安全通过，遇有学生横过马路时应停车让行	A1、A2、A3、B1、B2、C1、C2、C3、C5	
12. 通过公共汽车站	提前减速，观察公共汽车进、出站动态和乘客上下车动态，着重注意同向公共汽车前方或对向公共汽车后方有无行人横穿道路	A1、A2、A3、B1、B2、C1、C2、C3、C5	
13. 会车	正确判断会车地点，与对方车辆保持安全间距，注意对方车辆后方交通情况，按照让行要求会车	A1、A2、A3、B1、B2、C1、C2、C3、C5	
14. 超车	正确判断超车条件，保持与被超越车辆的安全跟车距离，观察后方以及左前方交通情况，选择合理时机，正确使用灯光，从被超越车辆的左侧超越。超越后，在不影响被超越车辆正常行驶的情况下，逐渐驶回原车道	A1、A2、A3、B1、B2、C1、C2、C3、C5	
15. 掉头	降低车速，观察交通情况，正确选择掉头地点和时机，发出掉头信号后掉头；掉头时不妨碍其他车辆和行人的正常通行	A1、A2、A3、B1、B2、C1、C2、C3、C5	
16. 夜间行驶	行驶中根据各种照明、天气、道路和车流情况正确使用灯光	A1、A2、A3、B1、B2、C1、C2、C3、C5	
17. 省级公安机关交通管理部门确定的考试内容	除大型客车、重型牵引挂车、城市公交车、中型客车、大型货车、小型汽车、小型自动挡汽车、低速载货汽车和残疾人专用小型自动挡载客汽车外的其他准驾车型考试内容	C4、D、E、F、M、N、P	
18. 省级公安机关交通管理部门增加的考试内容	大型客车、重型牵引挂车、城市公交车、中型客车、大型货车的山区、隧道、陡坡等复杂道路驾驶考试内容	A1、A2、A3、B1、B2	

科目三　安全文明驾驶常识考试

考试项目	考试内容	考试要点	考试目标
1. 安全行车常识	日常检查与维护	出车前的检查； 行车中与收车后的检查； 车辆的日常维护	考核是否了解车辆日常检查与维护知识；是否熟知各类不良驾驶状态的危害及预防知识；是否掌握危险源辨识的相关知识；是否具备安全、谨慎驾驶意识
	安全驾驶状态	酒精、毒品、药物对驾驶影响的相关知识； 疲劳驾驶的防范知识； 不良情绪状态对驾驶影响相关知识； 身体状态对驾驶的影响； 分心驾驶危害与预防	
	危险源的识别与预防	安全行车视距； 车辆盲区的辨识与预防； 内轮差知识； 行车观察与潜在危险的辨识	
	安全驾驶操作要求	起步前调整； 重要的安全防护； 安全起步； 安全变更车道； 安全跟车； 安全超车、让超车； 安全会车； 安全掉头； 安全倒车； 安全停车和开车门； 路口让行规则； 安全通过学校、居民区、医院、停车场库等特殊区域； 辅助驾驶功能使用	
2. 文明行车常识	保护其他交通参与者	礼让行人和骑车人； 保护乘车人	考核是否掌握文明驾驶知识；是否具备文明、礼让驾驶意识
	与其他车辆共用道路	遇紧急车辆的处置； 礼让公交车辆与校车； 与大型车辆共行的相关知识； 驾驶机动车的其他礼让行为	

考试项目	考试内容	考试要点	考试目标
2. 文明行车常识	文明使用灯光及喇叭	文明使用灯光； 文明使用喇叭	考核是否掌握文明驾驶知识；是否具备文明、礼让驾驶意识
	常见不文明行为	车窗抛物、争道抢行、滥用远光灯等常见不文明行为	
3. 道路交通信号在交通场景中的综合应用	路口交通信号综合应用	不同类型交叉路口交通信号综合应用	考核是否掌握实际道路驾驶时各类道路交通信号的综合应用知识
	路段交通信号综合应用	不同类型道路路段交通信号综合应用	
	特殊场所交通信号综合应用	车站、铁路道口等场所交通信号综合应用	
4. 恶劣气象和复杂道路条件下安全驾驶知识	通过桥梁隧道的安全驾驶	通过桥梁的安全驾驶； 通过隧道的安全驾驶	考核是否掌握复杂道路条件、恶劣气象和高速公路的安全驾驶知识
	山区道路安全驾驶	山区道路跟车时安全距离的控制； 山区道路超车时的安全驾驶； 山区道路会车时的安全驾驶； 山区道路安全停车； 山区道路坡道的安全驾驶； 山区道路弯道的安全驾驶	
	夜间安全驾驶	夜间灯光的使用要求； 夜间路面的识别与判断； 夜间跟车、超车、让超车时的安全驾驶； 夜间会车时的安全驾驶； 夜间通过交叉路口时的安全驾驶； 夜间通过坡道、弯道时的安全驾驶； 夜间通过人行横道时的安全驾驶； 夜间车辆发生故障时的安全驾驶	
	特殊道路及恶劣气象条件下的安全驾驶	雨天安全驾驶； 冰雪道路安全驾驶； 雾天安全驾驶； 大风、沙尘天气安全驾驶； 泥泞、涉水、施工道路安全驾驶	

考试项目	考试内容	考试要点	考试目标
4. 恶劣气象和复杂道路条件下安全驾驶知识	高速公路安全驾驶	驶入驶出收费站； 安全汇入车流； 行车道的选择； 行车速度确认； 安全距离确认； 应急车道的使用； 安全通过高速公路隧道、桥梁； 驶离高速公路	考核是否掌握复杂道路条件、恶劣气象和高速公路的安全驾驶知识
5. 紧急情况下避险常识	紧急情况通用避险知识	紧急情况下的避险原则； 轮胎漏气、爆胎的处置； 转向失控的处置； 制动失效的处置； 车辆熄火、断电的处置； 侧滑时的处置； 碰撞时的应急处置； 倾翻时的应急处置； 发动机着火、电池起火等火灾的应急处置； 车辆落水的应急处置； 紧急情况停车的应急处置	考核是否熟知紧急情况下的临危处置的基本知识
6. 防范次生事故处置与伤员急救知识	事故处置与防范次生事故	事故处置原则； 事故现场处置常规方法； 防范隧道事故和次生事故等交通事故预防知识； 常见危险货物运输车辆发生交通事故后的处置与个人防护	考核是否掌握事故现场处置和防范次生事故方法；是否熟知伤员自救常识
	伤员自救、急救	伤员急救的基本要求； 伤员的移动； 失血伤员的急救； 烧伤者的急救； 中毒伤员的急救； 骨折伤员的处置	
7. 典型事故案例分析	典型事故案例驾驶行为分析	典型事故违法行为分析； 典型事故不安全驾驶行为分析	考核是否掌握典型事故案例事故致因以及事故预防知识
	典型事故案例经验教训	典型道路交通事故客观成因； 典型道路交通事故预防知识	
8. 地方试题	省级公安交通管理部门根据实际确定的考试内容		考核本地实际确定的安全文明驾驶常识